KB194287

토스카 리는 생생한 이미지로 독자의 상상력을 이끌어 내는 탁월한 이야기꾼이다. 그녀는 하와의 삶을 창세기의 지면에서 끌어내 입체적인 총천연색 실존 인물로 살려 낸다. 타락 이야기가 이토록 인간미 있고, 구속의 소망이 이토록 절절한 적이 있었던가. 눈부시고 숨 막히며, 영감이 넘치는 작품이다.

샤론 K. 수자_ 《선물》과 《일요일의 거짓말》의 작가

비범한 여자에 대한 비범한 작품이다. 토스카 리는 우리가 잘 안다고 생각했던 이야기를 대담하고 새로운 방식으로 들려주었다. 그녀는 하와를 깨워 냈다.

랜디 잉거맨슨_ 크리스티상 수상작 《심판의 날》의 작가

토스카 리는 인간의 창조와 타락이라는 그림을 열정적이고 활기차고 즐겁고 친밀하고 슬프게 그려 낸다. 토스카의 눈을 통해 우리는 주일학교 공과공부 시간에 놓쳤던 온갖 감정들을 맛보게 된다. 순전한 기쁨과 거룩한 친밀함, 사랑, 슬픔, 배신, 그리고 꿋꿋한 생존 의지. 이 작품은 토스카가 얼마나 폭넓은 작가인지 보여 준다.

케빈 루시아_ 〈프레스&선 불리틴〉 칼럼니스트

독자는 이 작품 곳곳에서 경외감을 느끼고 영감을 얻을 것이다. 작가는 아름다운 산문과 숨 막히는 묘사로, 우리가 잘 안다고 생각했던 이야기에 새 생명을 불어넣었다. 잠시 기존의 관념에서 벗어나 이 이야기를 들어 보라. 쉽게 벗어나지 못할 것이다.

제이크 치즘_ TheChristianManifesto.com

하와

하와

토스카 리 지음 | 홍종락 옮김

홍성사

나는 낙원과 그 몰락을 보았다. 지복至福과 공포를 모두 겪었다.

나는 하나님과 함께 거닐었다.

나는 안다. 하나님은 심장을 더없이 연약하면서도 질긴 장기로 만드셨고 평생의 기쁨과 고통이 그 필멸의 방에 모두 담기게 하셨다.

내게 의식이 찾아오던 첫 번째 순간이 지금도 기억난다. 이후 태어난 내 아이들의 눈에서는 한 번도 볼 수 없었던 인식이었다. 아무것도 모를 때와 모든 것을 받아들이는 때, 순전한 무지와 천재적인 의식의 순간이었다.

깨어나던 순간의 그 기억은 이제 희미해졌다. 동산의 흙 냄새와 동튼 후 에덴의 무화과나무 잎에 맺혔던 이슬과 황록의 빛깔이 희미해진 것처럼. 그 기억과 더불어 혀끝으로 한 번 맛보았으나 이제 기억에만 남아 있는 어떤 것의 맛도 희미해진다. 이제 맛볼 수 있는 것은 그와 비슷하면서도 분명히 다른 어떤 것뿐.

지나간 바람 소리가 된 그의 호흡, 흙과 부엽토가 된 땀에 젖었던 그 살결의 향기는 너무 빨리 희미해졌다. 에덴의 동틀 녘처럼, 무화과나무 잎의 이슬처럼.

그의 눈, 내 아담의 눈은 파란색이었다.

이제는 쪼그라든 눈꺼풀로 덮여 버린 그 색을 내가 얼마나 사랑했던가. 원래 그는 주름살 하나 생기지 않을 존재였는데! 그러나 그의 볼을 매만지고자 몸을 굽히는 지금, 하얀 폭포처럼 쏟아져 내리는 내 머리카락이 닿는 곳은 그의 에덴. 수많은 이들에게 생명을 준 살과 허리.

잠시 그분의 울음소리가 들린다는 생각이 든다. 그분의 소리를 들은 것이 도대체 얼마 만인가. 그리고 내 마음이 울부짖는다. '그가 죽었구나! 내 아버지, 내 오빠, 내 연인!'

그를 덮고 있는 땅이 부럽다. 먼지가 되어 가는 그가 부럽고 거기에 씨를 뿌리고 자라난 것을 먹는 내 아이들이 부럽다.

원래 '아담'은 '인간'을 뜻하는 말이었지만 하나님이 그것을 그의 이름으로 삼으셨다. 이제 그 언어는 내 것이 되었다. 그리고 이 이야기는 나의 사랑의 노래. 아담과 닮은 형상으로 단어들을 빚어내야지. 그런 다음 나도 아담의 품, 땅으로 돌아가야지.

지금까지 내 이야기를 부분적으로 들려주었다. 이제 너희가 나의 이야기를 온전하게 들을 때가 되었다. 이것은 마음의 힘에 대한 나의 증언. 마음은 채우고 또 채워도 터지지 않는 그릇처럼 엄청난 기쁨과 한없는 슬픔을 다 담을 수 있나니.

나는 천 번이나 계절의 변화를 겪었다. 그러니 귀를 기울여라,

아들들아, 내 말을 들어라. 딸들아, 아담의 하나님이 만드신 나하와가 말한다.

　태초에 하나님이 계셨다……

　그러나 내게는 아담이 있었다.

동산

1

귀에 들려 오는 속삭임. '깨어나라!'

파랑. 바다의 보이지 않는 물결에 둥둥 떠다니는 거라곤 조그마한 깃털 하나뿐. 눈을 감았다. 얇은 눈꺼풀 위로 빛이 비추었다.

새의 지저귐. 귀 언저리에서 들리는 벌레의 윙윙거림. 머리 위에서는 따뜻한 바람에 나뭇가지들이 흔들렸다.

바닥의 부드러운 허브와 잔디가 내 볼과 어깨, 발바닥 안쪽을 간질이며 나무를 향해 사각사각 비밀을 속삭였다.

누워 있던 나는 나무줄기 속 수액의 진동과 고동치는 포도나무의 잎맥, 주위의 수백 가지 다른 소리와 화음을 이루는 내 심장의 박동, 수백 킬로미터 아래 땅의 움직임을 느꼈다.

나는 한숨을 내쉬면서 다시 잠들려 했다. 내가 있던 장소로, 고요와 지복의 영역으로 돌아가려 했다.

'깨어나라!'

다시 눈을 뜨니 파랑이 움직였다. 그리고 새 한 마리가 V자를 만들며 하늘을 날고 있었다.

이번에 그 소리는 귀가 아니라 내 멍한 머리로 바로 들어왔다. '깨어나라!'

뭔가 재미있는 구석이 있었다.

나는 그곳이 어디인지, 내가 무엇인지, 주위의 다양한 소리들과 내 앞에 끝없이 펼쳐진 파란 것이 무엇인지 몰랐다.

그러나 나는 깨어났고 살아 있었다.

실제로 귀에 들리는 바스락거림, 신음 소리. 허리께에 느껴지는 움직임에 나도 모르게 움찔했다. 잠시 후, 무엇인가가 내 배를 부드럽게 쓸었다. 그때는 내 몸에 배가 있는 줄도 몰랐지만 여하튼 땅 위를 구르는 나뭇잎처럼 부드러운 움직임이었다.

얼굴 하나가 시야를 가렸다. 나는 비명을 질렀다. 무서워서는 아니었다. 무서움은 아직 몰랐으니까. 놀란 탓도 아니었다. 누군가 옆에 있다는 것은 인식했었으니까. 그때 서툰 내 입술에서 나올 수 있는 소리라곤 비명뿐이었기 때문이다.

얼굴은 사라졌다가 다시 나타나 내 눈을 보며 눈을 깜빡였는데, 그 안에는 저 위의 파랑이 가득 담겨 있었다. 그다음, 바위에서 물이 터지듯, 기쁨에 찬 소리가 내 마음을 뒤흔들었다. 그러나 그것은 내 안에서 터져 나온 기쁨이 아니었다.

'드디어!' 음성 없는 소리. 처음에 들은 소리와 다른 곳에서

났다. 환희에 찬 그 소리가 이번에는 하늘로 솟구쳤다. "드디어!"

그는 묘목처럼 튼튼한 두 발로 선 채 땅을 굴렀다. 가슴을 두드리고 태양을 향해 소리 지르고 손뼉을 쳤다. "드디어!"라고 외치며 흘리는 웃음소리가 발가락 사이를 간질이는 따뜻한 진흙 같았다. 그는 어깨를 흔들고 발로 풀밭을 구르고 가슴을 치면서 계속 탄성을 질렀다. 이해할 수 없는 말이었지만 그 의미는 금세 알 수 있었다. 갈망하던 것을 뜻밖에 찾은 사람의 기쁨과 환희였다.

나는 그 소리를 흉내 냈다. 내 입에선 꽥꽥거리는 소리와 까르르 터지는 웃음이 잇따라 나왔다. 머리 위로 종다리가 재잘대며 장황한 연설을 늘어놓고 있었다. 나는 새된 소리로 대답을 대신했다. 그의 얼굴이 내 얼굴로 가까이 다가오더니 팔로 나를 힘껏 안았다.

"내 살 중의 살." 그의 속삭임은 뜨거웠다. 그의 손가락이 내 머리카락을 훑고 몸으로 내려가 거룩한 산의 언덕을 누비는 염소처럼 이리저리 움직였다. 나는 한숨을 내쉬어 폐에 남아 있던 첫 번째 숨을 다 내보냈다. 그것은 내가 들이쉰 것이 아니었다.

광대뼈가 나왔고 아랫입술은 목마른 입에 단물을 떨어뜨려 주는 접힌 나뭇잎 모양으로 벌어진 모습이었다. 이마는 높은 절벽 위로 떠 있는 매였고, 눈은 속눈썹 부채 아래 자리 잡은 파란 광채였다. 내 눈길이 늘 되돌아가는 곳, 그의 눈빛에 붙들렸다가 결국 시선을 고정하게 되는 부분은 그의 입이었다. 턱의 곡선을 따라 흑요석 가루가 달라붙은 듯 거뭇거뭇한 그의 턱을 보노라면 두툼한 입술로 자꾸자꾸 눈이 갔다.

그는 내 얼굴을 쓰다듬었고 입술을 매만졌다. 나는 그의 손가락을 깨물었다. 그는 내 양손을 잡고 이리저리 돌려 보며 꼼꼼히 살폈다. 내 머리카락 냄새를 맡다가 내 가슴에서 한참을 머물더니 내 몸의 나머지 부분을 호기심 어린 눈으로 응시했다. 그렇게 끝나는가 싶더니 처음부터 다시 시작해 내 볼과 목의 소금기를 맛보고 손가락 끝으로 내 발등을 더듬었다.

그러고는 나를 안아 일으켰다. 세상이 기울어지면서 전혀 새로운 풍경이 눈에 들어왔다. 땅과 그 위를 딛고 선 내 갈색 다리였다. 그를 붙잡았다. 나는 땅 위에 우뚝 선 거인 같았다. 그만큼이나 키가 큰 거인. 처음 몇 발자국은 갓 태어난 사슴처럼 뒤뚱거렸지만 그다음부터는 그의 손을 밀쳐 냈다. 망아지 다리처럼 깡마른 내 다리가 힘을 찾는 동안 그는 따라오라고 손짓하며 빠른 속도로 앞서갔다. 그는 작은 숲으로 향했고, 나는 솟구치는 힘을 느끼고 소리를 지르며 뒤따라갔다. 어느덧 우리는 달리고 있었다. 풀잎을 헤치고 자그마한 야생자두나무를 뛰어넘을 때 내 검은 머리카락이 등 뒤로 휘날렸다.

우리가 골짜기 바닥을 가로질러 달리자 주위로 새로운 세계가 흐릿하게 펼쳐졌다. 우슬초, 양귀비, 아네모네, 수선화와 백합. 산등성이에 있는 백화채 나무와 향기로운 상록수 한복판에는 장미가 자랐다.

내 옆에 뭔가 나타났다. 몸이 길고 큰 고양이였다. 그 우아함과 머리의 부드러운 곡선에 눈이 팔려 나는 속도를 늦추고 손을 뻗었고 녀석은 내 쪽으로 머리를 기울였다. 나는 녀석을 두 팔로 안은 채 땅바닥에 쓰러졌고 그 털을 손가락으로 쓸어내렸다. 혀는 아담의 것과 달리 거칠었고 녀석은 그르렁대며 내게 몸을 비벼 댔다.

저 앞에서 아담이 나를 불렀다. 머리 위에서는 매 한 마리가 우리를 더 자세히 보려는 듯 맴돌고 있었다. 가까운 시내에 있던 다마사슴이 머리를 들었다.

아담이 다시 나를 불렀다. 음성은 없었지만, 그의 갈망과 활기가 느껴졌다. 나는 일어나 달리기 시작했고 암사자가 나를 따라왔다. 나는 빨랐다. 거의 암사자만큼이나 빨랐다. 숨이 가빠지면서 내 폐에서는 기쁨이 웃음으로 터져 나왔다. 그리고 사자가 불쑥 저만치 앞서 나갔다.

사자의 모습이 보이지 않자, 아담이 두 팔로 나를 안았다. 그의 두 손이 내 등, 엉덩이, 어깨를 어루만졌다. 나는 그의 피부에 놀랐다. 정말 부드럽고도 따뜻했다.

그가 내 품에 얼굴을 파묻으며 말했다. "굉장히 아름다워. 아, 이샤, 남자한테서 나온 여자여!"

나는 아무 말도 하지 않았다. 그의 언어는 몰랐지만 의미는 알수 있었다. 자만한다는 것을 아예 몰랐어도 나는 분명하게 그가옳다는 사실을 받아들였다.

강가에서 그는 두 손을 둥그렇게 모아 물을 떠 마시는 것을 보여 준 후, 나를 위해 다시 두 손을 모아 물을 떴다. 나는 머리를 숙여 그 물을 마셨다. 여울에서 잉어 한 마리가 나를 빤히 쳐다보았다.

우리는 물속으로 들어갔다. 물이 무릎 뒤쪽과 겨드랑이 털을 간질였다. 자갈을 밟으며 지나갈 때 물이 바위를 둘러가듯 내 허리를 휘감아 나는 헉 하고 숨을 내쉬었다.

"전부 다, 물." 그렇게 말하고 그는 풍 소리를 내며 강 한복판으로 헤엄쳐 갔다. 강물의 폭이 넓어지면서 골짜기 바닥을 가로지르는 널찍한 물길을 이루고 있었다. "여기. 물이 흘러."

"물." 그 말을 내뱉는 순간, 나는 강물이 흘러드는 호수에서부터 거룩한 산의 심연에서 흘러나오는 높은 샘까지, 온갖 형태의 물이 지닌 근본적인 요소를 단번에 이해했다. 물이 끌어당기는 힘이 느껴졌다. 마치 그대로 나를 휩쓸어 차가운 호수의 바닥으로 끌고 가고 밀물과 썰물이 드나들며 나를 달래 줄 것 같았다.

강에 서자 우리의 거처를 둘러싼 높은 벽들이 보였다. 남쪽의 큰 산은 하늘로 솟아 있고, 북쪽 산기슭의 작은 언덕은 산맥의 긴 등뼈가 되어 흐르면서 서쪽의 큰 호수 쪽으로 뻗어 내려갔다.

그곳이 북쪽의 보이지 않는 땅, 남쪽의 충적평야, 동쪽과 멀리 서쪽에 있는 큰 물과 구별된 장소라는 걸 알 수 있었다.

그곳이 구별된 이유는 순전히 우리 때문이었다.

그러나 우리 둘만 존재하는 것은 아니었다. 얼마 후 나는 그들

을 볼 수 있었다. 강에서 나와 강둑에 누워 태양의 흑점, 공기의
잔물결, 그늘만 있어야 할 곳에 파르르 떨리는 빛 등을 바라볼
때 곁눈질로 그들이 보였다.

아담은 나를 세밀하게 바라보며 아무 말도 하지 않았다. 우리
는 그들의 이름을 몰랐다.

깨어나라고 나를 재촉했던 첫 번째 음성은 아담의 것이 아니었
다. 그리고 나는 공기보다 가까이, 심지어 내 몸을 두르고 있는
아담의 팔보다 가까이 있는 존재를 느꼈다.

나는 내 몸을 보고 놀랐던 남자를 탐색하기 시작했다. 그의 부
드럽고 짙은 피부, 좁은 둔부, 이상한 성기에 눈길이 갔다. 태양
의 열기를 빨아들인 듯 그의 몸은 따뜻했다. 그의 평평한 가슴에
귀를 대고 수시로 달라지는 심장 박동 소리에 귀를 기울였다. 그
러자 나의 새로운 손발이 무거워진다 싶더니 나른함이 밀려왔다.
나는 눈을 감고 사랑스럽고 낯선 세계에서 물러났다.

이렇게 있으면 이전에 있던 장소로 돌아갈지도 모른다는 생각
이 들었다.

깨어난 이후 처음, 그렇게 되지 않기를 바랐다.

날이 어둑해졌고 졸음에 취한 듯 벌레들이 내는 소리가 불규
칙적으로 들려왔다. 나는 어느새 친숙해진 그의 심장 소리를 들
으며 잠이 들었다.

눈을 떴을 때, 그는 내 머리에 볼을 대고 있었다. 입으로는 아무

말도 하지 않았지만 그의 마음에서는 벅찬 감정이 흘러나왔다.

　감사였다.

　　나는 반석에서 캐낸 보물, 산에서 찾아낸 보석.

　내가 움직이자 비로소 그도 움직였고 못내 아쉬워하며 나를 놓
아주었다. 해는 벌써 골짜기를 따라 길게 가라앉고 있었다. 배에
서 꾸르륵 소리가 났다.

　그는 나를 작은 숲으로 데려가 단단한 자두 과육을 먹여 주었
다. 씨 주위를 조심스럽게 베어 내고 조각들을 내 입에 넣어 주
었다. 과즙이 우리 턱 밑으로 흘러내렸고 벌들이 날아와 그 달콤
한 맛을 보았다. 그는 내 손가락과 손에 입을 맞추고 내 손바닥
에 볼을 갖다 댔다.

　그날 저녁, 우리는 이슬초와 골풀로 만든 쉼터에 누웠다. 그가
전날 만들어 놓은 게 분명했다.

　내가 존재하기 전에.

　우리는 하늘이 변하는 모습을 함께 지켜보았다. 하늘은 금빛
에서 적갈색과 진홍색으로 바뀌며 식어 갔고 마침내 진흙땅을 붉
게 물들였다.

　'내게서 취해 낸 사람. 내 살 중의 살. 드디어.' 막 잠에 빠져드는
순간 나는 그의 음성을 머리로 들었다. 감기는 내 눈에 키스하는
그의 입술에 놀라움과 경이로움이 어려 있었다. 그때 나는 알았

다. 나를 위해서라면 그가 무슨 일이든 할 것임을.

그날 밤 나는 꿈을 꾸었다. 강바닥이나 호수 아래 깊은 심연보
다 더한 어둠.

그 무無로부터 목소리가 나왔다. 그것은 목소리였지만 목소리
가 아니었고 소리도 말도 아닌 의지와 명령과 기원이었다. 그리고
그 목소리로부터 단어 하나가 나왔다. 그것은 단어이면서도 단어
가 아니었고 능력과 결실의 언어였다.

저기! 티끌 같은 섬광, 솔잎 끝처럼 작은 빛이 나타났다. 그것이
폭발하여 내 꿈속 시야 주변부를 넘어가자 어둠이 사라졌다. 즉
시 하늘은 광대해졌고 영원의 가장자리까지 끝없이 뻗어 갔다.

나는 사방에서 나를 끌어당기는 새로운 물체들을 헤치고 달렸
다. 가장 작은 입자들도 그 나름의 중력이 있었다. 각 입자로부터
같은 음악, 에너지와 빛의 교향곡이 흘러나왔다.

나는 땅 위에 섰다. 그것은 엄청난 양의 물이었고 하늘에 비친
빛이 굴절되어 빛나고 있었다. 영원히 울리도록 허락받은 현처럼
빛은 내 전 존재를 뒤흔들었다.

빛으로 나는 활력을 얻어 새로워졌고 그 첫 소리, 영원의 하
품 소리를 내었다.

그 모든 것 한복판에서 분명한 명령이 들려왔다.

'깨어나라!'

2

파랑. 내가 새로 만들어졌나? 날아가는 새 때문에 눈앞에 펼쳐진 파란 장막에 구멍이 뚫렸다. 눈을 감으니 내게 기대어 있는 아담, 서서히 부풀었다 가라앉는 그의 가슴, 따뜻하고 묵직하게 나를 누르는 그의 팔이 느껴졌다.

나는 뭔가를 기다리고 있었다. 허기와 같은 통증을 느끼며 깨어났지만, 음식과는 무관했다.

'당신이 필요합니다.' 그것은 동경이자 갈망이면서 동시에 선언이었다.

'내가 있느니라.' 그분에게서 나온 음성은 사람의 것보다 훨씬 부드럽고 장엄했다. 속삭임으로 하늘을 살아나게 만든 음성.

나는 몸을 떨었다. 옆에 있던 아담이 움찔하더니 나를 더 가까이 당겼다.

잠시 후 나는 다시 잠들었다. 아쉬운 것도, 부족한 것도 없이.

그러나 뭔가 더 갈망하면서.

아담은 기슭의 언덕 위에 잠자리를 만들었다. 그날 아침 그 이
유를 알 수 있었다. 골짜기 바닥의 풀과 히스는 어젯밤과 달리 축
축하고 눅눅했다.

이번에는 그가 나보다 먼저 깨어났다. 손가락 끝이 내 어깨, 볼,
이마를 누볐다. 아래에 놓인 팔이 내 머리를 받치고 있었다.

나는 눈을 떴다. 그의 눈이 뚫어질 듯 나를 들여다보고 있었
다. "눈을 보니, 몰랐던 것을 알게 된 듯하네요." 그가 감탄하며
말했다.

'하늘이 만들어지는 것을 봤어요.'

그는 숨을 들이쉬고 내 손가락을 들어 자기 입술에 갖다 댔다.

'나를 붙들어 주는 이, 내 짝. 그분의 말씀대로 주어진 사람. 그
대에게 창조의 신비를 알려 주셨군요!'

그는 벌떡 일어나 하늘을 향해 기쁨의 함성을 질렀다. 발로
땅을 구르고 손뼉을 쳤다. 웃음이 났다. 나도 그와 함께 손뼉
을 쳤다.

나는 사랑받고 있었다. 그가 바라던 대상이었다. 어떻게든 필
요한 존재였다.

아담이 내 옆에 앉았다. "자, 이샤! 저 언덕을 올라갈래요? 무
화과와 오이, 먹을래요? 당나귀와 늑대, 볼래요?"

"그래요." 대답은 했지만 당나귀와 늑대, 무화과와 오이가 어떻

게 다른지도 몰랐다. 나는 또 한 번 말했다. "그래요."

말로 표현하진 않았지만 나는 그 어떤 즐거움보다 둘의 존재를 더 갈망했고, 우리가 함께 있는 한 무슨 일이건 할 수 있었다. 그 생각을 하는 동안, 아담이 나를 일으켜 세우더니 내 머리와 허리, 엉덩이를 어루만졌다.

아. 나는 만족감에 흠뻑 잠겼다.

그날 그는 골짜기에서 가장 넓은 곳으로 나를 데려갔다. 우리는 함께 떡갈나무 그늘 아래 앉아 늑대가 덤불 사이로 뛰어나오는 모습을 지켜보았다. 저 멀리 언덕 중턱에서는 양이 풀을 뜯고 있었고 좀더 위에선 염소 한 마리가 해 아래 서 있었다.

"늑대." 그가 말했다. 나는 다른 소리도 들었다. '예둣.'

"양." 그가 말했다. 또 들리는 마음의 소리. '아디나.'

그는 동물들의 종류를 지칭하는 이름을 짓고 각각을 부르는 이름도 따로 지었다. 내가 있기 이전에 그가 동물들에게 하나뿐인 존재였던 것처럼, 같은 종류라도 동물 하나하나가 그에겐 구별된 존재였다.

암사자 레비아가 내 옆으로 와서 몸을 웅크렸다. 그렇게 잠시 점잖게 있나 싶더니, 바닥에 등을 대고 나른하게 드러누웠다.

'긁어 줘요!'

아담은 무릎을 꿇은 채 양팔을 쭉 펴고 웃었다. "오랫동안 이 녀석이 이 말밖에 못하는 줄 알았어요."

레비아가 드러누운 채 눈을 굴렸다. 얼마 후, 그녀의 짝이 언덕에서 내려와 근처 시내에서 물을 마셨다. 레비아를 원하는 마음이 얼마나 강하던지 녀석이 머리를 들었을 때, 내가 레비아인 듯 확 끌어당기는 것이 느껴졌다. 전날 아담한테 느꼈던 것과 같았다. 암사자는 몸을 일으켜 녀석에게 다가가더니 윤기 있는 머리를 짝의 턱에 문질렀다. 녀석이 암사자를 올라타자, 둘 모두에게서 쾌락이 뿜어져 나왔다.

나는 숨을 내쉬었다. 나를 바라보는 아담의 강한 눈길이 느껴졌다.

"웃음이 있었어요." 며칠 뒤 강에서 내가 말했다. 아담이 나를 피부가 따끔거리도록 씻어준 다음이었다. "당신, 아니었어요."

"웃음소리가 있었군요." 그는 내 피부에서 물을 털어내며 말했다. 새로운 태양이 겨드랑이 털에 묻은 물을 말려 주었다. "스스로 계신 분이세요."

'우리를 만드신 분.'

'그래요. 흙에서 첫 아담을. 첫 아담에게서 이쉬와 이샤를.'

'왜요?'

'동산을 돌보게 하려고.'

'곤충과 동물들과 식물들은 저들끼리도 잘 지내는 것 같은데요.'

'그리고 동물들에게 이름을 지어주려고.'

'동물들은 여기 왜 있어요?'

'스스로 계신 분 외에 누가 알겠어요?' 아담이 내 질문들에 관심을 보이지 않자 오히려 호기심이 일었다. 그러나 다음 순간, 그의 입꼬리가 올라가더니 사랑스러운 미소가 어렸다. 그 순간 알수 있었다. 그도 많이 궁금해했다는 것을. 그가 이미 많이 알려 주긴 했지만 세상의 많은 것들을 나 스스로 알아 가야 한다는 것을.

'배우는 건 즐거운 일이에요, 이샤.'

그는 갑자기 조용해졌다. 그러더니 큰 소리로 말했다.

"보여 줄 게 있어요."

골짜기의 서쪽 끝, 강이 호수로 흘러드는 곳에는 동튼 후에도 오랫동안 안개가 머물렀다. 골짜기에서 언덕 꼭대기까지 줄지어 서서 속살거리던 나무들도 이곳에선 입을 다물었다. 벌레와 새와 동물들의 소리는 이상하게 멀어진 듯했지만, 배경음 같은 모든 생물체의 속살거림은 더 낭랑하게 울렸고 그 가락은 다른 어떤 곳에서보다 맑았다.

아담이 먼저 강물 속으로 걸어 들어갔다. 서둘러 뒤따라간 나는 그가 손을 내밀어 주자 안도했다. 이것은 물장난이 아니었다. 그는 물살을 헤치고 계속 들어갔다. 습기가 우리 머리를 감싸더니 곧 머리카락에 들러붙었다.

강 한복판으로 나아가다 보니, 반대쪽에 닿지 못할 수도 있겠다는 생각이 들었다. 안개 너머가 보이지 않았고 우리가 떠나온 강둑도 시야에서 사라졌다. 이대로 강물에 밀려 호수의 삼각주까지 쓸려가는 건 아닌가 하는 생각이 들 무렵, 강바닥의 자갈이 발끝에 닿았다.

나는 숨을 죽였다.

우리는 강의 가장 넓은 부분에 있었고 그 한복판에 작은 섬이 펼쳐져 있었다. 그리고 골짜기 다른 곳에서는 본 적이 없는 나무 한 그루가 그 안에 있었다. 나무는 골짜기 어디에서도 본 적이 없는 특이한 열매를 매달고 있었다. 커다란 베리처럼 완전히 둥근 열매는 자두보다 컸고, 전날 밤 북쪽과 남쪽 산맥 사이에서 불타던 태양 빛이었다. 줄기에 묵직하게 달린 열매는 하나같이 터질 듯 잘 익어서 희미한 산들바람에도 툭 떨어질 것 같았다. 하지만 바닥에 떨어진 열매는 보이지 않았다.

강둑으로 올라서는데 배에서 꾸르륵 소리가 났다. 그러나 내가 그 나무쪽으로 두 걸음도 내딛기 전에, 아담이 내 손을 꽉 쥐었다.

"안 돼요!"

나는 그의 격렬한 반응에 눈을 깜빡였다. "배고파요."

"이건 먹을 수 없어요."

'안 된다'는 말은 처음이었다.

"왜요?" 나는 불타는 보석으로 장식된 거목을 다시 들여다보았다. 아주 오래된 게 분명했다. 골짜기의 어떤 나무보다 오래된 것 같았다. 벌써 나는 시간이 뭔지 깨달아 가고 있었다. 나무의 가지들은 가젤의 뿔처럼 휘감겨서 하늘을 향하고 있었다.

"이것을 먹으면 선과 악을 알게 돼요." 그가 나무를 쳐다보는가 싶더니 금세 눈길을 돌렸다. 그의 입술이 나무 열매의 표면처럼 팽팽해졌다.

'그는 여기 있고 싶지 않은 거야.' 놀라웠다. 곧이어 떠오른 생각. '아냐, 여기 있고 싶은 마음과 있기 싫은 마음이 다 있어.'

나는 그의 마음속에 있는 엇갈린 감정을 이해하지 못했다. 선과 악의 의미도, 그 배후에 놓인 갈등도 알지 못했다. 그의 복잡한 감정이 그 나무의 뿌리에서 고동쳐 올라오는 것처럼 보였을 뿐이다.

구름 사이로 태양이 얼굴을 내밀었다. 바닥의 풀과 그 나무의 잎들이 금세 금빛으로 물들었다. 나무 열매는 화염에 휩싸인 듯 보였다. 열매가 아니라 푸르른 별자리에 갇힌 무수한 별들 같았다. 몇 초 후 안개는 사라졌다.

'또 있어요. 이걸 먹으면 죽음을 맞게 돼요.'

'죽음? 죽음이 뭔가요?'

'왜 이런 걸 묻는 거예요, 이샤?' 아담이 두 눈을 들어 나를 똑바로 쳐다보았다. 눈매가 부드러웠다.

간청이었다.

'궁금하니까요.'

'죽음은 끝이에요. 그분의 뜻과 정반대인 끝.'

우리는 거의 동시에 나무쪽으로 돌아섰다. 내가 그 휘어진 가지들을 만지려고 하자, 그가 다시 가로막았다.

"만지지도 말아요!"

나는 죽음이란 것을 이해하지 못했다. 하지만 그분에 대한 순종은 알고 있었다. 그분이 "깨어나라" 하셨을 때 깨어나지 않았던가? '내가 있느니라'는 말씀에 확신을 얻고 걸어가지 않았던가? 그 손의 힘을 보지 않았던가? 그 생각을 하자 아담에 대한 기쁨과 갈망이 일었다. 창공을 나는 독수리의 그림자가 땅에 비치듯 그에게서 그분의 모습을 보았기 때문이다.

그 무렵 배 속은 잠잠해졌지만 하나뿐인 나무 앞에 서 있으니 배가 찰 때까지 열매를 따먹고 싶은 생각이 들었다. 바로 그때, 또 다른 나무가 눈에 들어왔다. 매력적인 자매 옆의 수수한 관목이었다. 거기엔 작은 진홍빛 베리가 달려 있었다.

아담은 나를 이끌어 나무에서 멀어지면서 다시 한 번 그 멋진 나무를 흘긋 쳐다보았다. 그의 손이 몸에 닿자 갑자기 극도의 허기가 느껴졌다. 새콤한 살구와 샘의 상쾌한 물, 그분의 음성과 태양의 뜨거운 열기와 버드나무 그늘이 간절했고…… 사자 갈기 속에 손가락을 집어넣고, 아담의 허벅지를 어루만지고 싶었다.

나는 그의 두 팔을 당겨 망토처럼 어깨에 두르고 내 상체를 감싼 그의 두 손을 꼭 눌렀다. 그리고 그의 목의 소금기를 맛보았다. 원초적인 그의 신음소리를 들으며 그대로 그의 다리가 풀려버릴지도 모른다고 생각했다. '내가 즐거움을 주는구나!' 그다음에 든 생각. '앞으로도 계속 즐겁게 해줘야지.' 복잡한 사항은 다 알지 못해도, 그분이 내 마음에 속삭여 주시는데, 어떤 비밀인들 알아낼 수 없겠는가?

'배우는 것은 기쁨이에요, 이샤.' 그 말을 다시 들었다. 아담이
한 말이었다.

정말. 그럴 것이다.

"여기서 말고." 그가 말했다. 그의 거친 목소리는 그 자체로 아
드레날린이자 유혹이었다. 그는 강 쪽으로 나를 이끌었다. 그의
입김은 내 귀에 뜨거웠고 손가락은 대담했다. 강 속으로 걸어 들
어가는데, 덤불에서 바스락대는 소리가 들렸다. 저기, 나뭇가지
사이로 번득이는 금빛, 비늘에 반사된 햇빛이 너무나 찬란하게
빛나 장엄한 나무의 열매 못지않게 아름다웠다.

"저건 뭐죠?" 내가 물었다.

"무엇?" 그가 내 머리카락 사이로 속삭였다.

나는 손가락으로 가리켰다. 한 동물이 작은 관목의 가지 사이
로 나를 쳐다보고 있었다.

아담은 고개를 들지도 않았다. "그냥 뱀이에요."

강을 건너온 우리는 물을 뚝뚝 흘리며 강둑에 누웠다. 그는 내
목, 가슴, 배꼽으로 몸을 굽혔다. 쾌락에 몸이 나른해졌다.

'만족시켜 줄게요.'

'그래요.' 동의였다. '그래요.' 간청이었다.

'햇살을 느껴요.'

'느끼고 있어요.'

'내 손가락을 느껴 봐요.'

'느껴져요.'

'너무나 사랑해요.'

나는 그에게 나를 주었다.

　　나는 하늘로 휘감겨 올라가는 영양의 뿔.

　　줄기에서 자라난 나뭇잎.

　　반석에서 터져 나오는 단물,

　　손을 담그는 사람에게 짜릿함을 선사하고 목마른 목구멍으로

　　흘러든다.

　　그날 밤, 달이 떠오르고 잠든 새 대신 귀뚜라미와 개구리가 노래할 때, 아담이 내 어깨에 기대 울었다.

　　"당신을 얼마나 갈망했는지 몰라요." 그의 목소리가 물속에서 부스러지는 흙덩이처럼 흩어졌다. 나는 그를 안았고 내 마음은 강둑을 넘어 범람한 강물처럼 부풀어 올랐다.

　　그분은 얼마나 놀랍고 위대하신가. 하늘을 운행하시면서도 한 마음의 외침을 들으시다니.

　　나는 입술로 그의 입을 덮었다.

　　우리는 동틀 녘까지 잠들지 않았다.

　　안개 속을 헤매는 꿈을 꾸었다. 종아리를 핥는 풀들을 느꼈다. 젖은 풀잎들이 혀 같다고 생각하며 한 시간쯤 거닐었다. 좀

지나자 풀 대신 물이 나타났고 내 발은 물에 푹 잠겨 있었다. 강을 발견하고 그 속으로 걸어 들어갔다. 물이 발목과 무릎에서 찰랑거렸다.

안개가 걷히기 시작하자 내가 선 곳은 강물이 아니라 엄청 넓게 펼쳐진 물 가운데임을 알아차렸다. 보석처럼 파란 물이 사방으로 수평선까지 뻗어 있었다. 나는 솟아오르는 구름을 향해 손을 뻗었고 바다와 구름 사이의 거대한 공기가 되었다. 내 발은 바다 밑바닥에 자리를 잡았고 손가락 끝은 하늘까지 이어졌다.

어마어마한 높이에서 아래를 내려다보니 물이 움직이기 시작했다. 한 방향으로 넘실대는가 싶더니 동시에 다른 방향으로도 넘실거려 둘로 갈라질 듯 보였다. 그리고 정말, 바다는 땅의 동굴들로 이어지는 거대한 구멍들을 만들어 냈다. 아니, 구멍이 아니라 암흑의 덩어리였다. 그것들이 바다를 뚫고 여기—저기, 저기도!— 솟아올랐다. 봄철에 솟는 수사슴의 뿔처럼 물을 뚫고 올라왔다. 그것들이 몸뚱이를 드러내자 뭔가 부서지는 듯한 무시무시한 소리가 들려왔다. 별들에까지 울려 퍼질 만한 굉음이었다. 바닷물은 깨어지는 단지 속에 든 물처럼 요동치며 부풀어 올랐고, 땅이 울부짖으며 하나로 모이는가 싶더니 땅 한 덩어리의 가장자리가 다른 땅덩이 위로 밀려 올라가면서 동물의 이빨처럼 삐죽삐죽한 조각들이 하늘로 솟구쳤다. 그 거친 가장자리 끝에는 호마노와 석영과 흑요석이 깨진 상자에서 쏟아진 보석처럼 빛났다.

그리고 거기, 생기로 가득한 침전물 중에 붉은 흙이 있었다. 생

명체의 피처럼 붉었다. 내 옆에서 잠든 아담의 진흙 피부 속에도
그렇게 붉은 피가 흘렀다.

"새들 있잖아요." 우리는 잎이 좁은 사프란의 암술머리를 모으
는 중이었다. "새들은 그 멋진 나무의 열매를 먹나요?" 내 어휘는
꽤 늘어 있었다. 아담은 내가 가리키는 대상의 이름을 대느라 녹
초가 되었다. 천정점을 지나는 태양부터 온갖 나무들, 열매의 각
부위와 온갖 종류의 씨앗, 열매를 이루는 껍질과 과육의 이름들
까지. 수량을 나타내는 말과 보이지 않는 것들, 즉 깨어남과 즐거
움에 해당하는 이름, 추상적이고 과학적이고 사색적인 생각을 표
현하는 언어도 배웠다.

아담이 홱 돌아앉았다. "그러는 건 못 봤어요."

"새들은 죽음을 이해하나요?" 하루 한 번 이상은 그 나무의 신
비와 아름다운 열매에 담긴 죽음을 생각했다. "그분이 바라시는
뜻 바깥에 놓인" 것. 아담은 그렇게 말했었다. 그분의 뜻 바깥에
있는 것이 어떻게 존재할 수 있을까? 그것도 그렇게 아름답게?

"그 열매를 먹는 것이 그분의 뜻에 어긋난다면, 그런 것들이
또 있나요?"

그는 감탄과 관심이 섞인 눈빛으로 나를 찬찬히 바라보았다.

그리고 말했다. "몰라요. 나도 그런 생각을 했었는데, 당신과
나, 우린 정말 같은 살에서 나온 게 분명해요!" 그는 부드럽게 웃
으며 이마에 드리워진 머리를 뒤로 쓸어 넘겼다.

"그 이상은 그분이 알려 주지 않으셨어요. 그래서 알 수가 없어요." 그는 미간을 찌푸렸다. "당신이 오기 전에는 나도 그 장소를 자주 생각했어요. 하지만 당신이 온 뒤로는, 그 생각을 거의 잊고 지내요."

'하지만 완전히 잊어버린 건 아니군요.'

"뱀 말이에요. 정말 아름다워요."

"죽음을 이해하는 피조물이 있다면, 바로 뱀일 거예요."

그 말을 듣자 궁금해졌다. 아름다운 모습 말고 뱀의 특별한 점이 더 있다는 말인가? 과거를 회상할 때 아담의 눈에 어리던 먹구름도 궁금했다. 우리는 슬픔이나 후회를 모르는 존재였다. 그런 것을 느낄 이유가 없었다. 그러나 그때는 그가 덜 만족했다는 게 분명했다. 나는 느낄 수 있었다. 그 섬에 발을 디딘 이후, 섬은 늘 내 마음 한구석에 있었다. 강에 있을 때면 그 섬과의 거리, 그곳에 늘 끼어 있는 안개를 보고 내 위치를 가늠했다. 언덕 중턱에서 감초 뿌리를 모으다가도 그곳을 내려다보며 그 베일 아래 가려져 있는 것을 머릿속에 그려 보곤 했다. 그리고 이전과는 달리, 꽃으로 가득한 골짜기에 있을 때도 섬에 있던 나무 열매의 향기를 맡았고, 바람이 강하게 불 때에도 다른 소리에 희미하게 섞인 그 나무의 바스락거림을 들었다.

그날 밤 나는 아담에게 말했다. "당신의 삶을 알고 싶어요. 이전 생활 말이에요."

그는 끈으로 엮어 내길 좋아하던 나무껍질을 내려놓았다. 그가 내게 손을 뻗자 나는 그의 품에 안겨 그의 어깨에 볼을 갖다 댔다. 한참 동안 말이 없다가 마침내 그가 입을 열었다.

"당신이 내 몸의 일부였을 때, 나는 짝이 없는 인간이었어요. 나는 첫 아담, 단 하나의 인간이었지요. 그 시절이 껍데기처럼 느껴지네요. 며칠, 몇 주, 몇 달 동안, 나는 몸을 지탱시켜 주는 초록 식물들의 모든 것을 배웠어요. 열매의 어떤 부분을 먹는지, 어떤 씨앗이 흙에서 바로 싹이 트고, 어떤 것이 한 계절 동안 잠자는 듯 그냥 있는지 배웠어요. 병아리콩을 수확하는 법, 구주콩 꼬투리를 씹는 법, 아몬드 씨앗 안에 든 내피와 약쑥의 특성을 찾아내는 법을 배웠어요. 그분은 언제나 나와 함께하셨고 나무들 사이에서 풀 위에서 속삭이셨어요. 나는 장엄한 산에서 그분의 얼굴을 보았고, 우르릉대는 하늘에서 그분의 한숨 소릴 들었고 자그마한 겨자씨에서 그분의 지문을 보았어요.

동물들은 내게 나아와 첫 아담이 그분의 형상을 지닌 것을 보았어요. 나는 그것들의 다양성에 놀라며 사자의 갈기를 문질렀고 영리한 여우의 꼬리를 어루만졌어요. 개구리를 잡아서 손바닥에 올렸고 뱀의 날개를 만졌어요. '스스로 계신 분의 모습으로 만들어진 아담, 당신은 너무 아름다워요.' 동물들은 그렇게 말했어요. 그러나 내 눈에는 그들이 너무 아름다웠지요. 나는 그들의 본질을 파악해 이름을 지어 주었고, 그러자 그들도 자신을 더 잘 알게 되었어요. 이런 일들이 여러 날 계속되었어요."

그는 무심코 내 귓불을 어루만졌다. "그런데 얼마 지나지 않아 다들 무리를 이루고 사는데 나만 혼자라는 것을 깨닫게 되었어요. 저들은 수컷과 암컷인데, 나는 무엇일까? 둘 다일까? 아니면 둘 다 아닌 걸까?

나는 동물들의 습성을 파악하고 그들 사이에서 내 위치를 알아내는 데 몰두했어요. 언덕들과 동쪽 입구 너머 평야까지 두루 다니며 늑대들의 위계질서와 암양의 임신도 배웠어요. 산을 굽어보고 큰 호수에서 헤엄을 쳤어요. 그러나 늘 되돌아와서 언덕을 배회했고 골짜기 아래를 내려다봤죠."

작은 숲에서 내가 즐겨 찾는 지점과 그곳에서 잘 보이는 안개에 가려진 섬과 그 안에서 금처럼 빛나는 열매가 떠올랐다.

아담이 속삭였다. "나무 생각이 늘 떠나지 않았어요. 내가 악을 이해할 수 있을지 궁금했어요. 죽음을 골똘히 생각했고 내 마음에 속삭이시는 그분을 불렀어요. 그분은 어떤 것도 거절하지 않으셨지만, 나는 외로움을 느꼈고 뭔가를 더 갈망했어요.

어느 날 갈대숲을 거닐고 있을 때였어요. 내가 처음 고개를 들었던 장소였지요. 거기서 그것을 발견했어요." 아담의 눈이 반짝였다. 하월라 언덕에서 나오는 보석 색깔, 진파랑이었다. "발자국. 사람의 것이었어요. 그런데 내 것은 아니었어요." 그의 눈에서 눈물이 흘러내렸고 얼굴엔 갈망이 가득 차올랐다.

"강둑을 달리며 외쳤어요. 그 발을 만져 보고, 그 손을 만져 보고 싶은 마음뿐이었어요. 그런데 그 와중에도 한 목소리가 들렸어요. '내가 있느니라, 아담. 내가 있느니라!' 나는 무릎을 꿇었어요. 외로움의 고통을 느낀 것은 그때가 처음이거든요. 음식이나 태양이나 수면이나 기쁨에 대한 갈망 못지않게 격심하고 생생했어요. 목소리가 속삭임처럼 다시 들려왔어요. '내가 있느니라.'"

그는 손등으로 얼굴을 닦았다. 다시 입을 열었을 때는 목소리가 갈라져 나왔다.

"일어나서 하루 종일 찾았지만 그 발자국을 다시 볼 수는 없었어요. 그것을 만지고만 싶었어요. 다시 만지고 싶었어요." 그는 고개를 숙였다. 잠시 후 한숨을 지으며 말했다. "그날 밤, 자리에 누워 별을 바라봤어요. 내가 잠들었다고 생각할 때 당신이 손가락으로 짚어 보는 하늘의 별들 말이에요. 그리고 하나님께 부르짖어 간청했어요. 그날 밤, 잠의 손가락이 길고 달콤한 손길로 나를 어루만졌고 나는 무의식 상태에 빠졌어요. 내 영혼에 이런 소리가 들려왔어요. '사람이 혼자 있는 것이 좋지 않다.' 거기엔 더없는 연민과 온전한 이해와…… 다정한 호의와 사랑이 담겨 있었어요. 너무나 큰 사랑! 나는 그 사랑에 사로잡혀 위로를 받았고, 그 안에서 내 갈망을 잊겠구나, 모든 것이 어떻게든 잘되겠구나, 생각하며 잠들었어요."

그가 내 볼에 손가락을 댔다.

"아침에 눈을 떴을 때 알았어요." 그의 손가락이 내 볼 위에서 파르르 떨렸다. 꿈처럼 섬세한 것을 만지는 듯, 깨어져 버릴까 봐 두려운 듯했다. "나는 알았어요. 나 자신의 몸으로 누워 있지만 혼자가 아니란 걸."

아담의 눈물이 얼마나 사랑스러웠는지! 그 때문에 그 얼굴이 얼마나 아름다워 보였는지! 눈물이 볼을 타고 흐르고 입술 위로 떨어질 때, 가슴이 저미듯 안타까우면서도 그 모습이 얼마나 남자다웠는지! 그는 자신의 입에 숨을 불어넣으신 그분을 흉내 내어 나에게 키스했다. 나는 첫 아침에 그가 한 말을 다시 들었고 그의 큰 기쁨을 다시 느꼈다. 그것은 지난 감정이 아니라 그의 마음속에서 새로워진 것이었다.

'드디어! 내 살 중의 살!'

그때 나는 알았다. 내가 그의 것이듯 그도 나의 것이었다. 그는 나를 알기 전부터, 내가 존재하기 전부터 나를 갈망했으며, 전 존재로 나를 사랑하고 있었다. 아담이 내 가슴에 머리를 묻었을 때, 내 마음은 그 과분한 사랑으로 인해 말할 수 없는 겸허함과 감사로 터질 것만 같았다.

3

처음으로 피가 나온 것은 강변 갈대를 헤치며 걷던 어느 따스
한 아침이었다. 나는 새의 둥지에서 힌트를 얻어, 부싯돌 조각으
로 강변에서 잘라 낸 풀과 갈대로 바구니를 엮고 있었다. 기본
적인 형태는 며칠 만에 완전히 익혔고, 새롭고 복잡한 디자인에
도전했다.

잔뜩 흥분한 채 큰 바위 위에 앉아 새로운 바구니 바닥을 만
들다가 잠시 후 일어나 보니 앉은 자리에 붉은 얼룩이 있었다. 짓
이겨진 헤나 잎을 깔고 앉았나 하는 생각이 먼저 들었다. 하지만
그럴 리가 없었다. 하루 종일 헤나 근처에도 가지 않았다. 게다
가 우리는 넘어지는 법이 없었기에 헤나 잎이 짓이겨져 몸에 붙
어 있을 리 없었다. 우리는 열매나 돌멩이를 모을 때도 절대 놓치
지 않았다. 물에 빠져 숨이 막히는 일도 없었다. 스스로 계신 분
의 질서에 따라 우리가 지배하는 이 세상에서 오류나 실수, 일탈

은 불가능한 일이었다.

그렇다면 바위 위의 붉은 것은 어디서 온 것일까?

내 손과 모아 놓은 갈대, 바위의 끈적끈적한 표면을 다시 확인하고 난 후에야 그것이 내 몸에서 나왔음을 알았다.

강둑에서 낭랑한 소리가 들려왔다. 고개를 들어 보니 햇살을 받아 눈부시게 빛나는 뱀이 나를 지켜보고 있었다.

'그분과 사람의 딸이여, 너무나 아름답군요.'

'너도 아름답구나.' 진심이었다. 피조물 가운데 이보다 더 아름다운 동물이 있었던가?

뱀은 잠시 몸치장을 하고는 말했다. '피가 나왔군요. 그게 무슨 뜻인지 아나요?'

나는 발정기의 암사자 레비아를 생각했다. 밤새 나와 휘감겨 있던 아담도.

'그래. 알 것 같아.'

뱀은 고개를 한쪽으로 기울이고 코를 킁킁댔다.

'동물들의 방식을 따라 생명을 창조하다니, 정말 잘된 일이에요. 이것은 하나님의 표시, 창조의 표시입니다. 이 능력을 아낌없이 당신에게 나누어 주시다니, 정말 잘된 일이에요.'

그렇게 생각하자 얼굴이 붉어졌다. 새끼에게 젖을 물리는 산토끼와 암양을 넋 놓고 바라보던 기억이 났다. 나는 미소를 지었다.

'기쁜가요?'

'그래. 아담이 나 하나로도 기뻐하는데, 우리가 더 많아지면 얼마나 행복해하겠어?'

뱀이 몸을 돌렸다. '그렇고말고요.'

아담을 찾았을 무렵 출혈이 멈추었다. 내가 출혈, 피를 물에 씻은 일, 뱀 이야기를 늘어놓자 그가 말했다. "영리한 놈. 녀석의 말이 맞아요."

"생각해 봐요. 내가 임신하면, 아이가 태어나는 날에 우린 한 몸으로 다시 아담이 될 거예요."

그는 나를 바라보더니 내 손을 잡아 꼭 끌어안고 소리쳤다. "그분의 설계는 참으로 위대하군요!"

이 일을 제외한 우리의 창조 활동은 대부분 극적이지 않았다. 우리는 평범하게 거처를 만들어 갔다. 라일락과 (커다란 고양이들이 좋아하는 관목인) 인동덩굴 가지를 잘라 남쪽 경사진 땅에 꽂고, 월계수 가지를 아래로 휘게 당겨 땅에 닿는 지점을 표시한 뒤 그 윗부분에 돌을 쌓아 고정했다. 아담은 버드나무 그늘 쉼터를 지었는데, 길게 잘라 낸 버드나무 가지들을 땅에 세우고 끝 부분을 서로 엮었다. 몇 주 안에 모든 가지에서 잎이 돋았다.

가끔 빛이 하늘을 가르며 삐죽삐죽한 가지 모습으로 번쩍이는 모습이 보였다. 그럴 때면 눈을 감아도 눈꺼풀 안에 밝은 영상이 남았다. 처음 그것을 보았을 때 나는 몹시 놀랐는데, 하늘에

도 자연에도 불이 있다는 아담의 설명을 듣고서야 마음을 놓았
다. 그는 두 종류의 돌을 서로 부딪치거나 해서 불을 피울 수 있
었다. 그날 밤, 그는 홈을 파낸 돌에다 석영 조각을 부딪쳐 작은
불씨를 일으킨 후 속 빈 나무를 부싯깃으로 채운 것에 조심스레
옮겨 불을 피워 냈다.

우리는 열매를 말렸고 아몬드와 피스타치오를 거둬들였다. 작
은 숲에서 식사를 할 때면 다마사슴 아다, 여우 찰릴이 끼어들었
다. 찰릴은 아담이 속 빈 줄기로 만든 피리를 연주할 때도 다가왔
다. 우리는 종종 구부러진 나무 안에서 발견한 긴 꿀벌통에서 꿀
을 구해 오기도 하는데, 그럴 때 늑대 드바시가 쫓아와 내 손가락
에 묻은 꿀을 핥았다. 언덕 중턱에 서면 익어 가는 석류의 향기,
소나무의 씁쓸한 수액, 히스 무더기 안에서 자라는 소회향과 치
커리, 먼 산비탈의 가지에 무겁게 매달린 달콤한 포도 향기를 맡
을 수 있었다. 나는 똥을 보고 어떤 동물의 것인지 구별했고, 깃
털의 기름을 보고 어떤 새인지 맞추었다. 꿀을 맛보거나 향기만
맡고도 어떤 꽃인지 구별해 냈다. 그리고 매일 밤, 젖은 흙과 소금
이 묻은 최고의 꽃다발, 내 곁에 있는 아담의 품에 안겼다.

그가 잠에서 깨어나는 순간을 감지하면 나도 잠이 깼다. 그의
갈망을 감지하면 그에게 갔다. 우리는 온 땅에서 가장 특별한 존
재였다. 나무들과 산들과 하늘도 부러운 한숨을 내쉬며 우리를
지켜보았다.

남쪽 언덕을 가로질러 달렸다. 바위와 관목과 시내를 뛰어넘었다. 나는 정말 잘 달렸다. 무릎을 높이 들어 관목과 덤불과 시내를 뛰어넘었다. 풀을 뜯는 당나귀를 지나 언덕으로 달려가노라니 웃음이 터져 나왔다. 뒤처진 당나귀의 울음이 웃음소리처럼 들렸다. 아담이 아래에서 나를 지켜보고 있겠지. 내 힘찬 다리와 가쁜 호흡을 보고 그의 심장이 마구 뛰겠지. 그가 나를 뒤쫓아 달린다 해도 날 따라잡을 수는 없었다. 내가 먼저 출발한 데다 걸음도 훨씬 빨랐으니까. 내 달리기 상대는 암사자 레비아뿐이었다.

골짜기 바닥을 향해 언덕을 달려 내려갔다. 한낮이었고 머리 위의 태양이 뜨거웠다. 햇살의 사랑을 받은 내 몸이 데워졌고, 가슴 사이와 머리카락으로 덮인 목덜미에서 땀이 배어 나왔다. 나는 가슴이 작았고 몸은 망아지처럼 말랐다.

'날 보세요!' 내 영혼이 소리쳤다. '내가 달리는 걸 보세요!' 봄철 목초지에 부는 바람처럼 골짜기를 내달렸다. 그러나 지치지 않았다. 내 강한 힘과 그 힘을 주신 분 때문에 마냥 황홀하기만 했다. 속도가 점점 빨라졌다. 이후 나는 어떤 남녀도 그렇게 빨리 달리는 것을 보지 못했다.

내 영혼이 웃음소리를 들었다. 처음에는 내가 출발한 목초지에 남아 있는 아담의 웃음이었지만, 그다음엔 좀더 밝고 또렷한 하나님의 웃음이었다. 이어 참으로 신비한 순간이 찾아왔다! 햇살이 아닌 따스한 온기가 바람과 함께 밀려오더니 내 어깨를, 귀와 얼굴을 매만졌다. 스스로 계신 분이 나와 나란히 달리셨고, 그분의 웃음은 꿀처럼 달콤했다.

거대한 산의 그늘 아래서 방향을 돌려 언덕을 따라 작은 숲으로 달렸고, 그분을 좇아 나무 사이를 누볐다. 어디를 가도 그분이 느껴졌다. 앞쪽에, 관목 근처에, 아니 저기 저 나무 너머! 방금 버드나무 너머로 사라진 어깨와 등의 곡선을 내가 보았던가? 나는 웃었다. 그것은 노래였고 기쁨이었다. 그리고 그 배후에, 너머에 하나님의 웃음이 있었다.

그 상태를 유지할 수 있다면, 그 순간 느낀 것을 언제나 느낄수 있다면, 나는 하루 종일, 일주일 내내, 아니 평생이라도 달렸을 것이다.

마침내 나는 자연스럽게 계단 모양을 이룬 포도밭에 이르렀다. 숨이 가쁘고 심장 뛰는 소리가 귀를 울렸고, 혈관에 흐르는 피가 노래하듯 고동쳤다. 관목처럼 키가 작고 제멋대로 우거진 포도나무들을 헤치며 지나갔다. 얼마 전 아담과 함께 포도나무들의 어린 가지를 쳐낼까 하는 얘기를 했었다. 끝이 삐죽삐죽한 잎을 젖히고 자두만 한 크기의 포도를 느긋하게 땄다. 배가 고프고 목이 말랐던 터라 실컷 먹었다. 그리고 그늘진 풀밭 위로 쓰러져 팔뚝으로 눈을 가렸다. 포도의 당분이 흡족했고, 달리기의 흥분은 채가시지 않았으며, 그분이 함께 계시다는 사실이 황홀했다. 그렇게 어렴풋이 잠이 들었다.

눈을 뜨자 해가 보였다. 그러나 해가 보인 것 치고는 너무 늦은 시간이었다. 몸을 돌려서 보니 해가 아니라 비늘에 반사된 햇빛이었다.

뱀이 눈을 반짝이며 나를 바라보고 있었다.

'그분과 사람의 딸이여, 너무나 아름답군요.' 많은 동물들이 그들의 즐거움, 호기심, 의도를 드러내지만, 뱀처럼 우아하게 내 내면의 귀에다 말을 건네는 동물은 없었다. 뱀은 너무나 이상했다. 다른 동물에게서는 볼 수 없는 세월의 무게가 느껴졌다.

'너도.' 행복하고 나른한 상태였던 나는 모든 것이 평소보다 훨씬 아름답게 보였다. 뱀을 만지고 싶은 마음이 들었다.

'아, 지극한 복[至福].' 뱀은 내 손길이 닿는 곳에서 조금 벗어난 거리에 서서 말했다. '한때는 나도 그것을 알았어요.' 그 말은 너무나 부드럽게, 소리 없는 호흡으로 흘러나왔다. 나는 그때 알았다. 아직도 내 혈관에 남아 있는 황홀함을 뱀도 이해하고 있다는 것을.

뱀의 눈이 나를 살피며 계속 바라보았다. 아주 멀리 떨어져 있는 자의 시선으로.

'사람과 하나님의 딸이여, 당신에게 있는 황홀함이 멋지군요.'

나는 숨을 내쉬었다. '스스로 계신 분의 황홀함이 멋진 거지.'

'당신은 그것 없이도 아름다웠어요. 게다가 당신은 너무나 지적이에요! 알려고 애씀으로써 새로운 존재가 되었죠. 발견을 통해 매일 새로운 피조물이 되고 있어요. 모든 피조 세계가 당신 앞에 절해요.' 그렇게 말하고 뱀은 머리를 약간 숙였다. 그냥 내버려 뒀다면 그대로 사라졌을 것이다. 그런데 내가 뒤에다 대고 큰소리로 말했다. "그건 스스로 계신 분 때문이야. 그분 없이 혼자라면 결국, 나나 너나 아무것도 아니지 않겠어?"

뱀의 등이 뻣뻣해지고 흑요석 같은 눈이 내 쪽으로 돌아왔다.

'그래요, 당신은 아담의 일부이고, 그는 진흙 한 조각에 불과하지요? 하지만……' 뱀은 더 가까이 다가왔다. 나처럼 바닥에 누웠는데 나보다 높이 있었다. 늑대만큼 크게 느껴졌다. '지식을 요구하는 순간, 더 큰 존재가 되었어요. 처음으로 하늘을 향해 얼굴을 들고 깨달음의 경지에 오르려고 다짐할 때 말이에요. 당신은 지금 생각하는 것보다 스스로 있는 분과 더 비슷한 존재예요.'

꿰뚫어보는 눈이 있었다면 혐오감이 어린 뱀의 찌푸린 얼굴을 눈치 챘을 것이다. 고개 숙일 때 머리가 돌아가는 것도 봤을 것이다. 그러나 당시 나는 그의 논리가 어리둥절할 뿐이었다. 한순간 그것은 그 섬의 안개처럼 뿌옇게 보이다가, 다음 순간에는 안개가 걷힐 때 섬에 비치는 해처럼 선명하게 느껴졌다.

그날 오후, 나는 포도밭에서 내려와 다마사슴 아다를 불렀다. 녀석은 고개를 들더니 내게 걸어왔고, 우리는 함께 강으로 달렸다. 곧장 물속으로 뛰어들었는데, 너무 멀리 헤엄쳤는지 몸이 떠내려가기 시작했다. 아다는 다리를 휘저었고 나는 배를 위로 한 채 물위를 둥둥 떠다녔다. 내 머리카락은 얼음 같은 수면 아래로 펼쳐졌다. 나는 눈도 깜빡이지 않고 해를 쳐다보며 뱀이 한 말을 빠짐없이 생각해 보았다.

얼마 후, 아다는 조심조심 걸어 강둑으로 올라갔다. 나는 그대로 떠내려가다 갈대에 걸렸고, 얕은 곳에 있던 개구리들의 물장구가 내 귀를 간질였다. 눈을 들어 보니 아담이 물 가장자리에 웅크리고 앉아 나를 보며 미소 짓고 있었다.

그는 갈대 사이로 걸어 들어와 나를 끌어안았다. "부드럽고 볼록한 이 볼. 튼튼한 이 다리. 등은 또 얼마나 우아한지. 내게 뭐든지 말해요. 스스로 있는 분에게 뭐든지 구해요. 누가 당신의 요청을 거절할 수 있겠어요?"

그날 그가 나에게 키스했을 때 깨달았다. 나에게 두 연인이 있었다. 나를 붙들도록 주어진 연인, 그리고 내 영혼에 구애하는 연인.

나는 지상에서 가장 아름다운 피조물임이 분명했다.

그날 밤 늦게, 달빛에 밖으로 나온 곤충들의 합창 소리를 들으면서 문득 궁금해졌다. 혼자 있다는 것은 어떤 상태였을까.

곁에 아무도 없다는 것, 다른 동물들은 다 짝이 있는데 자신만 없다는 것은 어떤 상태였을까, 상상해 보았다.

잠들기 얼마 전, 그런 생각이 들었다. 결핍 상태의 참 본질은 결핍된 것이 무엇인지 모르는 상태일 거라는.

꿈에서 어두운 하늘과 물에서 분리된 땅과 도처에서 생명으로 이글대는 거대한 에너지를 보았다.

거대한 빛이 천정점天頂點을 향해 달려갔다! 이글대며 녹는 타오르는 공의 온기가 내 피부에 전해졌다. 다른 존재들도 보였다. 그들은 천 개의 눈으로 어둠 속을 들여다보고 있었는데, 각각의 눈이 하늘에서 반짝이며 나를 바라보는 듯했다. 처음의 거대한 빛보다 아주 작고 차가운 빛이 소리 없이 내 뒤쪽에서 떠올랐다. 그때 깨달았다. 그것은 빛이 아니었다. 새롭고 큰 별의 빛을 받는 작은 땅 덩어리였다.

해와 그보다 작은 덩어리가 솟아오르자 거대한 인력이 발생하면서 내 혈관벽들이 한쪽으로 쏠렸다. 불끈 힘차게 당겨졌다. 그리고 되풀이되는 풀어짐과 당겨짐. 밀물과 썰물. 모든 심장과 혈관의 박동. 모든 자궁의 신호.

그것은 합창이었다. 함성이었다. 육지 쪽을 바라보니 서늘하도록 아름다운 맨땅과 험준한 산들에서 나무와 관목과 풀이 무성하게 자라났다. 온갖 종류의 초록 식물이 해가 나는 방향으로, 하늘로 휘감아 올라가고 있었다. 내 귀에 들리는 박동은 내 것이 아니었다. 물과 해, 수액으로 고동치는 땅과 그 위의 줄기들의 것이었다.

'깨어나라!'

아침에 시내에서 소변을 보며 내가 말했다. "이 땅 너머에 거대한 물이 있어요. 그 속에는 크고 작은 이상한 생물체들이 가득해요. 그 너머에는 또 다른 땅이 있고요. 그리고 또 다른 땅이 있어요."

나는 꿈에서 본 것을 아담에게 말했다. 장신구가 안 보이게 움킨 손처럼 보물들을 숨긴 산들. 습지대 삼각주들. 거기서 물을 따라가면 나오는 바다 같은 호수들. 그 깊은 바닥에서 연기 기둥처럼 수면 위로 쏟아져 나오는, 알에서 깨어난 날벌레들. 섬의 산들을 들썩이게 만드는 불과 그로 인해 부글거리며 끓는 바다. 느릿느릿 미끄러져 아예 움직이지 않는 것처럼 보이던 얼어붙은 물들.

내 말이 끝나자 아담은 천천히 숨을 내쉬고 말했다. "당신은 참으로 하나님의 딸이군요."

"당신은 이 골짜기 너머를 다녀 본 적이 있다고 했어요."

"그래요. 산 입구 너머, 동쪽으로 뻗은 큰 산 앞까지 가봤어요. 우리 강이 시작되는 곳까지. 그곳에는 풀들이 바스락대며 춤추는 넓은 땅이 있어요."

꿈에서 본 환상은 틀리지 않았다. 세상은 거대했다. 어느 날, 나는 문득, 그러나 분명히 알게 되었다. 언젠가 우리가 이 요람의 문을 나서서 평지 너머의 비밀들을 발견하게 될 것임을.

그 시간이 그렇게 빨리 찾아오리라는 것을, 그때는 미처 몰랐다.

4

희미하게 빛나는 밤하늘을 보았다. 꿈에서 본 창조의 드라마가 거기에 생생한 부호로 새겨져 있었다. 충분히 오래 살피기만 한다면 그 암호를 통해 이전에 벌어진 모든 일의 기록을 읽어 낼 수 있을 듯했다. 나는 알았다. 하늘에 흩뿌려진 별들, 이전 시대에 그분이 손가락으로 그리신 암호들에는 의미가 있었다.

그런 밤이면 나는 눈을 감았고, 다시 땅의 무성한 초목을 내려다보는 경험을 했다. 별들의 인력이 나를 사방으로 끌어당겼다. 강력한 힘으로 요동치는 태양 쪽으로, 우주로 나가니 당장이라도 몸이 산산이 찢어질 것만 같았다.

나는 천체들을 새롭게 인식하게 되었다. 각 천체가 초, 분, 시의 경과, 즉 아무것도 없던 곳에서 폭발로 시작된 시간의 경과를 헤아리고 있었다.

육지 너머로 바다가 보였다. 바람처럼 수면으로 날아가 그 안의 물고기 떼와 더 깊은 심연을 누비는 거대한 그림자를 보았다. 이처럼 광대한 대양, 그 안의 거대한 생물체를 향해 '깨어나라, 헤엄쳐라' 명령하신 그분만큼 강력한 존재가 있을까?

나는 기분이 들떠 하늘로 날아올랐다. 내게 은밀하게 말씀해 주신 그분의 이름을 큰 소리로 불렀다. 내 목소리는 독수리의 음성으로 울려 퍼졌다. 하늘은 천 마리의 새가 한꺼번에 울부짖는 듯 대답했다.

'깨어나라!' 그 소리에 나는 전 존재로 응답했다. '나는 살아 있습니다!'

아다와 먼 포도밭까지 달리기 시합을 하고 강으로 돌아와 보니 아담이 동산의 보석을 손에 들고 나를 기다리고 있었다. 그는 장미 꽃봉오리를 내 머리에 꽂았다. 그리고 월계수 화환을 씌웠다. 이어서 그가 건넨 물건을 받아든 나는 숨이 멎는 듯했다. 설화석고를 조각해 만든 여인상이었다. 나는 그것을 이리저리 돌리며 다리의 곡선과 골반과 엉덩이와 가슴의 굴곡을 만져 보았다. 팔은 옆으로 곧게 뻗었고 얼굴에는 코의 흔적만 있었다. 그러나 나인 것이 분명했다. 아담은 그것을 깎는 데 쓴 조각칼을 보여 주었다. 그리고 짧은 끈을 여인상에 감아 내 목에 걸어 주었다. 나는 그 매끈한 조각품을 만지작거리면서 끈으로 감지 않고 매달 방법이 있으면 좋겠다고 생각했다. 손끝의 감촉이 무척 좋았다.

"당신이 내 옆에서 깨어난 날, 바로 이렇게 누워 있었어요." 그는 내 목에 걸린 조각물을 바라보았다.

그날 나는 잔잔한 물웅덩이 앞에 앉았다. 화환으로 장식한 내 모습, 검은 머리가 드리워진 얼굴을 꼼꼼히 살폈다. 아담이 좋아하는 식으로 내 볼을 쓰다듬어 보았다. 콧날을 따라 내려가 코 끝, 그리고 둥근 콧구멍에 이르렀다.

내가 아담보다 아름다운지는 모르겠지만 더 매끈하기는 했다. 턱 선이 더 부드러웠고 이마는 좁았다. 우리는 공통점이 별로 없었는데, 이상한 일이었다. 그의 특징들이 내 얼굴에 더 많이 보여야 하지 않을까, 그의 입술 곡선이 내 입술에도 있어야 하지 않을까.

거울 같은 물 위로 잔물결이 일었다. 뱀이 그 한복판으로 미끄러져 들어왔는데, 멋들어진 날개는 등 뒤로 접혀 있었다.

'하나님과 사람의 딸이여, 참으로 아름다우시군요.'

'네가 더 아름다운걸.'

'그분이 당신을 모든 피조물 중 가장 많은 것을 받은 사랑스러운 존재로 만드셨다고 믿지 않나요?' 입 밖으로 나오지 않은 소리 중에서 가장 아름다운 소리, 음악처럼 부드러운 소리였다.

'나는 모든 좋은 것을 선물로 받았어……'

'모든 좋은 것?'

'그분은 내게 어떤 것도 거부하지 않으시지.'

'나도 그래요. 가서 저기 낭떠러지, 키 큰 풀밭 속을 들여다보세요. 즐거운 광경이 기다릴 거예요. 다른 것도 곧 보여 줄게요.'

말을 마친 뱀은 날개를 활짝 펴고 날아갔다. 그 때문에 한동안 태양이 가려졌다.

풀밭에 있는 잔 모양의 둥지에는 얼룩덜룩한 다섯 개의 알이 있었다. 나는 너무나 기뻐 숨을 죽였다. 알 하나는 이미 부화하고 있었다. 그것들을 한 시간 동안 지켜보았다. 그러는 사이 어미 새가 저녁을 먹고 돌아왔고, 나는 어미 새의 깃털을 쓰다듬으며 서서 펼쳐지는 생명의 탄생 과정을 지켜보았다. 그러나 내 마음은 뱀에게 가 있었다.

꿈속에서 나는 땅 끝에 서 있었다. 하늘 위로 솟은 거인이었다. 내 발등은 바위투성이 해안에 자리 잡았고, 발가락은 바다까지 뻗어 있었다. 발밑에는 태피스트리가 펼쳐졌다. 옥색의 빙하, 사막의 모래언덕, 빛나는 용암…… 이끼 담요로 뒤덮인 나무들, 골짜기에서 골짜기로 퍼져 가는 안개, 해변에 와 닿아 상추 같은 형상을 이루며 부서지는 파도의 가장자리.

그리고 보았다. 물결은 바다의 표면에만 있는 게 아니었다. 사바나에서 펼쳐지는 눈을 사로잡는 움직임. 저기! 사자 떼. 저기! 스텝 지대를 강물처럼 내달리는 야생말의 무리. 숲속의 엘크와 이질적이고 생소한 지역에 흩어진 온갖 다양한 동물들, 코끼리, 호랑이, 타조, 곰, 악어와 들소, 야생돼지가 보였다. 까마득히 높은 곳에서 보는데도 오소리, 토끼, 밍크, 두더지까지 눈에 들어왔다.

그리고 내게 너무나 친숙한 골짜기가 보였다. 뱀이 갈대숲 사이를 미끄러지며 나를 올려다보는 모습이 보였다.

다음 날 꿈속. 나는 평야를 돌진했다. 뒤쪽의 풀들이 허리를 숙였다. 멀리서 사자의 포효와 몰려다니는 하이에나의 울음소리가 들렸다. 천 마리의 개구리가 우렁찬 소리로 합창했고, 한낮인데도 늑대가 울부짖었다. 내 앞에 계신 그분께 바치는 존경의 노래들이 공기보다, 세계를 이루는 어떤 요소보다 더 크게, 더 생생하게 움직였다.

내 뒤로는 물수리, 송골매와 매가 날아왔다. 새벽빛이 골짜기 아래로 퍼져 나갔다. 그 사이 우리는 산꼭대기에 이르렀다. 그리고 가파르게 하강하여 바다로 흘러가는 물처럼 소나무와 삼목을 뛰어넘었다.

삼각주 습지 부근에 이르자 나는 가만히 있지 못했다. 잠들기 전의 들개처럼, 협곡 한구석에서 빙글빙글 휘감아 올라가는 회오리바람처럼, 강둑과 진창과 물속을 이리저리 오갔다.

그러나 뭔가 품은 듯 빙글빙글 돌면서 진창 속을 누비고 결국 땅이 요동치게 만든 것은 내가 아니라 다른 존재였다. 물이 밀려와 강둑에 부딪쳤고, 거대한 구름이 떠오르는 태양의 얼굴을 가렸다. 낮에 그늘이 드리우자 땅에는 기묘한 불안이 서렸다. 진창이 끓어오르기 시작했다. 골짜기 바닥의 온천에서처럼, 땅이 부글부글 끓어오르며 증기를 내뿜었다. 증기는 바람을 따라 흩어지는 대신, 유령처럼 공기 중으로 솟아올랐다.

강물이 강둑에서 물러나면서 물 치마를 걷어 올리자 비옥한 진흙이 벌겋게 드러났다. 물벌레들과 개구리들이 드러난 강바닥에서 달아났다.

그리고 강바닥의 진흙이 괴상하고 커다란 덩어리들로 모여 쌓이기 시작했다. 한 번, 두 번, 주저앉는가 싶더니 다시 일어나 높이 커졌다가 파도 아래의 모래처럼 줄어들기를 반복했다.

모든 짐승의 목구멍에는 침묵만이 가득했다. 공기의 흐름도 멎었다.

그 흙덩이는 풀이 난 강둑으로 올라섰다. 어느새 제법 형체를 갖추고 있었다.

골짜기로 안개가 밀려왔다. 떠오르는 햇빛 아래의 안개가 신비로웠다. 안개는 풀밭 위의 형체를 뒤덮어 그 모습을 거의 가렸고 모든 소리를 죄다 빨아들이는 듯했다. 심장이 터질 듯 팽팽하게 이어지는 침묵…… 이윽고 침묵을 깨는 소리.

흡, 하는 들숨.

5

다음 날 아침 늦게, 나는 습지 옆에 앉아 물에 불린 대마 줄기에서 섬유질을 벗기고 있었다. 전날 밤과 같은 꿈을 꾼 다음 날이면 혼자 있고 싶었다. 아담은 새끼를 배어 몸이 불은 가젤들을 보러 갔다.

아니, 나는 혼자 있고 싶은 것이 아니었다. 그분과 둘만 있고 싶었다. 산의 정상에 오르셨다가 달려오신 분. 아담을 흙에서 일으키신 분. 그의 일부로 나를 만드시고, 그보다 나를 더 속속들이 아시는 분.

물고기가 물 위로 뛰어오르며 무지갯빛 비늘에 잡힌 햇빛을 뿜냈다. 강둑에 드러누운 레비아의 짝 아리는 커다랗고 맑은 눈 위의 이맛살을 찌푸린 채 물고기를 멍하게 바라보았다.

평소 같으면 그 자리에서 아리와 함께 있었겠지만, 그날 아침은 전날 밤의 꿈 때문에 마음이 들떠 그냥 앉아 있을 수가 없었다.

나는 하던 일을 멈추고 계단식 포도밭을 향해 달렸다. 오르막을 오르는데 어깨에 내리는 햇볕이 따뜻한 손길 같았다.

벌써 아주 오래된 듯 보이는 포도나무 사이를 조심조심 가다가 아담을 부를 뻔했다. 내 목소리를 듣기에는 너무 멀리 떨어져 있었지만 그는 다른 감각으로 내 마음의 소리를 들을 수 있다. 하지만 나는 그를 부르지 않았다.

산비탈을 더 높이 올라갔는데, 콧구멍에 포도 향이 가득하여 새콤달콤한 포도껍질만 생각해도 침이 나왔다.

그러나 먹을 것을 구하러 온 것이 아니었다. 포도밭 계단에서 좁은 단을 하나 찾아내어 이 세상에 들어올 때의 바로 그 자세로 드러누웠다. 고개를 뒤로 젖히고 다리는 아래쪽에 가만히 내려놓았다. 피부의 모든 부분을 공기 중에 내놓는 듯한 모양새로 두 팔을 활짝 펼치고 손바닥이 하늘을 보게 했다.

그것이 찾아왔다. 해와 공기, 여러 자연력, 하늘, 시간과 생명에 깃든 그것.

아! 나는 기쁨으로 가득 찼다. 즐거움에 압도되었다! 그것이 나를 그득 채워 영혼이 춤추게 했다. 그분이 온 땅에 빛을 비추셨을 때 동물들이 보여 준 원시적 흥분이 떠올랐다. 나는 소리 없는 환희로 목청을 높였다.

나는 처음 숨을 들이쉰 그날보다 더 생생하게 살아 있었다. 아담의 품에 안겨 누워 있던 첫날보다 더. 그분이 곁에 계실 때만 누릴 수 있는 특별한 방식으로, 살아 있었다.

공기가 있었나? 땅이 있었나? 동물과 산, 강이 있었나? 나는 그 모든 것이었다. 새의 꼬리 깃털과 고양이의 푹신한 발을 통해 전해지는 바람의 잔물결이었다. 자기를 만드신 분의 감추어진 이름을 아는 영혼이었다. 멀리서 시냇물 흐르는 소리, 줄기에서 춤추던 솔잎 떨어지는 소리, 저 멀리 빙하를 통해 빛의 교향곡을 연주하는 태양의 노래가 들렸다.

나는 어두운 심연에서 솟아나 강물로 흘러드는 한 줄기 시내……
나무줄기에서 떨어져 굉음으로 바뀐 물방울.

포도나무 잎들이 바스락거리는 소리가 돌풍처럼 커다랗게 들려오자 팔의 털들이 주뼛 일어섰다.

'딸아!'

달빛처럼 부드러운 소리.

'딸아.'

'여기 있습니다.'

'생명에 참여한 자. 신비를 아는 자여.'

'신비라니요? 저는 궁금한 것이 너무 많습니다.'

'해답을 알게 될 것이니라.'

'제 곁을 떠나지 마세요! 함께 있어 주세요!'

그 상태가 계속되었다면 나는 견딜 수 없었을 것이다. 하지만 그분이 멀어지는 것도 참을 수 없었다. 희미하게, 그리고 아직은

슬픔인 줄 알지 못했던 갈망을 불러일으키는 말이 들려왔다. '끝날까지 함께하리라.'

'당신의 얼굴이 보고 싶어요!'

그러나 눈을 떠보니 파란 하늘뿐이었다.

나는 몸을 굴려 엎드린 채 얼굴을 가리고 울었다.

기울어 가는 석양 아래서 잠을 잤다. 지쳤지만 만족스러웠다. 아담과 함께 있을 때 종종 그랬던 것처럼.

얼마 후 나는 일어나 포도나무에서 달콤한 포도를 따서 먹고 씨앗을 바닥에 뱉었다. 아담이 남쪽 언덕에서 나를 기다리고 있었다. 그에게 가져가려고 몇 송이를 더 땄다. 그러나 포도송이를 두 손 가득 든 채로, 누웠던 자리에 도로 털썩 앉아 버렸다. 떠나고 싶지 않았다.

포도송이들을 쥐고 눈을 감고 다시 누웠다. 아래쪽 강에 있는 물고기와 상공을 맴도는 솔개, 발목 위를 조심스레 기어 다니는 온갖 벌레들이 느껴졌다. 그때 누군가가 다가왔다.

'참으로 사랑스럽군요.'

'너도.' 눈을 뜰 것도 없었다.

'그분에게 대단히 사랑받고 계시군요.' 나는 거미줄처럼 부드러운 음성 없는 소리를 들었고, 눈을 감고도 그 비늘에 비친 해를 보았다.

'그래.'

'만족하시나요?'

'천만에.'

'아. 그분과의 관계는 그렇지요. 그는 우리가 그를 갈망하도록 만드셨어요, 아시지요?'

나는 고개를 들어 뱀을 보고 눈을 깜빡였다. 햇살이 길어지고 있었다. '정말?'

'그럼요. 설계상, 모든 피조물이 그분을 갈망하게 되어 있어요.'

뱀이 아담과 나보다 먼저 만들어졌다는 생각이 떠올랐다. 뱀이 여기서 기나긴 세월을 살아온, 이곳의 소유권을 가진 존재라도 되는 것 같다는 묘한 느낌은 그래서 생긴 것일 터였다.

그는 날개 안쪽을 치장했다.

'우리에겐 잘된 일이네. 그분이 갈망을 채워 주실 거 아냐.'

'언제나 그렇듯, 당신의 논리는 흠잡을 데가 없군요.' 뱀이 말을 멈추고 고개를 기울였다. '당신 안에서 그분의 모습이 희미하게 보입니다.'

"정말?" 나는 깜짝 놀라 큰 소리로 말했다.

'당신은 그분처럼 아름답고 지혜롭지요.'

'하지만 너도 그렇잖아.'

'아, 당신만큼 큰 특권을 받진 못했어요. 당신은 그분의 형상으로 만들어졌거든요. 보세요. 당신은 나보다 하나님을 더 닮았어요.'

아담이 아다를 거느리고 나를 찾으러 온 후에도 나는 한참 동안 뱀이 한 말을 생각했다. 뱀은 우리와 함께 일상적인 일들을 이야기했고, 나는 그동안 뱀과 나누었던 대화가 얼마나 놀랍고 특별했는지 깨달았다. 아담 외의 다른 피조물과는 그런 대화를 나눈 적이 없었다. 그리고 뱀은 나하고만 그런 얘기를 했다.

아담과 나는 뱀이 떠난 후에도 그 자리에 남아 어두워지는 하늘 깊은 곳에서 별들이 솟아나오는 광경을 지켜보았다.

그날 밤, 보름달의 영롱한 빛을 받은 아담은 이루 말할 수 없이 아름다웠다. 꿈에서 본 그를 생각했다. 그 첫 번째 호흡, 폐가 부풀어 오르면서 나오던 말, 커다란 웃음소리, 즐거움이 서린 한숨을 생각했다. 황혼녘으로 착각할 정도로 밝은 달빛 아래서 나는 그의 어깨부터 허벅지까지를 더듬었다. 처음에 신의 호흡을 들이켰던 그 입에 키스했다. 과즙을 찾듯 그의 목을 맛보았다. '이제 음식은 영원히 그만'이라고 생각했다. 그만으로 충분할 것 같았다. 그의 땀에 섞인 소금기와 쾌락이 나를 채워 줄 것 같았다. 그날 밤, 속이 비치는 별들의 커튼 아래에서 나는 그에게 모든 즐거움을 다 주었고, 그의 입에선 부드러운 신음과 우레 같은 신음이 번갈아 쏟아졌다.

우리는 한때 한 몸이었던 상태로 다시 돌아갈 것처럼, 더 이상 남자와 여자가 아니라 한 피조물이 될 때까지 힘을 쏟았다. 풀도, 골짜기도 땅도 사라졌다. 황홀경에 빠진 우리가 전부였다. 하나님의 마음만이 우리와 함께했다.

둘 다 녹초가 되어 누웠을 때는 깊은 밤이었다. 포도밭 계단의 키 작은 풀밭에서, 나는 무릎이 배에 닿을 듯 몸을 잔뜩 구부렸고, 아담이 그런 나를 감싸 안았다. 아침이 되기 전, 그는 늘어진 나를 안아 언덕에 있는 우리의 쉼터로 향했다. 그러다 마음을 바꿔 강가로 가서 무화과나무 아래에 나를 눕혔다.

얼마나 좋을까, 그때 어떻게든 잠들지 않았다면. 별들을 응시하면서 별로 이루어진 왕관의 보석들을 헤아렸다면. 가장 밝은 별에는 형언할 수 없는 하나님의 이름이 담겨 있는데.

그랬다면 얼마나 좋을까.

아니면, 잠에 빠져 아예 깨어나지 못했다면 얼마나 좋을까.

열매

6

나는 하루도 빠뜨리지 않고 생각한다. 그 순간, 아니 몇 개의 순간들로 이루어진 그 시간을. 나는 태양을 바라보듯, 포효이자 속삭임으로 울리는 그분의 음성을 향해 두 팔을 벌리고 포도밭 계단에 누워 있었다. 하루도 빠뜨리지 않고 기억하는 장면은 또 있다. 아담과 함께한 그날 밤. 그날 나는 별들이 창조되었을 때 이런 기분이었을 거야, 라고 속으로 되뇌었었다.

우리는 동트기 전에 한 번 깼다. 너무 익은 과일처럼 몸이 끈 끈해 강물 속으로 미끄러져 들어갔다. 서로 얼싸안은 채 강바닥 을 걸으면서 우리의 굶주린 입은 서로만을 찾았다. 몸을 씻고 풀 이 난 하류의 강둑에 올라섰는데, 거기가 어딘지는 개의치 않았 다. 그저 땅이 부드러운지만 살폈다. 거기서 즐거움에 잠긴 채 졸 았다. 동트기 얼마 전, 아담이 몸을 따뜻하게 하려고 레비아를 불렀다.

그날 아침의 광경을 회상해 본다. 밤이 소리 없이 물러가던 그 시간, 공기는 상쾌했고, 밤사이 흥분했던 동물들이 어슬렁거리며 자러 가고, 벌레들은 나무 그늘로 돌아갔다. 그 새벽의 정적을 새 소리가 깨뜨렸다.

눈을 떠보니 레비아의 무거운 머리가 어깨를 누르고 있었다. 내 옆에 누운 아담은 가슴 깊은 곳에서 울리는 숨소리를 내고 있었다. 나는 그의 이마에 흘러내린 머리를 쓸어 올리며 그 입술이 나를 기쁘게 했던 기억과 잘 익은 과일 반쪽 두 개를 포개 놓은 것 같은 그곳에서 나오던 소곤거림을 떠올렸다.

아담이 몸을 뒤척이자 나는 그를 꼭 안았다. "아침식사 가져올게요." 그의 볼에다 대고 속삭였다. 그의 볼이 사과 껍질처럼 팽팽했다.

여기서 이 이야기를 마치면 좋겠다. 우리가 함께 아침식사를 하고 그렇게 영원히 누워 있었다고 말하고 싶다……. 죽음을 앞둔 사람이 태어난 곳으로 돌아가 머물듯 나도 그때로 돌아가고 싶다.

나는 폭포에서 멈춘 물,

가라앉지 않고 끊임없이 풀을 비추는 태양. 나는…… 나는…….

소용없는 일이다. 폭포는 절벽에서 멈출 수 없다. 태양은 밤을 거부할 수 없다.

작은 숲으로 갈 생각이었지만 먼저 씻고 싶어 강물 속으로 뛰어들었다. 동틀 녘의 어스름한 햇빛에 사방이 아름다웠고, 하루의 시작을 앞두고 사뭇 고요했다. 나는 강물에 몸을 맡기고 둥둥 떠내려갔다. 물속의 동물들이 쏟아 내는 이상한 언어들이 물을 타고 귓가로 밀려들었다. 눈을 감은 채로 계속 떠내려갔다. '잠잠하라, 내가 스스로 있는 자임을 알라'라고 세상이 말하는 듯했다. 그리고 거듭거듭 들려오는 말씀. '내가 있느니라.'

눈을 떴을 무렵, 하늘은 창백해져 있었다. 머리 위에서는 빛바랜 별들이 어떤 나무의 잎 그물에 걸려 있었다. 살구보다 새콤하고 꿀보다 달콤한 향기가 물 위로 퍼졌다.

낯익은 향기였다. 낯익은 나무였다.

여울에서 일어선 나는 깜짝 놀랐다. 그 섬의 가장자리에 와 있었던 것이다. 달콤한 과즙과 이슬을 머금은 그 열매의 향기가 콧속을 가득 채웠다.

떠내려 오는 사이 머리에 붙은 나뭇잎들을 털어 냈다. 나는 두 세계 사이에 서 있었다. 한쪽에는 잠든 아담과 만족이 있었고 다른 쪽에는 나무가 있었다.

그 나무를 자세히 보고 싶은 생각이 간절했다! 손만 안 대면 되니까, 어쩌면······.

안 돼. 그렇게 마음먹고 돌아서는 찰나, 멋들어진 나무 옆의 수수한 관목 덤불 사이로 이상한 햇빛이 번뜩였다.

뱀이었다.

등 뒤로 머리를 길게 빼고 깃털 달린 비늘 아래로 바스락 소리를 내며 몸단장 중이었다. 뱀을 보자 즐거움이 밀려왔다. 그분의 기억, 어제의 기억이 되살아났기 때문이다.

뱀은 몸을 곧추세우고 나를 향해 머리를 숙였다. '그분과 인간의 딸이여.' 소리로 나오지는 않았지만 고양이가 가르릉 대는 것처럼 부드러웠다.

'넌 너무 사랑스러워.' 진심이었다. 뱀은 태양보다도 멋졌다. 전에 없이 세상이 사랑스러웠다. 강물의 급한 물살, 희미해져 가는 별들, 언덕 위에서 새로 부화한 종다리 새끼들까지도 너무나 사랑스러웠다. 뱀이 기쁨을 느꼈다면, 그것은 그가 내 모든 즐거움, 삶의 모든 면에서 누리는 기쁨을 거울처럼 비추기 때문일 것이었다.

나는 강둑으로 올라갔다. 뒤로 넘긴 머리카락에서 물이 뚝뚝 떨어졌다. 불쑥 밀려온 기쁨에 도취된 나는 양팔을 들고 빙글빙글 돌았다.

내가 비틀대며 풀밭에 올라서고 한숨을 내쉬며 팔을 껴안는 동안 뱀은 아무 말도 없었다. 그가 무슨 생각을 하고 있는지 알아 낼 수가 없었다. 마치 베일 뒤에 서 있는 것 같았다. 뭐야. 꿈에서 우주의 폭발을 본 내가 뱀의 생각을 알 수 없단 말이야? '저 녀석, 정말 영리하구나.' 나는 뱀이 어떤 재주를 부렸는지 알고 싶었다.

'내가 이렇게 할 수 있는 건 새로운 기술을 배웠기 때문이에요.'
마침내 그가 말했다.

'그것이 알고 싶어.'

뱀이 그 멋진 나무 앞에서 서성였다. 어느새 나는 둘의 아름다움을…… 그다음엔 그 나무의 아름다움을 평가하고 있었다. 월계수 잎처럼 생긴 잎은 위로 갈수록 점점 가늘어져서 끝부분이 뾰족했다. 감과 사프란 색깔의 열매는 타오르는 불이나 석양 같았고 너무나 아름다웠다. 열매는 모두 잘 익었고 덜 익어 파란 것이나 땅에 떨어진 것은 보이지 않았다. 열매들은 하나같이 과즙으로 꽉 차 터질 듯 향기가 진동했고 가장 달콤한 상태였다. 전과 똑같은 모습이었다. 아주 깨끗했고 전혀 변하지 않은 채…….

기다리고 있었다.

배 속이 요동치며 꼬르륵거렸다. 나무 옆의 작은 관목과 거기 매달린 검은 베리들을 살펴보았다. 멋진 나무 열매에 비하면 너무나 수수했다! 그중 일부는 따 모을 수 있겠지만 아담과 내가 배불리 먹을 만큼 충분히 따려면, 그가 만지지도 말라고 했던 나무를 건드리기 십상이었다. 나무를 건드리지 않고 관목의 베리들을 딴다 해도, 바구니가 없으니 그것들을 갖고 강을 건널 도리가 없었다.

떠나기가 마뜩치 않았지만 그곳에서 챙겨갈 것이 없었다.

'배가 고프면서 왜 그냥 가나요?' 뱀이 내 쪽으로 머리를 홱 돌리며 말했다. 정수리 부분이 약간 평평해지고 멋들어진 볏이 더 꼿꼿이 섰다.

'너도 알잖아. 난 이 나무의 열매를 먹을 수 없어.'

검은 눈이 깜빡였다. '하나님이 정말 동산에 있는 어떤 나무의 열매도 먹으면 안 된다고 하셨나요?'

나는 짧은 손짓으로 그의 말을 끊었다. '우리는 모든 나무 열매를 먹어도 돼. 이 나무만 안 되는 거야. 그분은 이렇게 말씀하셨어. 그 나무의 열매는 먹지도 말고 만지지도 마라. 그렇지 않으면 죽을 것이다.'

아담이 나를 이곳에 데려온 날을 시작으로 우리는 죽음에 대해 많이 생각했다. 생명이 끝나는 것이 뭔지 생각했다. 땅을 비옥하게 하려고 모아 둔, 떨어져 썩어 가는 열매와 나뭇잎 두엄, 무언가를 만들고 나서 생긴 쓰레기 속에서 죽음의 증거를 찾아보았다. 하지만 우주가 태어날 때 그 안을 가득 채운 폭발보다도 이해하기 어려운 것이 죽음이었다. 생각하면 할수록 죽음은 더욱더 손에 잡히지 않았다. 생명의 부패를 보여 준다는 증거들은 오히려 생명의 보존에 기여하는 듯 보였다.

저 멀리 있는 아담이 몸을 뒤척이며 잠에서 깨어나는 것이 느껴졌다. 원래는 음식을 준비해 놓고 그가 깨기를 기다릴 생각이었다. 함께 아침을 먹은 뒤 다시 한 번 즐거움을 나눌 계획이었다. 하지만 나는 거기 금단의 나무 근처에서 그때까지 어정거리고 있었다. 자리를 뜨려고 돌아섰다.

'당신은 죽지 않아요.' 뱀이 혀를 찼다. 그런 소리를 내다니 이

상했다. '하나님은 당신이 그것을 먹는 날에는 눈이 열릴 줄 아시고 그렇게 말씀하신 것뿐이에요.'

나는 망설였다. 그 자리에서 보니 강물이 더욱 활기차 보였다. 아니, 모든 것이 더 생기 넘치고 아름다워 보였다. 나는 큰소리로 말했다. "내 눈은 지금도 열려 있어."

'선과 악을 아는 신의 눈은 아니지요.'

나는 꼼짝도 하지 않고 그대로 서 있었다.

'당신이 그것을 먹는 날에 눈이 열릴 거예요. 하나님은 그것을 아주 잘 아세요.'

하나님처럼 알다니. 그게 가능한 일일까? 선이라면 나도 알고 있었다. 땅이 멋지다는 것만큼 잘 알았다. 나는 선하고 놀라운 온갖 방식으로 아담을 알았다. 그러나 악은.

'악은 하나님이 아시는 것이지요. 뭐, 물론 나도 알지만.'

나는 눈을 가늘게 뜨고 그를 쳐다보았다.

죽음. 악. '신처럼 알게 된다'라고 뱀은 말했었다. 나는 하나님의 모든 것, 모든 지식을 갈망하지 않았던가?

그 나무쪽으로 다시 눈을 들었다. 거기 매달린 것은 과즙이 꽉 찬 열매가 아니었다. 알려지지 않은 모든 것의 해답, 허기보다 더 깊은 갈망의 충족이었다.

그처럼 아름다운 것은 본 적이 없었다.

아담이 오고 있었다. 내가 있는 이 섬으로 이끌려 오고 있었다. 그는 이곳에서 벌어지고 있는 일을 다 알고 있었다.

그가 나를 제지해 줄 것이다.

'넌 이런 걸 어떻게 다 알아?'

'아주 오래전 이 나무의 열매를 따먹었다고 할 수 있지요.'

뱀은 그 자리에 아주 생생하게 살아 있었다. 참으로 그는 다른 어떤 동물보다 간교했다.

아담은 내가 생겨나기 전, 혼자 있을 때 이 나무에 대한 명령을 받았다. 이것을 먹지 말라고 내게 말해 준 이, 만지지도 말라고 말한 이는 아담이었다. 대화의 마지막 부분, 남은 대화는 언제나 나를 뺀 채, 그분과 아담 둘이서만 연인 사이의 잔잔한 어조로 이루어졌다.

포도밭을 다시 생각했다. 머리를 뒤로 젖히고 양팔을 벌린 채 태양과 하나님의 환한 빛을 얼굴에 받던 그 순간의 황홀함이 다시 떠올랐다. 지상의 모든 것은 우리의 즐거움을 위해 만들어진 게 분명했다. 모든 선한 것을 맡은, 사랑받는 자의 확신이 내 안을 가득 채웠다.

뱀이 관목 안에서 사라지더니 나무 몸통에서 모습을 드러냈다. 밝은 색 발톱으로 부드러운 나무껍질에 매달려 있었다. 그는 낮게 드리워진 가지 위로 뛰어올라 거기 달린 열매에 주저 없이 이빨을 박아 넣었다. 열매의 상처에서 진홍색 액체가 배어나오며 향기가 퍼졌다. 석류나 자두보다도 더 사람을 사로잡는 향기였다. 얼마나 맛있을까! 에메랄드 빛 나뭇잎과, 태양에게 절하듯 휘어진 가지들을 거느린 그 나무가 얼마나 굳건하고 아름다웠는지!

나는 그동안 애써 외면해 왔던 사실을 깨달았다. 그 나무에 비하면 동산의 다른 모든 나무의 아름다움은 보잘것없었다. 우리 골짜기에 야생의 상태로 풍족하게 주어진 모든 것도 그 나무의 풍성함과 그로부터 내가 얻을 이득에 비하면 하찮은 것에 지나지 않았다. 그런데 나는 그것을 만지지도 말라는 말을 들었으니!

아담이 이 부근에 있다. 그는 나를 소리쳐 부르지 않았다. 그럴 필요가 없었다. 나는 막 떠오른 태양처럼 강렬한 눈빛으로 나를 바라보는 그를 느꼈고, 그가 모든 것을 듣고 느끼고 냄새 맡을 수 있음을 알고 있었다. 그도 나처럼 배가 고픈 상태였고, 입을 벌리고 있는 이국적인 꽃 앞에 서듯 다시 열린 가능성 앞에 서 있었다. 그렇다, "다시"라고 말했다. 내 감각 너머의 어떤 감각이 내 안에 희미하게 남아, 내가 창조되기 전, 그가 이 자리에 선 적이 있음을 알려 주었기 때문이다.

그는 강물에서 나와 물을 뚝뚝 흘리며 강둑에 서 있었다. 무아지경에 빠진 사람처럼 꼼짝하지 않았다.

"이제 알겠어요." 내가 말했다. 까닭 모를 눈물이 흘러 내렸다. "전에 어땠는지, 알겠어요."

"그래요?" 그의 눈이 크게 벌어졌다.

"당신과 나. 우리, 많이 다른가요?"

"아뇨." 그는 가까이 다가와서 나를 와락 끌어당겼다. "아니에요." 그는 두 손을 내 머리카락 사이로 넣고 내 볼에다 입술을 비볐다. 그의 마음의 소리가 들려왔다. '내 살 중의 살.'

그가 나를 만지는 순간, 한 장면이 내 머릿속으로 쏟아져 들어왔다. 나보다 하루 전, 한 달 전, 어쩌면 한 생애 전에 그가 나무 앞에 섰던 순간. 그는 그 열매를 손에 쥐었다가 향기 때문에 거의 미칠 뻔했었다. 아담은 달아났다. 정신없이 강을 건너 강둑 위에 쓰러졌고 이후 그 기억을 그늘 속에 꼭꼭 감추어 왔다.

"잠에서 깨어나 옆에 누운 당신을 보고 당신이 누군지 깨달았을 때, 아, 난 너무나 감사했어요!" 아담은 나를 힘껏 껴안았다. 나를 눌러 자기 안에 도로 집어넣으려는 듯했다. "당신을 창조하심으로 그분은 나의 일부를 돌려주셨어요. 이 나무와 별개로 모든 기쁨을 새롭게 배울 길을 열어 주신 거예요. 그때까지 이 나무는 밤마다 잠든 내 머릿속에 조금씩 뿌리를 내려 내 의식 깊숙이 자리를 잡아 버린 것 같았거든요! 당신을 이곳으로 데려온 후에야 내 마음은 안심이 되었어요. 이제는 이것, 죽음의 의미를 함께 생각할 상대가 있었으니까. 하나님처럼 볼 수 있는 능력, 가져서는 안 될 그것을 향한 열망과 갈망을 공유한 다른 사람이 생겼으니까."

나는 그를 붙들었다. 그 순간, 나는 그 어느 때보다 그를 사랑했다. "뱀은 우리가 죽지 않을 거라고 했어요." 그의 눈빛은 열에 들떠 있었다.

"우리는 한 몸이에요. 살든지 죽든지 함께할 거예요."

"그럼 우리, 모든 것을 알아봐요." 나는 아주 부드럽게 말했다. 갑자기 그의 머리 주위에 굴절된 햇빛이 가득한 듯했다.

열매는 따뜻했다. 손의 크기에 꼭 맞았고 너무 잘 익어서 이빨로 살짝 깨물거나 손톱만 밀어 넣어도 쩍 하고 쪼개질 것 같았다. 열매를 따자 부드러운 똑 소리가 났다.

아담 쪽을 돌아보았다. 문득 궁금해졌다. 그는 지금 무엇을 볼까? 나는 그 열매를 만졌다. 이제 나는 하나님 같을까? 나는 죽은 걸까? 아담의 호흡이 빨라졌다. 그의 흥분을 느끼자 나도 자극이 되었다. 생각도 못할 일을 저지를 가능성이 아드레날린처럼 나를 자극했다. 우리가 밤새 벌인 정사보다 더 특별하고 격렬한 행동을 앞두고 있었다. 마음이 들떴다.

열매가 지나치게 무겁게 느껴졌다. 점점 더 무거워지더니 마침내 참을 수 없을 지경까지 이르렀다. 입으로 가져가 먹거나, 바닥에 떨어뜨려야 했다. 영원히.

열매를 입술로 가져갈 때 아담과 눈이 마주쳤다.

"깨어나요." 너무나 낮은 속삭임이어서 그는 마음으로만 그 말을 들었을 것이다. 그는 나를 제지할 수도 있었다.

그러나 그렇게 하지 않았다.

나는 먹었다.

두 번째로 세상에 온 내가 첫 번째로 나섰다. 모든 생명체의 발자취를 따라왔던 내가 앞서 걸었다.

열매를 내밀 때 내 손이 떨렸는지도 모르겠다. 나는 어떻게 될지 이미 알았는지도 모른다. 어찌 되었건, 나는 먹었고 그에게도 주었다.

그가 먹었다.

이제 끝이다.

우리는 굶주린 메뚜기들처럼 나무 아래로 쓰러졌다. 뱀이 언제 떠났는지는 모르겠다.

우리는 열매들을 나눠 먹었다. 하나를 다 먹지도 않고 던져 버리고 또 따서 한입만 베어 물고 입술과 손가락을 핥았다. 자기 것과 상대방의 것을. 이전에 나는 그를 원했으나 이제는 그를 내 것으로 주장했다. 우리는 함께 쓰러졌고, 함께했던 밤이 재현되었다. 어둠 속에서 그랬던 것처럼 햇빛 아래서 서로를 휘감았다.

일을 끝낸 후, 우리는 그 나무 그늘 아래서, 떠오르는 태양 아래서 죽은 자들의 잠을 잤다.

7

너무 조용했다.

귀에 뭔가 덮인 듯 갑갑함을 느끼며 눈을 떴다. 섬의 풀밭에는 아담과 나, 둘밖에 없었다. 공기가 아주 괴이해진 느낌이었다. 그날 아침 강물에 둥둥 떠내려가면서 들었던 것처럼, 소리가 물을 통해서 전해지는 것 같았다.

지나치게 조용했다.

물, 물이 흐르나? 물은 흘렀지만 그 소리는 둔탁했다. 풀을 지나는 바람 소리도 너무 미미하여 노인이 혼잣말을 하듯 웅얼거렸다.

일어나 앉았다. 먼저 깨어나 있던 아담의 표정이 이상했다. 창조된 후 처음으로 그의 생각을 읽을 수가 없었다.

우리는 서로를 집어삼킬 듯이 탐했었다. 한 입 깨문 후 그 열매를 먹은 것처럼, 나는 그를 소유해 버렸다. 탐욕스럽게, 삼켜

버릴 것처럼, 내 몸은 식욕 외엔 아무것도 모르는 하나의 거대한 위였다.

그도 똑같이 나를 이용했다.

이전에는 없던 모습이었다.

지나치게 조용했다.

그러다 문득 깨달았다. 내가 창조된 순간부터 줄곧 함께했던 모든 생명체의 합창, 그 교향곡이 사라지고 없었다. 그저 둔탁하게 윙윙거리는 소리뿐이었다.

그때, 하얗게 달아오른 소리 없는 두려움, 공포와 함께 돌풍처럼 깨달음이 밀려왔다. 나는 해서는 안 되는 일을 저질렀다. 그리고 그 증거라도 되는 듯, 우리는 이전에 하던 일을, 결코 그래선 안 되는 방식으로 해치웠다.

'하나님의 신적 표시.' 뱀은 창조 행위를 그렇게 불렀었다. 그러나 우리가 만들어 낸 상황 속에서는 그분의 흔적을 찾을 수 없었다.

과육과 껍질들이 사방에 흩어져 있었다. 거대한 짐승의 뿔에 들이받혀 널브러진 시체들처럼.

벌레들이 기어 다녔다. 엄청난 수의 벌레들이. 그다음, 나는 그 윙윙거리는 소리가 어디서 나는지 알아냈다. 이 축제의 잔해가 엄청난 파리 떼를 끌어 모은 것이다. 놈들은 우리가 먹고 남은 씨와 그중 일부에 붙어 있는 과육 위로, 그리고 찢어진 껍질들 위로 기어 다녔다. 나와 가장 가까운 열매에는 날개 달린 검은 몸들이 잔뜩 달라붙어 우글댔다. 역겨워서 그것을 발로 툭 쳐냈다. 열매는 조금 굴러가다 멈추었고, 파리 떼는 잠시 공중에 흩어지더니 이전보다 더욱 게걸스럽게 그것을 공격했다.

나는 아담의 어깨에 얼굴을 묻었지만 그는 나를 잡아 주지 않았다. 그는 떨고 있었다. 어찌나 심하게 떠는지 머리가 앞뒤로 움찔움찔, 경련이라도 일으키는 듯 흔들렸고, 파란 눈은 휘둥그레 커져 있었다. 그 파랑은 내가 자리에 누울 때마다 보던 색깔이 아니었다.

내 연인, 아버지, 선생님인 그의 모습이 무엇보다 무서웠다.

'오, 하나님, 우리가 무슨 일을 한 겁니까?'

'나는 잎자루에 달려 폭풍 앞에서 떠는 나뭇잎. 지진 앞에서 벌벌 떠는 산. 펄쩍 뛰어올랐다가 강둑에 떨어진 물고기.'

주위의 골짜기를 둘러보았다. 아담이 평소와 달랐듯, 골짜기도 그랬다. 낯설고 기괴했다. 늘 나던 소리들이 멀리서 들려오는 듯 희미했고, 체로 친 것처럼 가냘팠다. 바짝 긴장을 하면 아리의 자취, 아다의 새김질거리, 들쥐의 희미한 똥, 포도밭에 달린 포도의 향을 맡을 수 있을까?

그럴 수 없었다!

생각을 해야 해. 의미를 찾아야 해. 그분은 질서의 창조자셨지! 그러나 적막한 공기와 파리 떼가 끓는 열매에는 어떤 질서도 없었다.

아담이 우울하고 원초적인 소리를 내지르고는 땅바닥에 엎어져 머리를 감쌌다. 나는 두 팔로 그를 안았는데 팔다리의 움직임이 어색하고 조화롭지 못했다. 그리고 나 역시 그와 구별되지 않는 소리를 지르고 있었다.

나를 풀로 만드소서. 이슬 외에 아무것도 의식하지 못하도록!
나를 바위로 만드소서. 어떤 것에도 꿈쩍하지 않도록!
다른 것이 안 된다면 흙이 되게 하소서. 하는 일도 의식도 없고
지금 아는 것을 하나도 모르도록.
견딜 수가 없나이다.

뱀은 어디 있을까? 그는 이 행위의 결과를 겪어 냈다고 했다. 그렇다면 어떻게 해야 하는지 알 것이다. 그러나 그 생각을 하는 순간, 깨달았다. 그놈은 무슨 일이 벌어질지 알면서 나를 꼬드겼구나. 속이 쓰렸다. 나는 저를 흠모했건만, 내게 그것을 먹으라고 했다…….

먹고 죽으라고.

금빛 비늘에는 독이 들어 있었다.

그 사이 열매 찌꺼기에 들러붙은 파리 떼의 규모가 세 배는 커진 듯했다. 섬에는 여러 벌레 떼가 몰려다니며 햇빛 아래 온갖 칙칙한 빛깔을 연출했다. 나는 간발의 차로 고개를 돌리고 배 속

의 내용물을 게워 냈다. 속에서 나온 것은 매캐하고 역했고 악취가 났다. 아담은 뒤로 물러났다. 그의 얼굴에 혼란과 혐오감이 역력히 드러났다.

"그게 뭐야? 왜 그런 짓을 하는 거야?" 아담이 나를 빤히 쳐다보며 토사물을 가리켰다. 파리들이 날아와 그것을 먹었다.

"몰라요." 나는 입을 문질러 닦고 씻으려고 강으로 종종걸음 쳤다. 입을 헹구고 얼굴을 헹구고…… 허벅지를 씻은 뒤 아예 물속으로 뛰어들었다. 수면 아래로 쑥 들어가 잠겼다. 물이 나를, 눈과 귀까지 깨끗하게 씻어 줬으면. 그래서 물 밖으로 다시 나갔을 때 세상이 이전으로 돌아가 있었으면, 하고 바라면서. 그러나 귀에 물이 차자 아무것도 들리지 않았다.

물속에서 잉어를 보았는데 녀석은 동그란 눈으로 나를 쳐다보다가 빙그르르 돌아 흙탕물을 일으키며 사라졌다.

물 밖으로 나와 물을 뿜어냈다. 귀에서도 물이 나왔다. 머리 위로는 우중충한 하늘 아래로 새들이 떼 지어 모여들었다. 낭랑하던 소리는 사라졌고 둔탁하고 우울하고 넋 나간 울음소리만 들려왔다.

귀의 둔탁함을 씻어 낼 수가 없었다. 눈의 침침함을 씻어 낼 수가 없었다. 어쩌면 아담은 어떻게 해야 할지 알지도 몰랐다. 그러자면 그를 멍한 상태에서 깨워야 했다. 그는 나보다 오래 살았지 않은가. 어떻게 해야 할지 분명히 알 것이다.

그러나 섬의 강둑에 있던 그는 사라지고 없었다.

나는 그가 있던 장소를 보았다. 풀밭의 토사물에 파리 떼가 잔뜩 꼬여 있었다.

"아담!" 나는 소리쳤지만 새들이 내는 폭풍 같은 소리가 점점 커지고 있었다. 천 마리도 더 될 듯한 새들의 검은 몸들이 금세라도 해를 가릴 기세였다. 나는 허둥지둥 물 밖으로 나왔다. 머리카락이 등과 어깨와 가슴에 착 달라붙었고, 등줄기를 따라 물이 줄줄 흘러내렸다. 코에서도 물이 떨어졌다. "아담!"

그는 없었다. 행방을 감지할 수가 없었다. 아리나 예돗 무리의 발소리도 들리지 않았다.

퍽, 하는 물기 어린 소리가 바깥 어디선가 들렸다. 후두둑 떨어지는 굵은 빗방울 소리처럼, 연한 두개골을 치는 소리처럼 계속해서 들려왔다. 이리저리 둘러봤지만 강 한복판의 그 작은 땅엔 나뿐이었다. 그러다 옆쪽에서 그 나무의 묵직한 열매 하나가 땅으로 떨어지는 것이 보였다. 그다음 또 하나, 또 하나가 빛바랜 황금빛 비처럼 떨어져 내렸다. 머리 위의 갈까마귀 한 마리가 무리에서 빠져나와 급강하하더니 바닥에 떨어진 열매를 덮쳤다. 열매는 아침보다 색깔이 짙고 물러 보였다. 이전보다 희미해진 열매의 냄새는 달콤하다 못해 썩은 내가 났다. 파리 떼의 기세는 줄어들 줄 몰랐고 새로운 노략물을 향해 모여들었다. 자세히 보니 벌레들 중에는 벌과 딱정벌레와 바퀴벌레도 있었다. 새들이 서로 다투느라 아수라장을 이루며 내려왔다. 열매들이 떨어지면서 나는 소리는 심장박동처럼 끝없이 이어질 것 같았다. 그 큰 나무 옆의 베리 달린 관목은 여전히 생기가 넘쳐 보였지만, 땅에 떨어지는 열매를 노리고 밀려드는 과격한 부리와 입과 벌레들에게는 존재하지 않는 것이나 마찬가지였다.

나는 다시 강물로 뛰어들어 물살을 헤치며 강둑으로 헤엄쳐 갔다. 물속이건 땅 위건 앞으로 나아가기가 그렇게 힘든 적이 있었던가? 내 발걸음이 그렇게 위태로운 적이 있었던가? 강둑에서 미끄러져서 몇 발짝 비틀거리는 통에 다시 토할 듯 속이 울렁거렸다. 뒤쪽의 섬은 폭동 상태였다. 하늘을 거의 뒤덮은 새 떼 중 일부가 우르르 땅으로 내려와 공격을 일삼았다.

그때 뭔가 내 앞으로 쿵 하고 떨어졌다. 하늘의 도둑 한 마리가 떨어뜨린 열매였다. 그것은 썩어 가고 있었고 딱정벌레 한 마리가 진드기처럼 과육 안에 달라붙은 게 보였다. 나는 뒷걸음질을 쳤다. 그때 여우 한 마리가 근처의 관목 사이에서 후다닥 달려 나와 열매를 먹기 시작했다. 딱정벌레나 과육의 썩은 부분은 전혀 개의치 않았다. 피리 소리를 좋아하던 여우, 찰릴이었다! 아담과 나는 녀석의 뜻밖의 행동을 보며 웃곤 했었다. 그 녀석을 보며 내가 일말의 위로를 받고 있는 사이, 그림자 하나가 발톱을 뻗치고 쏜살같이 땅을 가로질렀다. 깃털이 번쩍 하는가 싶더니 찰릴이 쓰러져 몸을 비틀며 이리저리 뒹굴었다. 녀석의 털에 진홍색 피가 튀었고, 독수리는 썩은 열매와 찰릴의 눈을 갖고 날아갔다.

나는 비명을 지르고 또 질렀다. 아담은 어디 있을까?

여우와 독수리가 사라진 뒤에도 한참을 꼼짝도 못하고 그 자리에 선 채 비명을 질러 댔다. 그렇게 얼마나 있었을까? 마침내 아담이 나타나 강제로 나를 끌고 갔다.

우리는 강을 따라 달렸고, 광란 상태의 새들이 구름처럼 모여 있는 곳을 넘어가 무화과나무 아래에 쓰러졌다.

"어디 있었어요?" 나는 그에게 소리를 질렀다.

그의 눈이 흐리멍덩했다. "뱀을 찾으러 갔었어."

내 마음속에서 불꽃이 일었다. 그러나 두툼하고 너무나 사랑스러운 아담의 입은 굳게 다물어져 있었다. "놈은 없어."

무슨 말을 해야 할지 몰랐다. 그때는 두려움을 표현하는 단어가 없었다. 후회라는 단어도 없었다.

무화과를 하나 먹으면 요동치는 배 속이 가라앉을 것 같아 열매를 향해 손을 뻗었다. 그러나 조금 전 그 나무의 열매를 따던 손이 떠오르며 덜컥 겁이 났다. 나는 커다란 무화과 나뭇잎에 얼굴을 감추었다.

편안함이 없었다. 슬픔은 강을 이루었다. 바다로 이어지지 않는 강.

죽음을 맞는다는 게 이런 것일까? 이제 나는 분명히 악을 알았다.

아담의 두 손이 내 어깨를 감쌌다. 전에는 내게 위안을 주던 손이었지만 이제는 죄책감과 내 탓이라는 느낌만 더해 주었다. 나는 얼굴도 들지 않고 울부짖었다. "나 때문이에요. 내가 우리 둘에게 이런 짓을 했어요. 내가 아니었다면, 당신은 먹지 않았을 거예요."

나는 그가 말해 주길 바랐다. 마음만 있었다면 나를 제지할 수 있었을 거라고. 거절할 수도 있었다고. 우리는 이쉬와 이샤, 한 몸이라고. 그러나 그는 아무 말도 하지 않았다.

"우린 길을 찾을 거야." 그의 말은 전혀 단호하게 들리지 않았다. "스스로 계신 분을 찾아야 해."

속이 울렁거렸다. 그 열매를 따는 순간, 나는 그분에 대한 생각을 일부러 무시했다. 감각이 둔해진 상태로 깨어났을 때도, 그분을 다시 대면하기 전에 그 신비를 풀리라 생각했었다. 그러나 아담이 옳았다. 그분 없이는 엉망이 된 상황을 바로잡을 수 없었다.

나는 무화과 잎을 놓았다. 두 손을 내려놓을 때 한 손이 내 뒤에 서 있던 그의 허벅지를 스쳤다. 나는 움찔거리며 그에게서 떨어졌다. 우리가 했던 일이 다시 생각났기 때문이다. 그가 내 손을 잡고 다시 자기에게로 이끌었지만 나는 손을 빼고 말았다. 우리는 서로를 값싸게 이용했었다. 나는 불쑥 치미는 터무니없는 정욕과 얼굴이 화끈거리는 수치심을 동시에 느꼈다.

그분은 이것도 아실 것이고 죄책감에 빠진 우리를 바라보고 계실 터였다.

나는 벌거벗겨진 기분이었다. 쪼개져서 썩어 가는 속이 드러난 열매 같았다. 아담을 쳐다볼 수가 없었다. 몸을 씻은 일은 아무 소용이 없었다. 나는 망가진 물건이었다. 무화과 가지를 다시 잡아당겨 잎을 뜯었다. 또 하나, 또 하나, 또 하나를 뜯었다. 마침내 땀에 젖은 손 안에 무화과 나뭇잎 한 움큼이 담겼다.

"나무 그늘 쉼터로 데려다 줘요."

버드나무 아치로 만든 쉼터 아래서 느끼던 평화로움은 어디로 가버렸을까? 남은 것이라곤 친숙함뿐이었다. 바구니와 끈, 도구를 찾아 한때 아담이 꽃으로 화환과 왕관을 만들어 주던 방식을 떠올리며 무화과 나뭇잎을 엮기 시작했다. 그러나 이것이 왕관이라면, 더없이 수치스러운 왕관이었다. 나는 다 엮은 그것을 머리에 올렸다. 모자가 시야를 가려 주자 내 얼굴은 일그러지고 부어오른 볼 위로 뜨거운 눈물이 흘러내렸다.

아담이 나를 안으려 했지만 나는 그를 밀쳐 냈다. 그는 나를 다시 부드럽게 당겼고 떨리는 손으로 나뭇잎 묶음을 내 얼굴에서 들어올렸다. 말이 필요 없던 이해의 흔적이었을까, 아니면 온갖 형태로 나타나는 내 죄책감을 의식한 걸까, 그는 그것을 내 허리로 내려서 그곳에 묶어 주었다. 우리가 서로를 이용하여 더럽힌 부위들이 그렇게 나뭇잎으로 가려졌다.

선물과 마음의 증표를 만들고 실험하며 만들어 내는 데 즐겁게 활용하던 우리의 재주가 쓰이는 꼴을 보자 다시 눈물이 났다. 아담은 내 것과 비슷한 가리개를 만들어 두른 후, 나를 끌어당겨 품에 꼭 안았다. 그것은 내가 아니라 자신을 위로하기 위한 행동이었다. 그가 머리를 숙여 내 가슴에 대는 것을 보면 알 수 있었다.

　나는 말없이 그를 안았다. 우리는 슬픔이나 사과를 나타내
는 언어를 몰랐다. 용서의 말도 없었다. 필요한 적이 없었기 때
문이다.

8

하늘에 휘몰아치는 새들의 불협화음이 한낮을 가득 채웠다. 맹금류부터 참새에 이르기까지 온갖 새들이 있었다. 사자와 늑대, 시끄럽게 울어 대던 당나귀 소리는 들리지 않았다. 그들의 무리도 보이지 않았다. 사라져 버린 찰릴을 제외하고는 어떤 동물도 보지 못했다. 끝없는 새들의 바다만 펼쳐졌다.

오후 늦은 시간이 되자 새들이 물러가기 시작했다. 궁금했다. 새들이 그 나무의 열매를 다 먹은 걸까? 그 나무, 그 섬을 생각하자 몸서리가 일었다. 우리가 저지른 일을 무르고, 우리가 초래한 상황을 되돌리고, 알게 된 내용을 잊어버릴 수 있다면 좋겠다는 생각을 수없이 했다.

얼마 후, 새 떼는 완전히 사라졌다. 흰목대머리독수리, 매의 소리만 이따금씩 들려왔다. 그다음엔 침묵.

마침내, 땅거미가 지기 얼마 전, 골짜기 바닥에서 미풍이 올라왔다. 그것은 곧 맹렬한 바람으로 바뀌어 언덕을 휩쓸었다. 바람이 지나가자 평소보다 수가 적어진 동물들이 흥분하여 시끌벅적한 합창 소리를 하늘로 올려 보냈다. 구름으로 어둑해진 하늘이 만든 이상한 그늘 속에서 골짜기의 초록이 더 선명해졌다. 사방이 어둡고 불안했다.

동물들의 소리는 파도처럼 밀려왔다. 폭풍 속의 바람처럼 잦아들다 높아지기를 반복하면서 미친 듯이 휘몰아치다가 다시 약해졌다.

아담이 내 손을 잡았다. 안전과 불안전을 나타내는 단어가 따로 없었지만, 아담과 나는 공기의 이상함과 변덕스러움, 위로 솟구쳐 산꼭대기를 때리고 골짜기로 불어 닥치는 바람을 느꼈다. 우리는 서로 손을 꼭 쥐고 언덕 중턱에 만든 쉼터의 좁은 오솔길을 따라 골짜기로 달려 내려갔다. 멀리 언덕 위에 염소 한 마리가 홀로 서 있었는데 바람에 털이 나부꼈다.

한때 그토록 민첩했던 내 손발은 무겁고 낯설고 뻣뻣했다. 우리는 작은 숲 쪽으로 내달렸는데, 아담이 강가의 버드나무 숲 쪽을 가리켰다. 그곳에는 허리를 굽힌 버드나무의 가지 끝이 땅속에 묻혀 있었다. 버드나무 가지를 땅속에 묻고 끝 부분이 다시 밖으로 나오게 만든 일종의 동굴이었다. 날이 더울 때면 우리는 그곳을 찾곤 했었다.

버드나무 동굴 안은 눅눅했다. 우리는 짐승의 발톱처럼 손가락을 세워 서로를 꼭 붙들었다. 밖에서는 바람이 골짜기를 뒤흔들고 나뭇잎과 여러 잡다한 것들을 날려 보냈다.

아담을 붙들고 있는데도 그의 생각을 들을 수 없었다. 언덕 위의 염소를 대할 때와 다를 바가 없었다. 동물들은 더 이상 그들의 말을 들을 수 없게 된 우리에게 뭔가를 부르짖어 말한 걸까? 동물들에게 우리가 필요하면 어떻게 하나? 나는 바깥으로 나가려 했지만, 아담이 소리 질러 저지했다. "나가지 마!"

어느 쪽이 나쁜지 알 수 없었다. 전에는 없었던, 부자연스럽다고 할 수밖에 없는 이 폭풍일까? 아니면 숨어 있는 아담과 내가 혼자 있는 것처럼 분리되어 있다는 사실일까?

폭풍이 돌풍으로 변하는 동안 우리는 버드나무 방에서 귀와 얼굴, 눈을 가린 채 웅크리고 있었다.

차라리 없어져 버렸으면. 꼭 뭔가 되어야 한다면 보이지 않는 공기였으면. 아니면 흙이라도. 그래서 비에 씻겨 강물로 흘러들고 바다로 쓸려가 사라져 버렸으면.

바람이 뚝 그쳤다.

한 점 미동도 없었다.

동물들의 울부짖음이 조용해졌다.

더없이 희미한 바람. 돌풍이 쌓아 올린 잔해를 털어내려는 듯 나무들이 바스락거렸다. 흙과 나뭇잎 냄새, 열매 썩는 냄새가 났다. 그러자 파리 떼가 떠올랐다.

물살에 떠밀리듯 다리가 후들거렸다. 우리의 숨소리가 대기를 채웠다. 우리 심장 박동 소리가 온 세상보다 크게 들렸다. 한때는 그분이 오시기를 기대하며 그분을 찾고자 달려갔던 자리에서 우리는 숨어 있었다. 심장이 뛰지 않기를 바라며, 숨소리가 새어 나오지 않기를 바라며.

아담이 뭔가로 맞은 것처럼 화들짝 놀랐다. 뒤로 넘어지면서 나무 밑동을 붙잡았는데, 그의 어깨가 떨리고 머리는 목과 따로 노는 것처럼 흔들렸다.

"뭐예요? 뭔데요?" 내가 소리쳤다. 그는 아무 말도 없이 일어나 움찔거리면서 동굴 입구로 가기 시작했다.

"뭐하는 거예요? 날 떠나지 말아요!"

그가 나를 돌아보았다. 두려움이 살아 있는 생명체처럼 그의 얼굴에서 꿈틀거렸다. 그의 입술이 움직였지만 소리는 나오지 않았다. 그는 비틀거리며 한 발짝 뒷걸음질하더니 뻣뻣한 걸음새로 밖으로 나갔다. 그의 의지와 상관없이 발이 저절로 움직이는 것 같았다.

나는 동굴 입구 쪽으로 달렸다.

골짜기 바닥에는 터질 듯 빛이 가득했다.

나는 눅눅한 땅바닥에 쓰러져 한 팔로 눈을 가렸다.

그 소리가 찾아왔을 때, 너무나 아름다웠다. 아, 그것은 위안인 동시에 공포였다! 나는 그것을 너무나 갈망했다.

'네가 어디 있느냐?'

'오, 하나님! 저는 죽습니다.'

내가 포도밭에 누워 있었던 때가 고작 어제였던가? 하루 전인가, 한 생애 전인가? 겁에 질리고 죄책감 때문에 미칠 것 같았지만, 아담은 넋이 나갔고 이 세상에는 달리 위로받을 데가 없었다. 나는 동굴에서 와락 뛰쳐나가 땅바닥에 엎드렸다. 너무나 강렬한 그 빛 아래에서는 아무것도 보이지 않았다.

"당신의 음성을 들었습니다. 저는, 저는 두려웠습니다!" 근처 어딘가에 있는 아담의 잠긴 목소리가 들려왔다. "제가 벌거벗었음을 알았습니다. 저, 저는 숨었습니다."

모든 것을 고스란히 드러내는, 태양보다 더 큰 빛 아래서 이 얼마나 우스꽝스러운 소리인가?

'네가 벌거벗었다고 누가 말해 주더냐? 내가 먹지 말라고 한 나무 열매를 먹었느냐?'

그리고 남자의 목소리 같지 않은 가냘픈 소리가 들려왔다. "하나님이 저에게 주신 여자가 그 나무 열매를 줘서 먹었습니다."

내 피가, 입의 담즙이 말라서 먼지가 되었다. 그 순간 그의 입에서 가느다란 울음이 터져 나왔다. 그러나 너무 늦었다. 그는 나를 배신했다.

'아, 고통! 나는 살에 박혀 휘어진 칼, 미끄러져 깨어지는 부싯돌 날. 나를 죽게 내버려 다오!'

곧이어 내 마음에 찾아온 말은 너무나 부드럽고 친근했고 큰 슬픔에 잠겨 있었다. '네가 무슨 일을 저지른 것이냐?'

나는 이마를 풀밭에 대고 몸을 구부린 채 주체할 수 없이 흐느꼈다. 내 입술에서 시큼한 담즙 같은 말이 구토하듯 흘러나왔다. "뱀이 저를 꾀어서 제가 먹었습니다."

말해 놓고 보니 공포스러웠다.

그것이 진실이었다.

그때 아담과 그분, 나 외의 다른 존재가 거기 있음을 감지했다. 고개를 들어 보니 그 찬란한 빛 안에서 날개 달린 형체의 윤곽이 보였다. 일식 때 달에 가려져 빛나는 윤곽만 보이는 해 같았다. 그러나 한때 그토록 윤기 흐르던 비늘들은 색이 변한 듯 보였다. 한껏 빛나던 날개는 녹이 낀 듯 흐릿했다. 아름다움은 어디 있지? 광채는 어디 간 거야? 한때 나의 조언자였다가 나를 배신한 그도 내게 책임 전가를 할까?

그분이 말씀하셨다. '너는 모든 가축과 모든 들짐승보다 더욱 저주를 받을 것이다! 배로 기어 다녀라. 평생 흙먼지를 먹어라!'

뱀이 날개를 펼치기 시작했다. 펴지고 또 펴지는 것이 영원까지 계속되는가 싶더니 마침내 두 발로 똑바로 섰다. 그리고 본래 크기에서 쭉쭉 늘어나 사람보다 두 배 정도 커졌다. 온몸에 있던 금빛 비늘들은 깨진 조개껍데기처럼 떨어져 나가 땅바닥에 나뒹굴었다. 번데기처럼 비늘을 벗어 버린 그자는 더 이상 뱀이 아니었다. 그보다 훨씬 위대하고 아름다운 존재였다. 그의 날개는 산의 석영을 한데 모아 놓은 것처럼 반짝였다. 본래 크기로 자란 그 존재는 빛나는 날개 외의 또 다른 날개를 펼쳤다. 뱀이 갖고 있던 한 쌍의 날개가 아니었다. 잠자리처럼 두 쌍도 아니었다. 내가 아는 어떤 피조물에서도 볼 수 없던 세 쌍의 날개가 드러났다. 그의 얼굴은 그분을 향하고 있었지만 모든 방향을 다 보는 듯했다. 앞뒤 좌우를 동시에 보는 것 같았다. 어찌나 꼿꼿하게 서 있는지. 하나님 앞에서 그렇게 서 있다는 사실이 경이로웠다. 그가 전능자 앞에서 턱을 들 때, 머리 뒤쪽의 얼굴은 고개를 낮춰 나를 쳐다보았다.

그 모습이 너무나 아름답고 무시무시해서 끝까지 바라보고 있을 수가 없었다. 너무나 완벽했다. 나는 이런 생각을 했다. '내가 진흙에서 나온 것이 분명하구나!'

그분이 말씀하셨다. '내가 너와 여자를 원수가 되게 하고, 네 자손과 여자의 자손도 원수가 되게 하겠다.'

그다음, 어떤 짐승의 소리보다도 무시무시한 소리가 들려왔다. 오랫동안 현을 잡고 있다가 튕긴 음처럼 팽팽한 가락, 그와 함께 낮게 울리는 으르렁 소리. 길게 울려 퍼지는 그 소리는 긴장된 가락과 함께 울리면서도 따로 놀았다. 위험을 앞두고 터뜨리는 웃음소리처럼.

웃음소리.

불쾌했다. 불길한 예감과 힘과 두려움을 더해 놓은 소리.

그는 날개를 펼치더니 사라졌다.

그를 감싸고 있던 허물은 쪼그라들어 기다란 고치가 되었다. 나는 힘없는 두 팔을 움직여 뱀이 있던 자리에 가 보았다. 허물이 움찔거리며 비대한 벌레처럼 스르륵 기어 사라졌다.

그리고 부드러운 목소리가 들려왔다. '여자의 자손이 네 머리를 상하게 할 것이고, 너는 그의 발꿈치를 물 것이다.'

그 말의 의미는 알 수 없었다. 내가 아는 것은 하나뿐이었다. 그분이 여기 계시고 내 안의 모든 것이 화해를 구하며 부르짖고 있다는 것. 그분과의 화해, 골짜기와 그 안에 거하는 모든 것과의 화해…… 아담과의 화해를.

'당신이 필요합니다!'

나는 말하고 싶었다. 내 포도밭과 작은 숲과 쉼터로 돌아갈 수만 있다면 다른 어떤 즐거움도 바라지 않겠다고. 그것만 돌려받을 수 있다면, 어떤 것에도 의심을 품지 않고 아무것도 묻지 않고 아무것도 구하지 않겠다고. 이제는 내가 무엇을 구했던 것인지, 무슨 일을 저지른 것인지 알겠다고.

그러나 나는 그렇게 말할 수 없었다. 최악의 상황은 따로 있었기 때문이다. 지금 바로 그분 앞에 있는데도, 그분이 내게서 한없이 멀리 떨어져 계신 것처럼 느껴진다는 사실. 이런 적은 한 번도 없었다. 그분이 너무나 부드럽게 '내가 있느니라'라고 말씀하시는데도 그랬다.

나는 말이 필요 없는 언어로 그분께 부르짖었다. 나를 돌이켜 달라고, 회복시켜 달라고. 그러나 너무 늦어 버렸다. 나는 부러진 양팔로 기지개를 켜는 아이와 같았다.

그분은 차분하게 말씀하셨다. '내가 네게 임신의 수고로움을 크게 더할 것이니 네가 고통 중에 자식을 낳을 것이다. 너는 남편을 사모하나 그가 너를 다스릴 것이다.'

나는 땅을 바라보며 눈을 깜빡거렸다. 이해할 수 없었다. 나는 죽음을 맞는 것 아닌가? 아니면 죽음이 이런 식으로 이루어지나? 해산의 고통이 무슨 상관이란 말인가? 지금 이 상황보다 더한 고통이 있을 수 있단 말인가?

그분이 아담에게 말씀하셨다. '너는 아내의 말을 듣고 내가 먹지 말라고 명한 나무의 열매를 먹었다.'

나를 지목했던 손가락 끝이 도로 자신을 겨냥했다. 통쾌했다. 그러나 슬픔이 더 컸다. 사랑했던 날들로 인해 더 깊어진 슬픔.

너무나 부드러운 목소리. '너 때문에 땅이 저주를 받았다. 네가 일평생 수고해야 땅에서 나는 것을 먹을 것이다. 땅은 네게 가시덤불과 엉겅퀴를 내고 너는 밭의 식물을 먹을 것이다. 너는 흙으로 만들어졌으니 흙으로 돌아갈 것이다. 그때까지 네 이마에 땀이 흘러야 네가 음식을 먹을 것이다.'

하나님이 우셨을까? 그분이 눈물을 흘릴 수 있을까?

'너는 흙이니…… 흙으로 돌아갈 것이다.'

빛이 희미해졌다. 등을 돌리고 멀어져 가는 것처럼.

나는 슬피 울었다. 슬픔 외에는 남은 것이 없었다. 슬픔을 독처럼 토해 냈으나 도려낼 수는 없었다.

'나는 죽는다. 나는 죽는다.'

그렇게 얼굴을 땅바닥에 대고 오랫동안 누워 있었다. 비참했다. 기진한 채. 흙먼지에 덮여. 내 옆에는 아담이 죽은 듯이 누워 있었다. 그의 가슴이 오르내리는 것을 보고서야 살아 있다는 것을 알 수 있었다. 그는 온통 자신의 슬픔에 빠져 있었다.

내 슬픔과 분리된 채.

나는 녹초가 되었다. 옆에 누운 아담은 바위처럼 말이 없었다.

그때 냄새가 났다. 콧구멍이 매캐하고 불쾌하며 고약한 무언가가 절개된 냄새, 비릿한 냄새에 더해 흙과 배설물과 털과 가죽이 뒤섞인 냄새.

이어 보름달 빛 아래에 펼쳐진 장면을 본 나는 비명조차 지를 수 없었다.

두 형체가 사방이 까맣게 된 바닥에 벌러덩 누워 있었다. 발굽을 하늘로 올린 채 너무나 부자연스러운 각도로 다리가 벌어져 있었다. 입은 커다랗게 벌어졌고 그 사이로 혀가 축 늘어져 있었다.

가죽이 없었다.

창백한 분홍빛에 메스꺼울 정도로 매끈한 그것들은 석류 안에서 씨를 감싸고 있는 하얀 막 같은 것으로 덮여 있었다. 가죽을 잘라 내거나 벗겨낸 것 같았다.

두 형체 중 하나가 움찔거렸다.

내 몸은 '그만!' 이라고 외치고 그대로 허물어졌다.

9

기다리면 그 단어가 들리겠지.

기다린다.

그러나 아무것도 들리지 않는다.

살 냄새. 아담의 살결. 모든 따스함과 든든함이 나를 감싼다. 나는 내 남자와 푹신한 암양 사이에 누워 있다.

덩굴손이 내 목을 간질인다. 내 머리카락을 헤치고 머리를 부드럽게 안은 손가락이다. 누가 나를 아기처럼 흔들어 준다.

이것이 죽음인가? 오, 하지만 이건 달콤하잖아. 고통이 어디 있다는 거야?

머리가 뒤로 젖혀진다. 내 얼굴은 태양을 향하고 있다. 그러나 태양에서는 온기가 나오지 않고, 내 얇은 눈꺼풀을 뚫고 오는 붉은 기운도 없다. 바람은 부드러운 애무가 아니다. 먼지 조각들이 내 볼을 스친다.

"이샤, 일어나. 어서 일어나!" 누군가 하도 흔드는 통에 나는 혀를 깨문다.

그분은 아니다.

죽게 내버려 둬.

그러나 내게는 죽음이 없었다. 입안에 고인 피가 매캐했다. 눈을 들어 보니 괴로움에 싸인 아담의 얼굴이 부서진 달빛에 일그러져 있었다.

나는 그에게 사납게 달려들었다. 무슨 말을 했는지는 모르겠지만, 내 입에서 나온 첫 번째 불경한 단어들이지 싶다. 아담은 내 두 손을 붙들어 내 옆구리 쪽에 붙였다.

"이샤, 그만해!"

나는 그의 말을 들을 생각이 없었다. 내 머리는 그의 명령을 거부했다. 내 마음이 그의 배신을 거부한 것처럼, 해서는 안 될 일을 했음을 받아들이지 않으려는 것처럼. 나는 그를 때리려 했으나 그는 내게 다가와 두 팔로 나를 감쌌다. 그 첫날처럼 나를 꼭 안았다.

그때 그의 머리 위 하늘이 눈에 들어왔다. 콸콸 흐르는 강물처럼 먹구름이 쪽빛 밤하늘을 어둡게 휘돌았다. 구름 속에 불이 있어서 이쪽에서 저쪽까지 불빛이 번뜩였다. 산 너머에서 우렛소리가 울리자 나무들이 바스락대며 마구 흔들렸다.

이번엔 어떤 무서운 일이 닥칠까?

아담은 천천히 팔을 풀어 주었다. 내가 또 달려들까 봐 주저하는 듯했다. 그때 내 상체를 감싼 털가죽이 눈에 들어왔다. 동물의 것이지만 동물의 무게는 없는 이 털은, 뭐지? 그러자 천연의 의복이 통째로 벗겨져 다리를 벌린 채 땅바닥에서 움찔대며 죽어 가던 형체들이 기억났다.

번개가 비치면서 어두운 하늘이 밝아졌고 다마사슴의 부드럽고 짧은 털과…… 아다의 것임을 짐작하게 하는 특징들이 드러났다.

나는 비명을 질렀다. 그 가죽을 찢어 버리려 했다. 동이 서에서 먼 것처럼 그것을 내게서 멀리 치워 버리고 싶었다. 아담은 실랑이 끝에 내 손을 다시 붙들었지만, 그 전에 내 손이 그의 머리를 힘껏 한 대 쳤다. 그러자 그는 머리를 가누기 힘들 정도로 나를 흔들어 댔다. "그만해! 잘 들어! 듣고 있어? 폭풍이 오고 있다구. 우리는, 우리는 추방되었어. 여기서 쫓겨나는 거야, 이샤." 그의 표정이 일그러졌고 목소리는 갈라졌다. 저항을 멈추었는데도 그는 다시 나를 흔들었다. "내 말 들려? 우린 쫓겨났다고. 그리고 이것들, 이것들은 놀랍게도 하나님이……."

"싫어!" 나는 울부짖었다. 벗어 버리고 싶었다. 그러나 가죽 끈으로 만들어진 그것은 전에 만든 무화과나무 잎 치마처럼 확 뜯어 버릴 수가 없었다.

그가 소리쳤다. "그만해! 하나님이 주신 거야!"

나는 그에게 악을 썼다. "당신이, 당신이 하나님 얘기를 해? 그 입으로 여자가 준 것을 먹었다고 말한 당신이, 제 손으로 자기 입에 넣은 것에 책임도 질 줄 모르는 당신이?"

아담은 뭔가로 얻어맞은 것처럼 움찔했다. 나는 그 혐오스런 옷을 벗어 버리려 했지만 그가 내 손목을 잡고 팔을 거세게 잡아당겼다. 팔이 빠지는 듯했다. "하늘을 봐, 이샤!" 그가 나를 홱 잡아당겨 자리에서 일으켰고, 나는 그가 두려움과 슬픔으로 쓰러지기 직전임을 깨달았다. 그렇게 쓰러지면 다시는 일어나지 못할 것 같았다. "우린 여기 머물 수 없어!"

하늘은 이미 깜깜해졌고, 번개가 치면서 하늘을 휘도는 거대한 덩어리에 하얗게 달아오른 핏줄 같은 것이 생겼다. 아담의 말에 힘을 실어 주듯, 거룩한 산 위에서 뭔가 찢어지는 것처럼 두 개의 소리가 충돌했고 산이 바닥부터 흔들리며 귀가 멍해졌다. 바람이 살아 있는 생물처럼 다가와 내 머리카락을 붙들고 늘어졌다. 가죽옷이 펄럭거리며 허벅지를 때렸다.

우리가 아다와 그 짝의 가죽을 입었다면, 녀석들이 썩어 가는 열매처럼 땅바닥에 누워 있다면…… 가죽 없이 어떻게 존재할 수 있을까? 나는 아담 너머를 보려고 목을 길게 뺐고 그 끔찍한 것을 벗어 던지려 했다. 엄두가 안 나지만 어떻게든 돌려주고 싶었다. 그러나 하늘이 번쩍한 사이, 좀 전에 동물들이 누워 있던 곳은 검게 그을린 자국밖에 보이지 않았다.

그가 내 시선을 돌려놓았다. "보지 마. 갔으니까."

그때 냄새가 났다. 불에 까맣게 타고 남은 재 냄새가 아니었다.

마른 풀이나 나무처럼 다 타지 않고 남은 어떤 것.

구토가 나려는 것을 참으며, 하늘을 올려다보고는 가장 사랑이 많으면서도 가장 두려운 그분의 흔적을 더듬었다. 그러나 혼란스러운 어둠 속에는 신도, 태양도, 우리를 보아 줄 눈도 말을 들어 줄 귀도 없었다. 번개가 번뜩이며 어두운 하늘을 움키려는 발톱처럼 기괴한 녹색의 삐죽삐죽한 선을 그려 냈다. 골짜기의 서쪽 끝은 등이 굽은 짐승이었다.

"가! 동쪽 입구로 뛰어가!" 아담이 멀리서 들려오는 우르릉 소리보다 더 크게 외쳤다. "뛰어!"

떳떳한 양심이 주는 기쁨으로 그분 앞에 섰던 마지막 장소를 생각하니 심장이 벌렁거렸다. 뛰라고? 내 몸은 벌써 음식을 거부하고 내 생각에 따르지 않고 있었다. 그런데 이런 끔찍한 것까지 걸치고 어떻게 뛴단 말인가?

그가 나를 밀어내며 말했다. "난 물건을 챙겨서 뒤따라갈게, 가!"

나는 사랑하면서도 혐오하는 얼굴을 마지막으로 한번 쳐다본 후 몸을 돌려 뛰었다.

강을 따라 달렸다. 강물은 이상한 난류를 일으키며 흘렀다. 나를 주시하는 눈들이 느껴졌다. 공기 중에 그 불탄 땅의 그을음과 불쾌한 냄새가 떠돌아다녔다. 어두워진 하늘 아래에서였지만 달리니까 사람을 마비시키는 울분이 좀 잦아들었다. 내 곁에는 내 발자국 소리, 내가 내쉬는 숨소리, 내 상체를 거북하게 감싸고 아래쪽에서 펄럭여 허벅지를 치는 끔찍한 가죽뿐이었다.

계단식 포도밭에 이르렀을 때, 하늘이 열리고 비가 쏟아졌다. 전에 알던 상쾌하고 따스한 부슬비가 아니었다. 땅을 더럽힌 모든 생명체를 쓸어버릴 것처럼 쏟아 붓는 폭우였다. 폭포 아래 서 있는 것 같았다. 억수같이 쏟아지는 빗물은 가죽옷을 파고들어 등줄기를 타고 흘러내렸다.

있을 수 없는 일 같지만, 나는 더 빨리 달렸다.

우렛소리는 동쪽 바다로 갈 것처럼 멀어졌다가 되돌아와서 꼬리를 물고 몰아치는 파도처럼 하늘을 울렸다. 나는 내면의 눈으로 땅이 솟아오르는 광경, 산들이 융기하는 광경을 다시 보았고, 그분이 그것들을 제자리에 갖다 놓으시려는 걸까, 궁금해졌다.

달리다 젖은 땅에서 미끄러졌다. 발이 바위에 부딪쳤다. 다리로 통증이 타고 올라오면서 순간 숨이 턱 막혔다. 그러나 넘어지지는 않았다. 계속 달렸다. 굵은 빗줄기와 흠뻑 젖은 머리카락 때문에 앞이 잘 보이지 않았다. 덤불을 휙 지나가는 토끼의 그림자를 봤고, 잠시 후 수퇘지도 본 것 같았지만, 과연 녀석들이 거기 있었는지 빗줄기와 번개 때문에 내가 착각한 것인지는 알 수 없었다.

나는 천연의 계단식 포도밭으로 서둘러 갔다. 물이 세차게 흘러내리는 자리를 피해 위로 올라갔다. 아담이 오는지 볼 수 있게 골짜기가 잘 보이는 곳에 자리를 잡을 참이었다. 거룩한 산과 북쪽으로 이어지는 산줄기는 거대한 거인처럼 웅크리고 있었다. 강물이 강둑을 훌쩍 넘어선 곳들도 있었다. 번개가 번쩍였고, 암양

한 마리가 발버둥 치며 강물에 떠내려가는 모습이 보였다. 나는 계단식 포도밭 한 칸에 몸을 웅크린 채 괴물의 모습으로 깨어난 골짜기가 아담도 삼켜 버리는 건 아닌지 염려했다.

이제 이것이 나의 세계인 걸까? 이런 상태가 영원히 계속될까? 다시는 해도 보지 못하는 걸까? 떨어지는 빗줄기를 맞지 않고는 하늘로 고개를 들지도 못하게 된 걸까?

'아담이 빨리 오게 해주세요.' 나는 그분께 간청했다. 하지만 그분이 내 기도를 들으셨는지, 알 수 없었다.

얼마 후, 빗줄기가 잦아들었다. 아담은 어디 있을까? 여기서 좀 더 올라가면 암석이 툭 튀어나온 부분이 있었다. 거기라면 간간이 치는 번갯빛에 의지해 아담이 오는지 볼 수 있을 터였다. 바위투성이 길을 따라 위로 기어올랐다. 발이 다시 미끄러졌고, 아, 아팠다! 그러나 풀과 돌과 관목을 붙잡으며 계속 올라갔다. 우렛소리가 멀어졌고 하늘은 고요 속에 번득였다.

바스러지는 바위 위에 거대하게 놓인 암석에 이르렀다. 그곳에는 동굴 같은 작은 틈이 있었다. 더운 날이면 포도와 말린 감초 뿌리로 식사를 하면서 골짜기 바닥에 있는 사슴과 사자를 지켜보곤 하던 자리였다. 나는 털썩 주저앉았다. 그 야트막한 공간으로 기어들어가 아담이든 하나님이든 죽음이든 기다릴 수 있게 된 것이 고마웠다.

그때 낮게 이어지는 으르렁거림이 어두운 동굴 내부에서 흘러나왔다. 나는 멈칫했다. 하늘에서 나는 분노의 소리, 우렛소리가 땅에서도 나올 수 있나 싶었다. 갑자기 번쩍 번개가 치면서 암석 틈 안쪽으로 최대한 쭈그리고 앉은 늑대의 형체가 눈에 들어왔다. 쩍 벌린 입으로 앞니가 드러나고 잇몸이 다 보였다.

"드바시." 나는 녀석의 이름을 불렀다. 내 손가락에서 꿀을 핥아 먹던 암컷 늑대였다. 제 이름을 들은 녀석은 약간 누그러졌지만 여전히 이빨을 드러내고 있었다. 내가 녀석 쪽으로 몸을 움직이자 덥석 깨물려 들었다. 나는 급히 몸을 빼다 머리를 부딪쳤고 허둥거리며 뒷걸음질로 입구까지 나왔다.

동물들도 우리를 배신하게 된 걸까?

아다와 그 짝이 생각났다.

아니면 우리가 그들을 배신한 걸까?

나는 바위틈에서 빗속으로 나왔다. 돌과 자갈 때문에 무릎이 까진 상태였고 손가락은 베여 피가 났다. 발도 욱신거렸다.

나는 옆걸음질로 그 암석보다 작은 옆쪽의 작은 바위턱 아래까지 가서 바위에 최대한 등을 붙이고 무릎을 당기고 눈을 가렸다. 저 아래에서는 나무와 관목이 광란의 리듬에 따라 춤을 추는 듯했다. 내 옆에서 포도나무들이 떨었고 포도가 진흙탕 바닥으로 떨어졌다. 그리고 저기, 아! 내가 팔을 뻗고 누웠던 곳이다. 바로 어제 일인가? 이곳이 거룩한 땅이었던 것이? 내가 스스로 계신 분 앞에 있었던 것이? 사람이 아기 얼굴에 연신 입 맞추듯 하나님이 내 얼굴에다 기쁨을 부어 주신 것이?

팔에 고개를 묻고 울었다. 눈물은 빗줄기에 씻겨 나갔다.

하늘이 우르릉거리더니 우렛소리가 다시 높아졌다. 이번에는 그 소리가 발밑에서 느껴졌다. 진동이 땅에서부터 올라왔다. 돌멩이들이 공중제비를 돌며 언덕 사면으로 굴러 내려갔고 그중 하나가 내 어깨를 스쳤다. 번개가 치면서 괴이한 나뭇잎 뒷면을 연상시키는 잎맥이 거룩한 산 너머 검은 하늘에 그려졌다. 그러자 산의 사면에 나타난 움직임이 눈에 들어왔다. 동물들이 저지대로 대피하고 있었다. 아니, 동물들이 아니라 돌멩이들이었다.

나는 서둘러 튀어나온 암석 아래로 가서 어둠 속을 들여다보았다. "밖으로 나와!" 드바시에게 소리쳤다. 그러나 녀석이 으르렁대고 사납게 짖어 대는 바람에 황급히 물러났다. 전혀 상황 파악을 못하는 걸까? 저 생각해서 나오라는 것인 줄 모르는 건가? 한때는 순순히 내 말에 따르고 내 손가락에서 꿀을 핥아 먹고 내게 배를 드러내던 이 동물이? "나와!" 나는 소리쳤지만 녀석은 더 안쪽으로 움츠러들었다.

나는 발에 난 상처도 잊고 올라온 길로 물러났다. 떨어지는 돌멩이에 두 번이나 맞았다. 아래로. 아래로 가야 했다.

아담은 어디 있을까?

위에서 쿵 하고 뭔가 무너지는 소리가 들렸다. 목을 빼서 그곳을 쳐다본 나는 소리를 지르고 말았다. 튀어나온 암석 아래 있던 틈이 입을 다문 것처럼 막혀 버린 것이다. 늑대의 기척은 전혀 없었다. 녀석에게 돌아갈까 했지만, 꽤나 셌던 내 힘으로도 녀석을 꺼내 줄 도리는 없었다. 커다란 돌멩이 하나가 내 옆으로 굴러 떨어졌다. 나는 작은 벼랑 아래 매달렸고 돌아갈 수 없음을 다시 한 번 확인했다.

발밑의 땅이 울리면서 나는 발을 헛디뎠다. 미끄러지면서 허둥지둥 내려왔다. 마침내 낮은 언덕에 이르자, 가젤처럼 빠른 속도로 동문을 향해 내달렸다.

동쪽 입구에 다다른 뒤에야 몸을 돌렸다. 땅이 다시 흔들렸다. 강물은 바닥에서 요동을 쳤다. 아담은 없었다.

내가 알고 있던 하나님의 거룩한 이름을 부르려고 했지만, 막상 입을 열어 보니 그 이름은 내가 닿을 수 없는 곳에 있었다. 이해할 수 없는 말만 더듬거리고 말았다.

"접니다!" 나는 부르짖었다. "접니다!" 가죽옷을 잡아 뜯으려 했지만 너무 튼튼해서 뜻대로 되지 않았다. 내 부르짖음은 노호하듯 콰르릉대는 우렛소리에 묻혔다. 번뜩이는 번개가 너무 밝아 한동안 앞이 보이지 않았다.

강물을 따라 뭔가가 달리는 모습이 눈에 들어왔다. 털이 몸통에 착 달라붙은 암컷 염소였다. 우렛소리의 울림이 잦아드는 틈을 타 녀석을 불렀다. 녀석은 내 쪽으로 방향을 바꾸었고 나는 녀석의 뿔을 피해 목을 붙잡았다. 하지만 녀석은 오래 붙들려 있으려 하지 않았고 나는 계속 잡고 있을 수가 없었다. 녀석은 제정신이 아니었다. 녀석을 동문 쪽으로 밀었다. "가!" 내가 엉덩이를 철썩 때려 주자 녀석은 달려갔다. 강물이 너무 불어나 강둑을 따라 이리저리 물을 피해 가야 했지만 녀석은 노련했고 이내 시야에서 사라졌다.

다시 혼자가 되어 비를 맞고 있으니 하늘과 땅이 무서웠다. 거룩한 산 중간쯤에 번개가 쳤고, 섬광이 호를 그리며 나오면서 작은 불꽃들이 어둠을 태웠다. 나무 한 그루에 불이 붙더니 어쩌면 그럴 수 있을까 싶을 정도로 빗속에서 타올랐다. 다시 모든 것을 삼켜버릴 듯한 번개가 쳤고 이번에는 좀더 위쪽에 있는 또 다른 나무에 화르르 불이 붙었다. 두 개의 불길은 튀어나온 암석 아래 있던 늑대의 두 눈 같았고, 털북숭이 머리가 고개를 기울여 나를 노려보는 듯했다.

빗속에서도 불길은 잦아들지 않고 주위 관목을 핥아 댔다. 흠뻑 젖은 불의 혀 같았다. 윙윙 소리와 함께 바람이 거세졌다. 불이 고양이 눈의 긴 홍채처럼 거룩한 산의 얼굴에 퍼져 올라갔다.

다시 하나님을 불렀다. 이번에는 속삭임이었다. 나는 무릎을 꿇었다. 골짜기는 흔들렸고 물이 범람했으며 불까지 붙어 사방이 아수라장이었다. 땅이 다시 흔들렸다. 나는 기다렸다. 깨어나라고 명하셨던 그분이 이제 잠들라고 명하시는 음성을.

그때 누군가의 음성이 빗줄기를 가르고 들려왔다. 그분은 아니었다.

아담이었다.

달려오는 그의 목에 하얀 망토가 걸쳐져 있었다. 아니, 망토가 아니라 어린 양이었다.

"가!" 그가 내 앞쪽으로 손짓을 하며 외쳤다. 그러나 나는 비틀비틀 일어나 그에게 달려갔다. 그의 모습을 보자 안도감과 함께 흐느낌이 새어나왔다. 다시는 혼자 앞서 가고 싶지 않았다. 그러나 그는 다시 소리쳤다. "가, 가라고! 물 좀 봐!" 정말이지 강물은 조금 전보다 더 불어나 있었다.

번개가 다시 산을 쳤고 그다음에는 포도밭을 쳤다. 관목들이 불길에 휩싸였다. 야유를 퍼붓는 혓바닥처럼 번개가 거듭거듭 내리쳤고, 그 자리마다 이상한 불이 남았다.

"뛰어!" 아담이 나와 나란히 달리면서 재촉했다. 그는 목에 건 어린 양의 다리를 꼭 붙들고 있었다. 허리춤에 매달린 꾸러미 하나가 내가 짠 주머니에 담겨 그의 넓적다리에 부딪치고 있었다.

우리는 입구를 향해 달렸다. 불붙은 언덕 사면이 우리 뒤에 있었는데, 불붙은 손가락들이 사방에서 우리의 잘못을 꾸짖으며 손가락질하는 듯했다.

그러나 무서운 일은 그것으로 끝이 아니었다. 달리다 보니 문득 하늘에 있는 군중이 느껴졌다. 언제나 주위에 있다는 것을 알았지만 실제로 본 적은 없는 그들. 이전처럼 그들을 예민하게 감지할 수는 없었지만 존재를 느낄 수는 있었다. 이전에 그들은 우리가 누리는 만족을 말없이 지켜보았었다. 그러나 지금은 그들이 여우를 덮치는 독수리처럼 우리를 향해 급히 내려오고 있었다.

가장 좁은 고갯길을 지날 때 아담은 어려움을 겪었다. 어린 양이 어깨 위에서 마구 움직이며 폭풍을 향해 처량하게 울어 댔기 때문이다. 발밑에서는 넘쳐흐른 강물로 물보라가 일었고 길은 축축하고 미끄러웠다. 그곳을 지나는 속도는 고통스러울 정도로 느렸다. 마침내 그 좁은 길을 빠져나왔을 때, 통로 옆 높은 지점에 번개가 쳤고 그 자리에 화르르 불꽃이 이는가 싶더니 이내 불기둥이 피어올랐다.

같은 지점에 번개가 치고, 치고 또 쳐댔고 우리는 계속 달렸다. 폐가 타는 듯했다.

나중에, 나는 그 불속에 있던 이상한 것들을 기억해 낸다. 새처럼 날개가 달린 존재, 하나님의 빛 앞에 선 뱀처럼 무시무시한 얼굴을 한 존재들이 아름답고도 무섭게 불길 안에서 빛나고 있었다. 그들은 한 번에 사방을 다 보는 듯했고, 그러면서도 나를 계속 응시하는 것 같았다. 그러나 당시에는, 우리 뒤가 온통 불천지라는 것만 알았다.

우리는 달렸다. 산 너머의 분지 쪽으로 나갔다. 염소와 거대한 고양이, 곰과 사슴 등 골짜기를 버리고 탈출한 수많은 동물들이 거기 있었다. 우리는 녀석들과 함께 달렸다. 방향조차 제대로 가늠할 수 없었지만, 골짜기의 불붙은 입구에서 멀어지기만 한다면 방향은 상관없었다.

거룩한 산의 남쪽으로 흘러내리는 심연의 물이 이룬 강을 따라갔다. 언덕들이 남쪽 낮은 평야로 구불거리며 내려앉는 지점에서 우리는 마침내 주저앉았다. 목이 어찌나 마르던지 진흙탕 물을 퍼마셨다. 그래도 연기 냄새, 불 냄새가 입에서 가시지 않았다.

바람이 잔잔해졌다. 잠시 후 구름이 휘돌기를 그치고 우중충한 양털처럼 뭉게뭉게 퍼졌다. 그 자리에서는 불붙은 손가락들처럼 하늘을 할퀴며 솟구치던 거대한 불기둥도, 나무들에서 피어나던 연기도 보이지 않았다. 거기, 낮은 언덕들은 그 모두와 너무나 멀리 떨어져 있었다. 그곳은 다른 세상이었다.

10

뻔뻔하게도 새벽이 왔다. 별일 없다는 듯, 천연스레.

우리는 녹초가 되어 비틀거리면서도 계속 걸었다. 아담의 얼굴
은 땀으로 줄무늬가 생겨 시커먼 가면 같았다. 하지만 꾹 다문
그의 결연한 턱선은 아름다웠다. 그 순간, 위안이 되는 그 야무
진 턱을 보여 준 것만으로도 나를 배신한 그를 거의 용서할 수
있을 것 같았다.

오전 중반 쯤, 우리는 가던 길을 멈추었다. 언덕에서 튀어나와
있는 암석을 발견하고 그 아래로 가 몸을 뉘었다. 인방 같은 암석
이 드바시 위로 무너져 내린 장면이 생각났다. 궁금했다. 녀석은
살아 있을까? 그 어두운 무덤 속에서 끙끙대며 앞발로 막힌 입구
를 긁고 있을까, 아니면 흔적만 남긴 채 땅으로 되돌아갔을까?

우리는 함께 웅크렸다. 어린 양을 사이에 두고 안은 채 벌벌 떨
면서 곱은 손가락으로 가죽옷의 끈을 풀어 하나는 바닥에 깔고

하나는 덮었다.

  그날 밤 꿈에는 우주나 심연이 나오지 않았다. 대신 불이 있었다. 한 번에 사방을 보는 얼굴들이 그 불 속에 있었다. 불은 우리가 지나온 땅을 사르고 발자국을 불태워 흔적을 알아볼 수 없게 만들었다.

  해가 천정점을 지났을 무렵, 발이 화끈거렸다. 손발이 모두 아팠다. 나는 움직이지 않았다. 아담이 재촉했지만 강으로 가서 물을 마시지도, 음식을 찾지도 않았다. 소변을 보러 갈 때만 일어섰다가 돌바닥에 다시 누웠다.

  아다와 드바시는 찢기고 부서진 몸으로 어디로 갔을까? 늑대 드바시의 경우처럼 동굴 천장이 무너져 내린다면, 나를 삼켜 땅으로 돌려보낸다면, 그때는 알 수 있을지도 몰랐다.

  그러나 그런 일은 일어나지 않았다. 나는 서늘한 그늘 아래 누워 선잠이 든 채 끔찍한 꿈을 꾸었다. 무덤에 갇히는 것이 무엇인지 알 것 같았다. 아담은 간간이 자리를 비웠고 어린 양이 그를 이리저리 쫓아다니며 우는 소리가 가끔씩 들렸다. 엄마를 잃은 녀석임이 분명했다. 나는 그 시끄러운 소리가 싫었다. 그분이 안 계시다는 사실을 자꾸만 떠올리게 했기 때문이다. 내 골짜기가 멀리 떨어져 있는 것처럼 그분도 내게서 아주 멀리 계신 것 같았다.

  그러나 무엇보다, 양의 울음은 내가 살아서 그 자리에 누워 있음을 기억나게 했다.

잠이 나를 덮쳤다가 겁쟁이처럼 춤추며 달아났다. 드문드문 꿈을 꿨다. 처음에는 살구나무와 우슬초 한복판에서 동산의 햇살을 받으며 누워 있었다. 작은 새 한 마리가 풀벌레처럼 울어댔고 매가 상공을 맴돌았다.

그러나 이어서 꾼 꿈은 달빛 없는 밤 같은 어둠이었다. 땅 전체가 단말마의 신음소리를 내고 있었다. 꿈속의 아침은 연약한 팔다리로 기어오는 생물 같았다. 활기찬 세계였던 내 동산 대신 등장한 골짜기는 동산의 그림자에 불과했다. 그 속의 동물들은 말못하고 귀먹은 이들의 언어를 사용했고, 지각없는 존재로 본능에 따라 제멋대로 떠돌았으며 비열했다. 아담이 보였다. 어린 양을 어깨에 두르고 달리면서 비틀거리며 바위들을 넘어가는 그의 얼굴은 불에 그슬린 듯 새까맸다. 그분의 호흡을 받아 이 땅을 넘어서는 기품이 있던 존재, 내 사랑스런 아담. 그런 그가 조악한 땅에서 살아가야 하는 신세로 전락했다.

그날 밤, 아담은 내게 상추를 가져왔다. 그러나 나는 고개를 돌려 버렸다. 그가 나무껍질 잔에 조심조심 떠온 강물도 쳐다보지 않았다. 결국 그가 그 물을 마시는 소리가 들려왔다. 그가 깊은 한숨을 내쉬며 자리에 누웠는데, 그 모습이 마치 번개를 맞아 불이 붙어 쓰러지는 나무 같았다.

'내가 그에게 못할 짓을 했어. 그는 나 때문에 죽을 거야.'

그러나 그 순간, 내 손에서 열매를 받아들던 그의 눈빛이 또렷이 기억났다. 누가 누구를 대신해서 행동한 것이 아니었다. 우리는 하나였다. 하나님 앞에서 나를 부인하던 그의 목소리도 떠올랐다. '이건 우리 둘이 함께한 짓이야!'라는 생각과 함께 어쩌면 견딜 수 있을지 모른다, 나는 죽지 않을지도 모른다는 생각이 찾아왔다. 그러나 다음 순간, 그분 앞에서 무너져 있던 사람, 까맣게 그을린 얼굴로 진흙 속을 힘겹게 걷던 그의 사랑스러운 얼굴이 생각났다. 나는 새롭게 결심했다. 죽어야겠다. 그의 배신과 고통, 나의 고통을 견딜 수가 없다. 저녁이면 나를 감싸 주고 제 옷을 벗어 내게 덮어 주고 따뜻하게 있으라고 어린 양을 옆에 놓아 주는 그의 부담스러운 사랑을 견딜 수 없다. 죽어야겠다.

나는 눈을 감고 그에게 생명을 준 땅이 나를 삼켜 버리기를 기다렸다. 아담에게서 나왔던 대로 그에게 돌아갈 수는 없을 테니, 그의 기원인 땅으로 돌아가게 될 것이었다.

깨어나라고 나를 재촉했던 음성은 침묵을 지켰다.

다음 날 아침, 나는 눈을 떴다. 저 세상도 아니고 망각 상태도 아니었다. 낮은 동굴의 천장이 보였다. 아담은 나가고 없었다. 음식을 구하러 갔겠지. 그는 조그마한 불을 피워 놓았는데, 그것은 위안보다는 괴로움을 안겨 주었다. 그 속에는 폭풍 가운데 불타던 나무들의 악취가 스며 있었다.

그리고 그 불꽃에서 보았던, 무섭고도 아름다운 얼굴들이 들어 있었다.

한참 후 아담이 돌아오자 어린 양이 그의 주위를 뛰어다녔다. 그 어리석은 동물의 목을 졸라 버리고 싶었다. 녀석은 한때 저에게 달콤한 젖을 주는 어미가 있었고 낙원에서 추방당했다는 사실을 기억하지 못하는 걸까?

아담은 내게 물을 내밀었지만 나는 그것을 쳐버렸다. 그는 낯선 동물을 바라보듯 나를 바라보았다. 그 모습을 보자 약간 후회가 일었다. 소리 내어 웃고 싶었다. 나는 동물들처럼 낯설고 이상한 존재가 되어 버린 것이다.

그러나 그도 마찬가지였다. 내가 알던 동산의 연인, 스승과 충실한 오빠의 모습은 없었다. 내가 알 수 없는 고집스러운 이유를 가지고 살아가는 동물일 뿐이었다. 나는 그의 생각을 전혀 읽을 수 없었다. 저 진저리나는 가죽옷처럼 얼굴에 고스란히 드러나는 생각만을 알 수 있을 뿐이었다. 그 옷에선 이제 냄새가 풍기기 시작했다. 하지만 아담에게서는 강물 냄새도 났다. 그는 목욕을 했던 것이다.

나는 그를 외면했다. 그의 달라진 점들이 다 싫었다. 그 모든 것들이 내게도 있으리라는 것을 잘 알았기 때문이다.

나는 몸을 씻지 않았다는 점만 달랐다.

다음 날 그는 다시 나갔다.

그는 오랫동안 돌아오지 않았다. 저녁이 되어서야 돌아왔는데, 몇 가지 물건을 가지고 왔다. 나는 어떤 물건들인지 알려고도 하지 않았다. 이 세상의 것은 이미 다 보았으니까. 좋은 것은 모두 과거에 머물러 있으니까. 그분이 나를 쫓아내셨고, 아담은 나를 비난했다.

나는 벽을 향해 누워 자는 척했다. 나를 향한 그의 처절한 답답함이 등에 꽂혀 날카로운 발이 달린 노래기처럼 척추를 타고 오르는 기분이 들었다. 다음번에 그가 돌아올 무렵이면 나는 죽어 버렸겠지. 그러면 다시는 그의 눈길에 시달릴 필요가 없을 것이다. 어쩌면 바로 다음 순간이라도 죽음이 나를 덮쳐 나는 그 장소로 돌아가게 될지도 몰랐다. 내가 전에 있던 곳. 하늘에서 빛이 쏟아지기 전, 깨어나라는 음성이 들리기 전, 처음으로 눈을 떠서 끝없는 파랑이 담긴 아담의 두 눈을 응시하던 날 이전의 그곳으로.

어쩌면 내일 아침이 될지도 몰랐다. 등뼈와 붙은 것처럼 홀쭉해진 배와 가죽옷의 거친 안쪽 면 아래에 앙상하게 튀어나온 엉덩이뼈가 만져졌다. 사흘씩이나 아무것도 먹지 않고, 햇볕도 물도 즐거움도 웃음도 없이 보낸다면 분명 살 수 없을 것이다. 이렇게 누워서 꼼짝하지 않으면 분명 살 수 없을 것이다. 분명히.

그럼 아담은 어떻게 될까? 그의 옆구리인 내가 가면 그도 나를 따라 다시 흙으로 돌아갈까? 나와 같이 먹음으로써 불행한 운명을 맞게 된 것처럼, 내가 가면 그도 같은 운명을 맞게 될까? 그도 나처럼 이미 죽을 운명이 아닌가?

하지만 그는 동굴을 드나들면서 점점 기력을 되찾아 갔다. 어떻게든 살겠다는 듯. 우리가 서 있는 곳이 죽음의 벼랑이 아니라 새로운 집이라는 듯.

그 모습이 짜증스러웠다. 부질없어 보였다. 그래서 그 생각을 하지 않으려 애썼다.

그날 저녁, 모닥불이 잦아들 무렵, 아담이 자기 옷의 끈을 풀어서 가죽옷을 우리 위에, 이미 옷으로 감싼 내 몸 위에 덮는 것이 느껴졌다.

울고 싶었다. 그는 왜 나를 챙겨 주는 걸까? 나는 그에게 죽음을 내민 사람인데?

그분 앞에서 나를 모욕할 때는 언제고?

그의 손의 어떤 행동도, 열매를 받고 씹고 먹는 입의 어떤 작용도 강요하지 않았건만! 하지만 나는 여기 누워 우리 둘 모두를 위해 죽기를 바라고 있었다. 그가 열매를 보고 먹기로 결정하고 먹은 것이 순전히 내 탓이라는 듯!

바로 그 순간에 나는 들었다. 아주 희미한 코 고는 소리. 사자를 생각할 때 떠올리던 그르렁 소리보다 조금 더 높은 숨소리. 그 소리가 그의 목구멍을 지나 약간 벌어진 입 사이로 품위 없이 새어나오고 있었다.

나는 괴로워하며 누운 채 죽어 가는데. 그는 모로 누워 코를 곤단 말인가?

벌떡 일어나 앉아 가죽옷을 집어 던지고 주먹으로 그를 치기 시작했다. 그는 소리를 지르며 깨어났다. 내게서 터져 나온 생명력에 놀란 게 분명했다.

"당신에게 나는 엄청난 골칫거리 아니에요? 그런데 왜 내게 먹을 것을 주는 거예요? 그분 앞에서 날 모른다고 말해 놓고, 이제 와서 왜 아는 체를 하는데요?" 나는 감정을 고스란히 드러내며 소리쳤다. 털가죽을 더 멀리 차버렸다. 저 죽음의 트로피를 걸치지 않은 채로 죽을 거야. 이 세상에 올 때처럼 내 피부만 갖고 죽을 거야.

그분의 은혜로, 내가 죽으면 아담의 코 고는 소리 따윈 듣지 않게 되겠지.

부드러운 재질의 돌로 만든 펜던트를 꽉 쥐고 잡아당기자 폭우에 푹 젖었다가 마르느라 약해진 줄이 툭 끊어졌다. 동굴 뒤쪽에다 그것을 던져 버렸다. 그가 준 사랑의 증표들을 몸에서 멀리 떼어 내고 싶었다. 내 눈앞에서 성질을 긁는 이 존재가 전에 어떤 사람이었는지 너무나 고통스럽게 떠올리게 하기 때문이다.

나는 따졌다. "왜 내게 먹을 것을 줘요? '그 여자가 내게 줘서 먹었습니다!' 그렇게 말했으면, 그 여자가 그렇게 부담스러운 존재면, 그냥 없이 살면 되잖아. 날 죽게 내버려 둬!"

다음 순간 그는 뜻밖의 행동을 했다. 큰 소리로 울부짖으며 나를 끌어당겨 동굴 바닥에 눕혔다. 그는 어린아이처럼 내 가슴에 머리를 파묻고 말했다. "죽으면 안 돼! 날 떠나지 마. 죽지 마!"

나는 전혀 내 목에서 나는 소리가 아닌 듯한 목소리로 말했다. "우리 둘 다 죽고 있어요. 잊었어요? 그러니 겁내지 말아요, 내 사랑. 당신도 죽어 가고 있어요!"

그는 더 크게 신음하며 내게 기대어 몸을 떨었다. 그의 뜨거운 눈물이 내 목에 떨어져 뒤쪽 머리카락으로 흘러내렸다.

거친 땅처럼 다듬어지지 않은 목소리로 그가 울부짖었다. "아직은 아냐. 그런데 당신은 벌써 죽은 사람처럼 누워 있잖아. 난 당신 없이 살 수 없어. 날 떠나지 마, 죽지 마!" 그의 슬픔이 내 안의 산더미 같은 얼음을 녹였다. 나를 완전히 삼켜 버리는 슬픔. 내 마음을 찢으면서도 고쳐 주는 슬픔.

그는 나를 더욱 힘껏 껴안았고 절박하게 어루만졌다. 시체를 문질러 소생시키려는 것처럼 내 볼을 어루만지고 등을, 다음에는 허벅지를 열심히 문질렀다.

그는 나를 간절히 원했다. 거칠게 끌어안았다. 나는 슬픔과 사랑을 동시에 느끼며 팔을 벌려 그를 안았고 마침내 그와 나는 한때 공유했던 하나 됨을 찾기 위해 안간힘을 썼다. 아담은 내가 그에게 친숙한 모든 것이 남아 있는 안식처인 듯, 멋진 동산의 유물인 듯, 내 안에 자신을 묻으려 했다.

우리는 일을 끝내고 녹초가 되어 누웠다. 내 경우엔 그동안 전혀 먹지도 마시지도 않았던 것이다. 아담은 내 어깨에 머리를 대고 한 팔로 나를 감싸 안았다. 달아나지 말라고, 죽지 말라고 말하는 듯했다. "그분은 당신의 자손이 뱀의 머리를 상하게 할 거라고 말씀하셨어."

나는 얕은 동굴의 어둠 속을 들여다보며 완전한 기억의 덩굴손을 뻗어 그분의 말씀을 끌어냈다. 그 말씀을 듣던 무시무시한 순간은 물론, 골짜기에서 탈출하고 지금에 이르도록 나는 그 말씀을 깊이 생각하지 못하고 있었다.

하지만 아담은 달랐다.

그의 목소리가 갈라졌다. "당신은 그 목적을 위해서도 필요하고, 내게도 필요해. 동산에서 남은 것은 당신뿐이야. 당신은 나와 그분의 형상이야. 설령 당신이 잘못했다 해도, 나는 당신에게 두 배나 못할 짓을 저질렀어."

그가 몸을 일으켰다. 보지 않아도 그의 얼굴에 눈물이 흘러내리고 있다는 걸 알 수 있었다. 내 양 볼에도 눈물이 흘러 관자놀이를 지나 귀를 넘어갔다. 그가 말했다. "내가 남은 평생 당신을 지켜 줄 거야. 당신은 모든 산 자의 어머니가 될 것이고, 그분이 말씀하신 자손에게 생명을 줄 거야. 그 자손은 뱀의 자손을 공격할 것이고. 그분이 그렇게 말씀하셨어, 이샤." 그가 내 입에 부드럽게 키스했다. "오늘부터 당신을 하와라고 부르겠어. 당신은 살 거고, 모든 산 자가 당신에게서 나올 것이고, 당신이 희망을 낳을 테니까."

그가 그 말을 하는 도중에도 나는 알고 있었다. 그가 손쓸 수 없는 것들이 존재함을. 이제 나는 자리를 털고 일어나 먹고 마시겠지만(그분이 내가 자녀를 낳을 거라고 하신 말씀을 그때까지 잊고 있었다), 언젠가는 분명 죽을 것이다. 오늘내일은 아닐지 몰라도, 결국에는.

그는 죽음에서 나를 지켜 줄 수 없을 것이다.

그러나 그는 자신이 할 수 있는 일을 했다. 실망의 돌풍 속에서 소망을 속삭이듯, 죽을 운명에 처한 내게 생명이 담긴 이름을 지어 주었다.

"하와." 그 이름은 말하기 전의 호흡, 불타는 날숨.

나는 하나님이 폐에 불어넣으신 생명력. 혀의 속삭임으로 생겨난 존재. 그분이 아담 안에 생명의 불꽃을 일으킬 때 불어넣으신 숨처럼…….

나는 산다.

유배

11

그분이 아담에게 이름을 지어 주셨다면, 그 이름은 그분 혼자 알고 계셨거나 아담에게게만 몰래 알려 주신 게 분명했다. 만약 그렇다면, 어느 쪽도 내게 그 이름을 말해 주지 않았다. 그래서 그는 내게 언제나 그저 '인간'을 뜻하는 아담일 뿐이었다. 이 사람, 내 짝은 이름이 없었다.

아담이 내게 이름을 지어 준 날 밤, 나는 꿈에 뱀을 보았다. 언제나처럼 위엄 있고 아름다운 모습이었다. 날개에 비치던 햇빛, 무지갯빛으로 빛나던 발의 비늘, 황금빛 발톱이 보였다. 꿈에서 그는 원래보다 더 대단한 존재로 커졌고, 날개가 자랐다. 몸이 쭉 펴지는가 싶더니 더없이 곧게 섰고, 해를 무색하게 할 만큼 찬란하게 빛났다. 진정 하나님 다음으로 가장 위엄 있는 피조물이었다! 밤중에 잠이 깬 나는 궁금했다. 그 벌레 같은 껍데기에서 나온 존재는 어떻게 되었을까. 얼굴이 모든 방향으로 향하던 그는,

내가 백 가지 질문과 백 가지도 넘게 따질 것이 있는 그는.

아침 햇살이 비치면서 뱀에 대한 생각은 달아나 버렸다. 돌침대에서 일어났을 때, 나는 내가 홑몸이 아니라는 것을 알았다.

임신이었다.

우리는 강을 따라 남쪽으로 내려갔다. 갓류, 무, 마늘, 콩 새싹이 주식이었다. 돌멩이와 이상한 가시나무에 걸려 넘어져 쓰라린 발로 걷다가 자두를 발견하고 먹기도 했다. 먹을 것이 부족한 적은 없었지만, 동산의 골짜기에서 자라던 것들에 비하면 열매는 보잘것없고 잎은 얇고 스위트피의 향기도 덜했다. 포도도 우리 골짜기에 있던 것들과 달랐다. 그날 내 얼굴에 빛을 비춰 주시던 그분의 광채가 빠져 있었다. 그 광채에 비하면 태양은 아무것도 아니었다.

뭔가를 오롯이 혼자서만 알고 있는 경우는 처음이었다. 임신의 비밀을 혼자 음미하며 늦은 오후에 태양을 보내 거룩한 산의 기슭을 감싸던 노란 빛이 보이는 듯했다. 강물에서도 동산의 강물이 부르던 노래의 한 자락이 들려오는 듯했다.

내가 생명을 잉태했다는 놀라운 지식을 망토처럼 꽉 움켜쥐었다. 마음속으로 그분에게 속삭였다.

나는 알았다. 언젠가, 그분의 음성을 다시 듣게 될 것임을.

"발이 아파요." 실은 그리 아프지 않았다. 한쪽 발의 베인 상처에는 진작 딱지가 앉았고 말라 떨어져 나가기 시작한 지 오래였다. 그 아래로 부드러운 분홍색 새 살이 돋아나 있었다. 하지만 나는 끝없는 여행이 지겨웠다. 날짜를 헤아리는 일은 벌써부터 그만두었다. 거룩한 산의 작은 언덕들이 낮아지면서 떡갈나무와 피스타치오, 산사나무, 아몬드, 배, 와일드체리가 가득한 숲이 나왔고, 그 후로도 풀밭과 숲이 계속되었다. 마지막 숲이 저 멀리 물러가자 나는 단조롭게 오르내리는 언덕과 끝없이 걷는 일이 지겨워졌다. 밤마다 아담이 불을 피우려고 고생하는 모습을 지켜보는 것도 못할 일이었다. 예전에는 거의 명령만 하면 부싯돌에 불꽃이 튀었는데, 이제는 불꽃을 불러내는 일이 갈수록 힘들어졌다. 그래서 내가 그냥 내버려 두라고 하는 밤도 많았다. 나는 그를 격려하지 않았다. 전에는 손쉽게 해냈던 일을 놓고 무력하게 애쓰는 모습을 지켜볼 수 없었다. 그런 날이면 우리는 지긋지긋한 가죽옷을 덮고, 어린 양을 사이에 놓은 채 꼭 붙어서 웅크렸다. 어린 양의 이름은 그동안 우리가 죽 따라온 강둑을 나타내는 '가다'로 지었다. 우리 사이에는 어린 양뿐 아니라 좌절감도 놓여 있었다.

아담이 동의했다. "잠시 쉬기로 하지. 그늘 좋은 나무도 있고⋯⋯."

"아뇨. 한 시간이나 하루 정도 쉬는 거 말고, 그만 가고 싶어요. 난 지쳤어요." 그가 얼굴을 찡그렸다.

"왜 계속 가야 하는 거죠? 도착해야 할 목적지도 따로 없잖아요! 딱딱한 바닥에서 자느라 등이 아파요. 깔고 잘 자리를 만들고 싶어요."

우리는 그곳에서 사흘을 머물면서 매트를 짰다. 둘둘 말아서 묶고 어깨에 걸 수 있게 만들었다. 불 피우는 도구를 담은 작은 바구니용 손잡이는 이미 만들어 둔 터였다. 얼마 후면 아기를 놓고 키워도 될 만한 튼튼한 바구니가 필요할 것 같았다.

매트를 만드는 김에 바구니도 새 걸로 바꾸었다. 전부터 작정한 일이었다. 물건들을 새로운 바구니로 옮겨 담는데, 펜던트가 보이지 않았다. 기겁을 한 나는 바구니를 비우고 다시 찾아보았다. 펜던트는 없었다. 나는 돌아앉아 울기 시작했다. 주체할 수 없이 눈물이 쏟아졌다. 오전 내내 여울에서 부싯돌 재료와 흑요석, 그 외 여러 돌맹이들을 뒤졌던 아담은 내 귀에서 박쥐라도 나온 것처럼 나를 빤히 쳐다보았다.

"펜던트요. 당신이 내게 깎아 준 거 말이에요……" 동굴에서 던져 버렸던 일이 기억났다. 나는 고개를 숙인 채 두 손에 얼굴을 파묻고 다시 울었다.

아담이 두 팔로 나를 안았다. "별것 아니야. 다른 거 만들어 줄게. 이걸 봐, 이샤. 오늘 발견한 석영 조각이야. 이걸로 펜던트 만들어 줄게."

"아뇨." 내 얼굴 위로 눈물이 흘러내렸다. "아뇨! 그건 원하지 않아요."

바깥세상에서 조각된 것은 제아무리 아름다워도 필요 없었다.

내가 원하는 건 옛날 그 펜던트였다. 그것이 필요했다. 지금 우리가 속한 침묵의 시대 이전, 우리 골짜기에서 나온 것은 그것뿐이었다. 게다가 그것은 부싯돌이나 흑요석 조각보다 훨씬 값진 물건이었다. 동산에서 가지고 나온 물건이었다. 아들에게 건네주면서 "이걸 보고 우리가 어디서 왔는지 알아내라"고 말해야 할 물건이었다. 그럴 수밖에 없는 사정이 있었다. 머릿속에서 우리가 걸어온 길을 아무리 되짚어 봐도, 골짜기 입구에 있던 불기둥에서 출발해 죽기를 기다리며 누워 있었던 동굴까지 이른 길이 생각나지 않았다. 기억에 남는 지형지물이 없었다. 그때 우리는 어둠 속에서 우레를 피해 달아나는 상황이었고, 지칠 대로 지친 상태에서 동물들의 무리를 따라 겨우겨우 이동했던 것이다.

나는 돌아갈 길을 알지 못했다.

"꼭 알아야겠어요. 돌아가는 길을 찾을 수 있겠어요?"

"어디로?" 아담이 더없이 당혹스러운 모습으로 말했다.

"그 골짜기로요. 우리 동산. 찾을 수 있겠어요?"

그는 말이 없었다. 나는 그의 대답을 알 수 있었다.

그가 아주 부드럽게 말했다. "당신을 동굴에 두고 자리를 비운 며칠 동안 최대한 멀리, 기억에 남는 곳까지 멀리 가봤어. 하지만 번번이 북쪽인지 남쪽인지 알 수 없는 곳, 나무도 관목도 시내도 알아볼 수 없는 곳에 이르렀지……. 거기선 내가 따라온 길 외에는 아무것도 알아볼 수 없었어. 지금까지 걸어오면서도 뒤에서 우렛소리가 울리던 날 밤에 우리가 지나온 발자취를 떠올려 보았어. 하지만⋯⋯." 그가 고개를 가로저었다.

그것이 현실이었다. 우리는 유배당했고, 돌아갈 수 있다 해도 길을 알지 못했다.

"돌아가요." 그 말과 함께 나는 서둘러 물건들을 모았다. "왔던 길로 되돌아가요."

아담이 고개를 저었다. "소용없어, 이샤. 시도해 봤어. 몇 번이나 시도해 봤는지 몰라."

내가 황급히 말했다. "강을 따라왔잖아요. 강을 따라 되돌아가면 될 거예요. 우리 두 사람이 힘을 합치면 찾을 수 있을 거예요. 하지만 지금, 바로 당장 가야 해요."

그가 소리를 질렀다. "그게 문제야! 우리가 똑같은 강으로 되돌아가게 된다는 보장이 없어."

나는 다시 땅바닥에 털썩 주저앉았다.

그건 중요하지 않다고 말하고 싶었다. 우리 사이의 타고난 결합은 사라졌지만 기억력만큼은 여전했다. 그러니 두 사람의 완벽한 기억력이 힘을 모은다면 길을 찾을 수 있을 것 같았다. 몇날 며칠이라도 그 지역을 돌아다니다 보면 가능하지 않을까. 그러나 나는 알고 있었다. 아무리 오랫동안 헤매도 결국 찾을 수 없을 것임을. 거대한 구덩이 같은 절망이 내 앞에 펼쳐졌다.

아담이 손으로 두 눈을 가렸다. 그의 얼굴이 일그러졌다. 그런 그를 보자 나의 짜증이, 피곤함과 무심함이 사라졌다. 여러 날 만에 처음으로, 내 것이 아닌 고통이 이해되었다. 한때 심장 앞에 걸려 있던 펜던트보다 더욱 깊이 마음에 품어 왔던 한 가지 사실이 생각나면서 마음이 불편해졌다.

"내 사랑." 나는 그의 손을 부드럽게 떼어내며 말했다. 아, 그의 얼굴은 절망으로 뒤틀려 있었지만, 너무나 사랑스러웠다! "아담…… 이쉬. 나도 당신에게 말하지 않은 게 있어요." 그의 손을 잡고 거기다 키스했다. "자손을 가졌어요."

그가 눈을 깜빡였다. 짙은 속눈썹이 볼에 긴 그림자를 드리웠다.

"그 아이를 임신했어요. 당신이 그 아이에 대해 말한 날 밤, 내 몸에 자리를 잡았어요."

"난 전혀 몰랐어." 그의 말에 경이감이 담겨 있었다.

"하지만 난 알아요. 난 고통이 두렵지 않아요. 이 아이가 어떤 존재가 될지 아니까요!" 나는 그의 품에 안겼다. "당신이 말한 대로, 이 아이는 뱀의 머리를 상하게 할 거예요. 뱀이 평범한 동물이 아니었다는 걸 이젠 알겠네요……."

"난 내 눈이 잘못된 줄 알았어. 그가 그분 앞에서 거의 사람처럼, 아니 그보다 더 대단한 존재로 서 있는 것처럼 보였거든." 그 때까지 우리는 그 이야기를 꺼낸 적이 없었다. 마침내 그 일을 모두 터놓게 되었다고 생각하니 안도와 감사가 밀려왔다.

"이 문제를 여러 날 곰곰이 생각해 봤어요. 모든 일이 뱀이 바라던 대로 이루어진 게 아닌가 싶어요. 지금의 우리처럼, 뱀은 그때 이미 악을 알았던 게 분명해요. 하지만 이제 내가 자손을 가졌어요. 때가 되면 이 아이의 힘을 빌어, 길을 몰라도 돌아갈 길을 알 수 있을 거예요."

그렇게 믿어야 했다. 다른 수가 없었다. 땅이 남아 있는 한, 언젠가 물이 골짜기의 동산에서 물러날 것이라고 믿어야 했다. 물론 불도 꺼져야겠지. 우리는 한 번 불 탄 곳에 이전보다 풀이 더욱 무성하게 자라는 모습을 본 적이 있었다. 가시나무와 돌멩이에 베인 상처가 낫는 것처럼, 동산도 회복될 게 분명했다.

그리고 어느 날, 우리는 돌아가는 길을 찾게 되리라.

12

우리는 이전처럼 살 수 없었다. 세상이 달라졌고, 우리 둘만 생각해선 안 되었다. 우리는 적당한 동굴을 찾아서 근처의 언덕들을 누볐다. 대부분의 동굴에는 쥐똥이 가득했다. 나는 콧등을 찡그렸지만 아담은 흔들리지 않았다. 그 시기에 그는 말이 별로 없었고 자주 얼굴을 찡그렸다. 자기 생각에 빠져 있을 때가 많아 내가 직접 물어야만 말을 했다. 그나마도 자꾸만 내 말을 놓쳐서 두세 번 반복해야 했다. 그쯤 되면 내 어투는 야생돼지의 뻣뻣한 털처럼 거칠어졌다. 그는 나를 너무 짜증나게 했다!

한편, 우리는 여러 날 동안 지내기에는 적당치 않은 언덕 위의 작은 바위 틈새 몇 군데에서 머물렀다. 동굴이라 부를 수도 없는 곳이었다. 그러다가 어느 날 오전, 밖에 나갔다 돌아온 아담이 한동안 편안하게 지낼 만한 동굴을 발견했다고 했다. 그 말에 나는 두 손을 들고 세상이 새로워진 것 같다고, 해와 달이 같은 날 뜬 것 같다고, 내가 세상에서 가장 복 받은 여자임이 분명하다고 말했다.

우리는 흙먼지와 파편을 치우고 바닥에 새로운 골풀과 풀과 꽃까지 깔았다. 물건이 담긴 바구니들을 한쪽 벽에 쌓아 놓고 보니 가진 게 많아 보였다. 작업이 모두 끝나자 아담의 입가와 어깨에서 긴장이 누그러졌고, 옛날처럼 약간 웃기도 했다. 나는 생각했다. '여기가 아기를 낳을 곳이야. 여기 시원한 그늘 아래, 지푸라기 위에서.' 그분은 고통이 있을 거라 말씀하셨지만, 나는 두렵지 않았다. 고통을 기꺼이 받아들일 참이었다. 이 아이는 그분이 말씀하신 자손이었다. 뱀이 나를 상하게 한 것보다 더 큰 타격을 그에게 가할 장본인이었다.

이제 나는 알았다. 한때 지혜로운 조언자였던 뱀이 실은 내 원수이고, 언제나 원수였다는 것을. 그 이유는 알 수 없었다. 동산에 살 때만 해도 나는 교활한 속임수에 대해 전혀 알지 못했지만, 이제 보복이 무엇인지 조금 알 것 같았다.

며칠 후 나는 동굴 서쪽을 돌아다니다 허브와 야생화로 덮인, 야트막해지는 언덕이 넓은 목초지와 이어지는 곳에 이르렀다. 그곳에는 커다랗고 평평한 돌들이 몇 개 있는데, 그 전날 나는 돌멩이 사이를 조심스럽게 지나가다 뱀 한 마리와 마주쳤었다. 쩍 벌린 입에선 통통한 쥐의 꼬리가 튀어나와 있고 몸이 불룩한 채로 늘어져 있었다. 나는 돌멩이가 발바닥을 찌르는 줄도 모르고 정신없이 그 자리를 피해 달아났다. 껍질이 벗겨진 아다, 희미해지던 그분의 빛, 벌레처럼 스르르 기어서 사라지던 뱀의 고치가 떠올랐기 때문이다. 그 자리를 벗어난 후, 아침식사로 먹은 것을 죄다 토해 냈다.

나중에 돌아와 보니 전혀 다른 광경이 펼쳐져 있었다. 어제의 그 뱀인지는 확실치 않았지만, 뱀 한 마리가 여전히 불룩한 배를 하고 누워 있었다. 동물의 발굽에 짓밟힌 듯 머리가 납작해진 채로.

나는 그것을 징조로 받아들였다.

그날 하루 종일 노래를 불렀고 밤에는 아담을 기꺼이 받아들였다.

어느 날 아담이 말했다. "눈치 챘어? 동물들이 아주 이상해진 거?" 물론 눈치 챘다고 말하고 싶었다. 새로운 사실도 아니었다. 골짜기를 떠나기 전, 드바시가 내게 이빨을 드러냈을 때부터 알게 된 사실이었다. 이상해진 건 드바시만이 아니었다. 골짜기 바깥에서는 어디서나 동물들이 잘 놀라고 이상하게 행동했다. 자칼은 달아났고, 산토끼는 그림자처럼 땅에 바짝 붙어 달렸다. 사슴은 자기들끼리 어울렸고, 곰은 모습을 보는 것 자체가 힘들었다. 얼마 전 멀리서 한 마리를 본 게 전부였다.

나는 말했다. "동물들만이 아니에요. 땅도 달라진 게 분명해요. 땅에서 자라는 모든 것들이 전과 달라졌어요."

그는 잠시 입을 다물고 있다가 말을 꺼냈다. "처음, 당신이 누워 있을 때 내가 가져온 사슴뿔 있잖아. 수사슴 머리에서 빠진 게 아니었어. 그날 숲으로 들어가다가 발견한 거야." 그는 나를 쳐다보지 않았다.

"수사슴 머리에서 빠진 게 아니라고요?"

그는 뭔가를 깎고 있었다. 오래전부터 그의 저녁 습관이 된 일이었다. 불에서 나오는 빛이나 환한 달빛 정도만 있으면 할 수 있었기 때문이다. "죽어 있었어. 속이 찢겨져 터져 있었고 살점이 떨어져나가 뼈가 드러났더라구. 몸의 상당 부분은 사라지고 없었어. 뼈도 별로 없었지. 그래서 가죽을 챙길 수가 없었어."

나는 동굴 입구로 휘청거리며 나갔다. 바깥 길에다 속에 든 것을 다 비워 내고 들어와 바구니에 든 물을 마셨다. 물이 새고 있었다. 내일 역청으로 손을 봐야 했다. 나는 다시 매트에 앉아 격정적으로 말했다. "좋아요. 난 가죽, 더 바라지 않아요." 그는 내가 가죽을 싫어하는 줄 모르는 걸까? 가끔 매서워지는 바람과 전에 없이 차가운 밤공기만 아니라면 당장이라도 가죽옷을 던져버릴 것이었다.

그가 고개를 가로저었다. "우리는 옷이 있어야 해. 밤이 더 추워진 거 못 느꼈어?"

"물론 느꼈죠." 내가 쏘아붙였다. 나도 똑같은 결론을 내리지 않았던가? 그는 내가 머리가 없다고 생각한 걸까? 그와 같은 재료로 만들어진 내가?

"우리는 옷이 더 필요하고 발을 가릴 것도 필요해. 돌에 발이 베인 것이 도대체 몇 번인지 몰라. 게다가 벌레와 동물들도 있어." 뱀 생각이 났다. 아담에게 그 얘기는 하지 않았었다.

그는 한숨을 쉬며 조각품을 내려놓고는 자리에 누워 팔을 쭉 뻗더니 팔베개를 했다. 그의 몸은 예전보다 말랐고 얼굴의 각도는 날렵했으며 팔다리는 커다란 고양이의 다리처럼 근육으로 울룩불룩했다. 나도 전보다 홀쭉해졌다. 배 속의 아이는 아직 아무런 움직임도 없었다.

나는 그에게로 가서 옆자리에 누웠다. 그의 머리를 쓰다듬으며 얼굴을 들여다보았다. 거기서 이 남자에게 있던 소년의 흔적을 찾았다. 어두운 동굴에서는 불을 피워 놓아도 그 눈의 파랑이 보이지 않았다. 그 순간, 그것이 보이면 좋겠다는 생각이 강렬해졌다.

"이샤." 그가 부드러운 목소리로 말했다. "그렇게 끔찍해? 여기서 지금처럼 사는 거 말이야. 당신을 편안하게 해주기 위해 무슨 일이든 할게. 처음 며칠처럼 그렇게 누워 있지만 마. 죽어가는 사람처럼⋯⋯."

나는 나지막이 쉬잇, 하며 그를 제지하고 그의 이마에 흘러내린 머리카락을 쓸어 올렸다. "아뇨. 그렇게 끔찍하진 않아요." 그 순간, 나는 진심이었다.

우리는 주위 초목의 변화를 꼼꼼히 살폈다. 땅에서는 날마다 이상한 것이 새로 돋아났다. 그중에는 쐐기풀처럼 만지기조차 고약한 것도 있었고, 비터멜론처럼 먹기 안 좋은 것도 있었다. 하지만 결국에는 그런 것들의 적당한 쓰임새를 찾아냈다. 동산에서는 땅에서 나는 모든 것을 먹었지만, 이제는 조심해야 했다. 한때는 먹을거리가 부족할까 봐 염려한 적이 없었지만 이제 우리는 계절의 흐름과 과수와 관목과 포도나무의 개화기, 열매가 떨어지는 시기를 표시하기 시작했다. 곡물과 콩과 식물, 견과와 씨앗을 따로따로 각각 말려 보관했다. 전에도 이렇게 보관했지만 이제는 동물들이 도둑이 되어 우리의 식량을 노렸다. 우리는 동굴 뒤쪽에 놓아 둔 바구니에서 물어뜯어 생긴 구멍들을 몇 번이나 발견했다. 쥐들이 작은 곡물 창고를 습격한 것이다.

또, 하이에나와 늑대의 똥이 우리 동굴에 이르는 길에 점점 가까워지는 것을 발견했다. 그들을 두려워한 적은 없지만, 녀석들이 이전과 다르다는 것은 분명했다. 죽이려는 성향과 육식 습관이 생겼다는 증거를 더 발견했기 때문이다. 결국 우리는 동굴 입구 앞에 나지막한 가시나무 울타리를 세웠다.

나는 어린 양의 털을 엉겅퀴로 살살 빗어 부드러운 솜털을 모은 뒤 바구니 안쪽에 아기 크기에 꼭 맞게, 실은 크기를 가늠하여 깔았다. 바구니를 더 짜려고 새로운 풀을 모으고 수염뿌리를 물에 담그고 아마를 꺾었다. 골짜기에 있을 때도 조금씩 시도했지만 이제는 본격적으로 시험삼아 만들기 시작했다.

아담은 하이에나처럼 썩은 고기를 뒤져 발굽, 뼈, 뿔 등 유용한 조각들을 찾아냈다. 그는 밧줄과 송곳과 긁개를 만들었고, 어느 날 첫 번째 창을 선보였다. 사랑스럽던 소년의 모습은 이제 완전히 사라졌다. 턱은 각이 졌고 어깨는 넓어졌다. 볼의 잔털과 가슴의 털이 굵어졌다. 완벽함의 상징과도 같던, 동산의 그 소년이 종종 그립기는 했다. 하지만 좁은 엉덩이와 울룩불룩한 복부와 힘쓸 때 불끈 솟아나는 목의 힘줄은 너무나 매력적이었다. '아이를 그이처럼 만들어야지.' 그렇게 생각했지만 모르는 일이었다. 그 무렵 나의 관심사는 아이의 모습이었다. 아담과 나는 한 자궁에서 나온 쌍둥이 같은 이쉬와 이샤였지만, 그의 입술은 내 입술보다 두꺼웠고 활 모양의 곡선을 이루었다. 그의 코는 곧고 매끈하고 넓었지만 내 코는 끝이 둥글었다. 그의 양볼은 곧고 길었지만 내 볼은 소녀의 드러난 어깨처럼 둥글었다. 그의 다리는 가늘었고 근육이 불룩 튀어나왔다. 내 다리는 묘목처럼 길었다. 한때 동물의 새끼들에서 유사점과 차이점을 파악하여 한 배에서 난 늑대 새끼들의 색깔이 어떨지 예측했던 것을 기억하여, 배에서 자라나는 아들에 대해서도 예측을 시작했다.

"볼은 당신을, 코는 날 닮았을 거예요."

"머리카락은 내 것, 발은 당신 것이겠지."

"발은 날 닮았으면 한다고 하나님께 간절히 빌었어요!"

우리는 아이가 아들임을 알았다. 누군가 말한 것처럼 남자인 아담이 세상에 먼저 나왔기 때문은 아니다. 나 이전의 그는 광대한 땅에 선 한 인간일 뿐이었으니까. 아이가 아들인 이유는 뱀과 땅에게 심판을 선언하신 그 끔찍한 날 그분이 친히 그렇게 말씀하셨기 때문이다.

우리는 암양과 고양이의 임신 기간을 따져 보며 우리 아이가 언제 나올지 가늠했다.

"적어도 달이 여덟 번 뜨고 질 거야." 아담이 말했다.

"열 번은 넘지 않을 거예요."

맞장구를 치면서도 나는 궁금했다. 그로부터 시간이 얼마나 지나면 그분의 말씀이 이루어질까. 그 생각을 하면 따가운 쐐기풀도 견딜 수 있을 것 같았다. 끔찍한 가죽옷들도 언젠가 끝날 삶의 장식 정도로 여기며 감수할 수 있겠다 싶을 정도였다.

이 기간에 나는 아담의 배신에 대한 원한을 떨쳐 냈다. 그 일은 이제는 떠나온 과거 어느 곳에 살았던 소년이 저지른 것이었다. 내가 더 이상 소녀가 아니듯, 그 소년도 더 이상 존재하지 않았다. 나는 아담을 내 자리로 받아들여 친숙하고도 낯선 여러 방식으로 잠자리를 했다. 서로의 생각이 들리지 않는 이 세상에서는, 예전과 달리 적당한 말을 찾아내어 자신의 생각을 표현해야 했다. 처음에 그는 내게 들어오기를 조심스러워했다. 아이가 내 안에 자리를 잘 잡은 것 같다고 말해 주자 비로소 안심했다. 그래도 이전처럼 쉽게 쾌락이 찾아오지는 않았다. 이전에는 두 개의 반쪽이 하나로 합치는 일이었다면, 이제는 불완전한 조화를 이룬 두 개인이 만나는 일이었다.

골짜기에서만큼 웃을 일이 많지 않았다. 안락함은 기억 속의 일이 되었다. 손은 늘 바빴고, 깨어 있는 시간은 대부분 서서 지냈다. 동산에 있을 때도 일은 했지만, 이제는 그 목적이 달랐다. 매일 밤 우리는 녹초가 되어 자리에 쓰러졌다.

어느 날 밤 아담이 어둠 속에서 말했다. "여기서 한없이 머물 수는 없어. 곧 식구가 늘 테고 가다도 있잖아. 좀더 멀리 나가서 필요한 먹을거리를 찾아야 해. 다음 철까지는 괜찮을지 몰라도, 그다음 철에도 계속 여기 머무는 건 무모한 일이야."

"그럼 북쪽으로 돌아가요." 내가 딱 잘라 말했다.

"아니, 남쪽으로 갈 거야. 그곳은 땅이 평평할 테고 평지에는 초목이 무성할 거야. 날씨도 더 포근할 거고."

안 그래도 골짜기에서 너무 멀리 떠나왔는데 여기서 더 멀어진다니, 내키지 않았다. "땅에서 취한 모든 먹을거리, 땅이 새롭게 내놓을 거예요."

"이곳은 같은 땅이 아니야." 그가 심드렁하게 말했다.

나는 그 말에서 그분의 메아리를 들었다. '너로 인해 땅이 저주를 받을 것이다.'

"그럼 필요한 것들을 재배해요. 어디가 되었건." 우리는 동산에서 그렇게 해보았고, 나름대로 알게 된 것들이 엄청나게 많았다. 나는 농사를 염두에 두고 야생 풀씨 중에서 제일 좋은 것들을 골라 놓고 있었다. 그것들은 거칠었고 다른 것들과 마찬가지로 동산에서 먹던 맛만 못했지만, 나는 반반한 돌 두 개로 그것을 빻고 물을 섞은 뒤 불 가까이 놓은 돌에 얹어 죽을 끓였다. 가끔 거기다

빨은 아마씨를 넣기도 했다. 그리고 다른 씨앗들도 보관하기 시작했다. 얼마 후 정원을 하나 만들 생각이었다. 거기에다 언덕과 과수원, 심지어 거룩한 산의 기슭에 있던 계단식 포도밭까지 그대로 만들어 낼 참이었다. 포도나무 사이에 누워 스스로 계시는 분과 예전의 상태, 그리고 다시 찾아올 상태를 꿈꾸게 될지도 몰랐다.

"남쪽으로 더 내려가면 강물이 토사를 넓게 뿌려 놓았을 테고, 땅이 고르지 못한 여기처럼 빗물이 빠져나가거나 여기저기 웅덩이를 이루지는 않을 거야."

나는 북쪽으로 돌아가고 싶어 안달이 났지만, 아들이 언젠가 우리를 이끌고 그곳으로 돌아가는 날이 올 테니 그때까지만 참자고 스스로 다독였다.

아담은 다음 날부터 수색을 시작했다. 처음에는 나도 따라나섰지만, 조금 지나자 그냥 돌아다니는 일 말고 뭔가를 만들고 싶어 조바심이 났다. 우리 둘 다 길을 다니려면 발 가리개가 필요했고, 그걸 만들 재료로 내가 생각할 수 있는 것은 우리가 입고 있는 가죽옷뿐이었다. 그만큼 부족해지는 옷을 보충하기 위해 옷감이 더 필요하다는 뜻이었다. 아담은 옷감 짜는 일을 진득하게 하지 못했고 나만큼 손재주도 없었다. 발이 거칠고 더러운 데다 군데군데 갈라졌는데도 그는 아프지 않다고 했다. 그래서 나는 새로운 땅을 살피는 일에서 빠졌다. 일단 땅을 발견하고 나면 그의 일이 많아질 거라는 점도 고려한 결정이었다. 그는 며칠 동안 아침 내내 자리를 비우더니 그다음부터는 하루 종일 나가 있다가 저녁에야 돌아왔다.

그는 바구니를 갖고 다녔는데, 돌아올 때면 그 안에 새로운 채소, 푸릇푸릇한 순, 작은 딸기들과 낟알이 가득 달린 풀들, 흥미로운 모양새의 돌들, 알껍데기 몇 조각 등이 들어 있었다. 우리는 거의 모든 것의 쓰임새를 찾아냈다. 한번은 그가 물고기 뼈와 속이 빈 날개 뼈를 가져온 적이 있었다. 최대한 살을 발라냈지만 날개 뼈가 여전히 불쾌했는데, 그가 그것을 말리고 한쪽 면에 구멍 몇 개를 뚫어 작은 피리를 만든 것을 보고서야 거부감이 사라졌다.

그는 뿔 조각 몇 개를 깎아서 여러 개의 잔을 만들었다. 엉클어진 머리를 길들일 삼지 빗도 내게 만들어 주었다. 나는 골짜기에서 그가 만들어 준 펜던트만큼이나 그것을 소중히 여겼고, 언제까지나 간직하겠다고 약속했다.

그는 병들거나 기형으로 자란 잎과 줄기, 또는 뭐든 이상하거나 처음 보는 것들을 가져왔다. 마른 똥도 가져와서 잘게 부수어 동물들이 무엇을 먹는지 알아보았다. 때로는 그 똥을 불에 태워 보기도 했다. 그러면 고약한 냄새가 났는데, 예전에는 나뭇잎과 줄기의 찌꺼기로 채워졌던 동물의 똥 속에 악취 나는 썩은 살이 들어 있었다.

그런 그를 보며 가끔 나는 오싹함을 느꼈다. 동물들의 이름을 지어 주었던 아담이 시체의 잔해를 뜯어먹는 하이에나나 다른 동물의 배설물을 킁킁대는 자칼처럼 뿔이나 뼛조각을 뒤지는 신세가 되다니. 즐거움을 추구하던 끝없는 에너지는 사라진 듯 보였고, 새로운 생활에서 오는 걱정이 그의 미간과 입가에 자리 잡았다. 아주 가끔 이전 모습이 떠올라 그가 한심하게 느껴지기도 했지만 나는 그의 의연함과 나약함 모두를 소중히 여겼다.

어느 날 내가 말했다. "구름이 보여요? 가다의 양털처럼 얇은 구름이잖아요. 내가 이 세상에 나와 처음 눈을 떴을 때와 같은 모양이에요."

그는 내 눈을 피하며 말했다. "이제 다른 세상이야." 그의 목소리에 밴 슬픔이 내 마음을 깊이 찔렀다. 며칠 만에 처음으로 나는 궁금해졌다. 내가 그날 창조되지 않았다면, 아니 설상가상으로 나 혼자 그 나무 열매를 먹었다면 어떤 일이 벌어졌을까? 그런 일이 가능했을지는 알 수 없었다. 우리는 뜻이 일치했기 때문이다. 그러나 잠 못 이루는 밤이면 그 생각에 더럭 겁이 나곤 했다. 그분은 자손의 약속도 주시지 않은 채 나 혼자 죽음을 당하도록 내쫓으셨을까?

"당신, 나 같은 짐을 떠맡지 않았으면 좋았을 거라고 생각하죠?" 왜 그런지 내 말에는 독기가 서려 있었다. 나는 자리에서 일어나 강으로 가려고 했다. 그러나 그가 나를 거칠게 잡아당겨 품에 안고는 내 목에다 대고 심호흡을 했다.

그의 목소리는 잠겨 있었다. "정말이야. 가끔 나는 당신에게서 우리 골짜기의 올리브 꽃 향기를 맡아." 그는 내 가슴에 얼굴을 파묻었다. 그날 우리는 해야 할 일을 잊었다.

13

어느 날 아침, 아담이 또다시 떠날 준비를 했다. 이번에 그는 긴 밧줄을 챙겼다.

"그걸로 뭘 할 거예요?"

"그 염소 잡아 오려고."

"염소라뇨?"

"어제 봤던 긴 언덕에 있는 염소 말이야."

내 속에서 짜증이 치밀었다. "무슨 염소요?"

"어제 내가 언덕에서 본 염소."

"당신이 무슨 말을 하는지 내가 알고 있어야 한다는 투네요. 당신이 언덕에서 염소를 봤다는 걸 내가 어떻게 알겠어요?"

마침내 그가 말했다. "몰라." 그 순간 그가 바보 얼간이처럼 보였다.

"그럼 내가 어떻게 알아요?" 나는 따지고 들었다. 누구에게 화가 난 건지 알 수 없었다. 모르는 그에게? 언제나처럼, 나 때문에 몰랐던 것에? 아니면 그분에게? 생각이 여기까지 미치자 나는 깜짝 놀랐다. 그만 주눅이 들어 입을 다물었다.

그날 밤 그는 돌아오지 않았다. 하늘에서 해가 기울고 지평선을 따라 붉은 빛을 퍼뜨렸다. 뜻밖의 엄청난 광경이었고 동산에서 떠난 이후 처음으로 제대로 감상한 석양이었다. 아담도 봤을까.

해가 지고 저녁이면 들려오는 벌레들의 소리가 시작되었을 때, 나는 불가에 시무룩하게 앉아 아침의 퉁명스러운 태도를 뉘우쳤다. 오늘밤 그가 돌아오면 거친 손가락과 마른 입술로 불러낼 수 있는 온갖 쾌락으로 그를 맞아 주리라.

그러나 하늘에 달이 떠오른 지 한참이 지나도 그는 돌아오지 않았다. 나는 식사를 했고, 가시나무 문을 닫은 뒤 혼자 누웠다.

안 돌아오는 걸까? 아침이 되어도 혼자 있게 될까? 길에 울리는 그의 발소리를 기다리며 잠들지 못하고 깨어 있었다. 발소리는 들리지 않았다.

밤새 비가 내렸고 아침까지 이어졌다. 구름이 걷히고 해가 났지만 아담은 돌아오지 않았다. 그날 저녁, 나무 조각들을 불에 던져 넣고 한때 내 왕관이라고 상상했던 별들이 어두운 하늘에 반짝이기 시작했을 무렵, 내 마음은 걱정 때문에 말이 아니었다. 자리에 누운 채 그의 소리에 귀를 기울였지만 한밤에 홀로 길게 우는 늑대의 먼 울음소리만 들릴 뿐이었다. 어디로 갔을까? 아이와 둘만 남으면 어떻게 하지? 우리가 이 세상에서 헤어진다면 그분의 말씀은 어떻게 성취될 수 있을까? 물론 안 된다! 나는 실의에 빠졌다가 화가 났다. 이런 생각을 못하다니, 그는 너무 이기적이야!

몹쓸 일을 당했나? 하지만 누가 아담에게 몹쓸 일을 한단 말인가? 누가 감히? 동물들이 서로에게 흉포해지긴 했지만, 한때 아담은 모든 짐승을 다스리는 대리 통치자였다. 누군가 그분의 형상을 지닌 자를 해치려 들면 땅이 대번에 들고 일어나 막고 나설 게 분명했다.

그러나 땅은 한때 자기를 다스렸던 사람에게 무심했다. 아담이 불이 활활 붙길 바라도 불은 그렇게 타오르지 않았다. 우리가 원하든 말든 바람이 불었고 하늘에서는 비가 눈물처럼 주룩주룩 쏟아져 그분의 불쾌감을 드러냈다.

이제는 두려움까지!

밤새 안절부절못했다. 아침까지 그가 돌아오지 않으면 직접 찾아 나서기로 했다.

동녘 빛이 희미하게 비친 지 얼마 후, 가다의 울음소리에 잠에서 깨어났다. 동굴 바깥의 돌투성이 길에서 발자국 소리가 들렸다. 가시나무 울타리가 벗겨졌고 아담이 입구에 나타났다. 나는 후다닥 일어났다. 당장이라도 질책과 눈물이 터져 나올 기세였지만 그의 괴이한 모습에 멈칫했다. 이상한 갈색 형체가 어깨에, 등에는 바구니가 걸쳐 있었다. 그가 내려놓은 것을 보니 빳빳해진 염소가죽이었다.

아담이 심드렁하게 말했다. "어떤 동물에게 공격을 받았더라고. 사자였지 싶어. 가죽과 얼마 안 되지만 지방을 챙겨왔어."

나는 몸서리를 쳤지만 그것들이 얼마나 요긴한지 알고 있었다. 가죽을 깨끗하게 벗기고 부드럽게 만들려고 했는데도, 그분의 손가락으로 친히 무두질하신 가죽의 부드러움만큼은 못했다.

"돌아와서 기뻐요." 나는 갑자기 감상적이 되어 말했다.

"울지 마, 이샤. 눈물을 걷어 줄 만한 게 있어. 한 살배기 동물들을 끌고 왔거든."

그는 다시 어딘가 다녀왔고 다음에 또 다녀왔는데, 그때마다 동물들을 데려왔다. 처음에는 염소와 젖먹이 새끼였고, 다음번에는 늑대 새끼였다.

그는 숫양 두 마리의 가죽도 가지고 돌아왔다.

"협곡에서 발견했어. 뿔이 서로 엉켜 있었는데, 한 놈은 허리가 부러졌고 또 한 놈은 다리가 두 개 부러졌더군."

다리가 부러져? 발정기의 숫양들이 대결하는 모습은 봤었지만, 밀려나 번식을 못하게 되는 경우라면 몰라도 그 때문에 죽는 것은 본 적이 없었다.

"뼈는…… 낫지 않을까요?"

그가 고개를 가로저었다. 궁금했다. 그놈들은 부상 때문에 죽은 걸까, 아니면 아담의 칼의 도움을 받았을까?

나는 묻지 않았다.

곰 새끼처럼 털이 복슬복슬한 늑대 새끼를 커다란 버드나무 바구니에 두었는데, 녀석은 그것을 물어뜯어 거의 산산조각 내어 버렸다. 죽에다 염소젖을 섞어서 먹였다. 태어난 지 한 달 정도 된 것 같았다. 녀석은 눈을 떴고 내 소리를 나름 끙끙대며 따라했다. 녀석의 이름을 르우트라고 지었다.

얼마 후 아담이 다시 떠난다고 했다. "며칠 걸릴 거야."

가슴이 철렁했다. 그는 너무 자주 나갔다. 근방에는 볼 게 더 이상 없는 게 분명했다.

"그럼 나도 같이 갈래요."

"안 돼." 그의 대답이 너무 빨랐다.

"왜 안 돼요?"

"한데서 자야 해. 당신이 잘 데가 없어."

나는 웃음을 터트렸다. 웃음소리가 부싯돌처럼 날카로웠다. "여기 오기 전에도 한데서 잤어요. 잊었어요?"

"우리가 들어갈 동굴을 만들고 있어."

"말도 안 돼요. 당신이라도 동굴을 만들 순 없어요. 그건 그분만이 하실 수 있어요."

그가 미소를 지었다. 나는 그의 눈에서 뭔가 비밀을 보았다. 그런 것은 처음이었다. 그 순간, 그가 너무 잘생겨 보였다! 그렇게 잘생긴 모습은 오랜만이었다. 난 정말 변덕스러웠다!

그가 내 얼굴을 두 손으로 감싸 쥐며 말했다. "이샤, 내 말 잘 들어. 동물들이 다른 동물들을 살금살금 따라가서 죽인다는 증거가

도처에 있어." 그때는 아직 포식자捕食者라는 단어가 없었다.

"당신은 안전한 이곳에 머물러 있어야 해. 다른 이샤는 없어. 난 다른 아내가 없다고."

마지막 말이 너무 웃겼다. 그는 미소를 짓고 입술로 내 입술을 덮었다.

그날 밤 나는 쾌락에 빠져 팔다리가 늘어진 채 잠이 들었다. 그러나 꿈에서 피를 보았다. 동산에서 아다가 흘렸던 것 같은, 피. 다마사슴의 피. 가젤의 피. 하얀 양털에 묻었던 피. 그러나 그것은 어린 양의 피가 아니었다. 꿈속에서 어린 양은 뛰어서 가버렸다. 그것은 아담의 피였다. 알아볼 수 없을 정도로 훼손된 아담에게서 나온 피였다.

"이샤!" 아담이 나를 흔들었다. 내가 꿈속에서 비명을 질렀던 것이다. 내 손톱이 그의 가무잡잡한 어깨살을 파고들었다.

"내일, 가지 말아요!"

그가 나를 붙잡고 몸에서 부드럽게 떼어내며 말했다. "이샤. 하와. 그런 환상은 뱀이 보낸 거야. 잊어버려. 당신, 그놈의 속임수를 알잖아."

그러나 나는 꿈 생각에 밤새 시달렸다. 배에, 배 속 아이 위에 손을 얹은 채 식은땀을 흘렸다. '나쁜 일이 닥칠 리 없어. 나는 그분이 말씀하신 자손을 품고 있잖아.' 그 생각을 주문처럼 머릿속에서 되뇌었다. 그러나 아담은 이 아이를 창조하는 데 이미 제 몫을 했다. 그가 어린 양처럼 포식자에게 살해당한다 해도, 아이는 이미 내 안에 있지 않은가. 그가 죽을 수 없는 또 다른 운명적인 이유가 있을까?

다음 날 아침, 나는 그에게 다시 매달렸다. "하루만 더 있다 가요."

그러나 그는 조바심을 내며 말했다. "이것 보여? 내가 만든 칼이야. 이걸 가지고 갈 거야. 난 강해, 이샤. 지난밤에 눈치 채지 못했나?" 나는 애써 미소를 지었고, 그는 짐을 진 후 칼을 들고 떠났다.

아담은 내게 창을 남겨 주었다. 하루가 멀다 하고 낯설게 변해 가는 세상에서 나를 안전하게 지켜 줄 물건이었다. 나보다 그에게 더 필요할 거라고 했더니, 그는 이제 대부분의 동물들이 자기를 보면 달아나고, 안 그런 동물들은 소리만 지르면 쫓아 버릴 수 있다고 큰소리를 쳤다. 그 말은 위안이 되지 않았다. 그에게 안 좋은 일이 닥칠 것이고 다시 내게 돌아오지 못할 거라는 두려움만 커졌다. 그는 내가 포식자들이 탐내는 가다와 염소들과 함께 있으니 창을 꼭 지니고 있으라고 당부했다.

나는 옷감을 짜고 단단한 빵을 굽고 르우트를 데리고 저장 바구니에서 자리로, 다시 저장 바구니로 오갔다. 오후에는 가다와 염소들을 이끌고 언덕을 돌아다녔다.

이틀 후, 내 작은 염소 떼가 하염없이 풀을 뜯는 모습을 보다 싫증이 나서 녀석들을 둔 채 르우트를 데리고 산사나무를 찾아 나섰다. 산사나무 열매는 혈액 순환과 목에 좋았다. 나중에 쓸 수 있도록 일부 말려 놓고 장래의 동산에 심을 씨앗도 마련해 놓고 싶었다.

늦은 오후, 르우트와 나는 가다와 염소들을 풀어 놓고 온 언덕이 보이지 않는 곳까지 갔다. 그때 그것과 마주쳤다.

냄새가 먼저였다. 살 냄새. 어딘가 동물이 죽어 속을 다 드러낸 채 쓰러져 있다는 뜻이었다. 나는 고개를 돌렸다. 더 이상 살아 있지 않은 몸뚱이라니, 비위가 상했다.

그러나 그때 르우트가 냄새 나는 쪽으로 움직였다. 나는 녀석을 잡아 들어올렸다. 전에 들판에서 어린 양의 똥을 찾아내는 걸 보면서, 녀석이 감각이 예민하다는 것을 알았기 때문이다. 그러나 버둥대는 녀석을 안고 왔던 길로 돌아가면서도, 죽은 동물 생각이 떠나지 않았다. 시체가 있다는 건 가죽이 있다는 뜻이었다. 아담과 나는 우리의 아쉬운 처지를 또렷이 인식하게 되었고, 나중에 필요할 만한 것들을 닥치는 대로 모으고 있었다. 이미 확보한 물품은 찾아 나설 필요가 없었다. 도구 만들기나 음식 준비, 뭔가를 짜는 데 쓰는 시간을 그만큼 확보할 수 있었다. 아니면 그냥 한 시간 쉴 수도 있었다.

아담이 돌아왔을 때 내가 새 가죽을 내놓으면 어떻게 생각할까? 그는 내게 동물들과 배 속의 아기를 맡기고, 우리 모두를 지키라고 창 한 자루를 주었지. 좋아. 나도 필요한 것들을 잘 마련할 수 있어.

르우트를 바닥에 내려놓고 녀석을 따라 시체를 찾아 나섰다.

그것은 독수리 떼 아래 누워 있었다. 전력을 다해 놈들을 쫓아 버린 후, 깜짝 놀라 소리를 지르고 말았다. 가젤이었다. 이미 고깃덩어리로 변해 버린 후였다. 눈이 없었고 입과 혀도 없었다. 뭔가가 부드러운 뇌를 실컷 먹으려고 머리뼈를 부숴 놓은 상태였다. 다리와 함께 발굽도 사라지고 없었다. 남은 가죽이라고 해봐야 아이의 발을 가릴 정도밖에 안 될 것 같았다.

무릎을 꿇고 바구니를 내려놓고 칼을 꺼냈다. 르우트가 옆에 쪼그리고 앉아 갈비뼈를 만족스럽게 오드득오드득 씹었다. 속이 울렁거렸고 냄새 때문에 숨이 막힐 것 같았다. 가죽은 정말 양이 얼마 안 되었지만 대신 뿔을 챙겼다. 르우트가 먹는 데 몰두해 있는 걸 보고 갈비뼈 하나와 남은 어깨뼈 하나를 챙겨 가기로 했다. 달리 쓸 데가 없더라도, 르우트가 저장 바구니와 돗자리 침대 대신 갖고 놀 수 있을 것 같았다. 내가 그것들을 곁에 두고 볼 수 있을지 알 수 없긴 했지만.

문득 내가 한심하게 느껴졌다. 동물들을 다스리던 내가 죽은 고기를 뒤지는 신세가 되다니.

어느새 오후 늦은 시간이 되었다. 내가 찾은 물건에 빠져 시간 가는 줄도 모르고 있었다. 그냥 내버려 두면 아무것도 안 남을 때까지 먹어 댈 기세인 르우트의 목덜미를 들어 시체에서 떼어 내고는 녀석을 안고 서둘러 자리를 떠났다. 녀석이 털을 핥는 모습이 혐오스러웠다. 온몸에 고기 냄새가 풍겨 밤중에라도 강에 나가 씻어야겠다고 생각했다.

동물들을 두고 온 언덕에 이르니 녀석들이 다음 언덕까지 가서 풀을 뜯고 있었다. 돌아오라고 아무리 속으로 생각해도, 소리 내어 불러도 소용이 없었다. 데리고 돌아오려면 놈들이 있는 곳까지 터벅터벅 걸어갈 수밖에 없었다. 르우트가 뒤를 쫓아왔다.

낮을 지배하던 해가 떨어지고 석양빛이 뻗어 가다 달이 지배하는 어두움이 찾아왔다. 그날 밤 달빛에 비친 땅은 정말 이상했다. 염소 떼와 어린 양의 털이 먼지를 물로 씻어 낸 것처럼 새하얗다. 언덕은 평화로웠고 멀리서 자칼 떼의 울음소리가 들렸다. 풀 냄새와 젖은 흙냄새가 나는 공기는 생각에 잠긴 듯 움직임이 없었다.

'여전히 아름다움이 있어.' 밤의 아름다움에 잠겨 있으니 믿음이 생겼다. 내 자손이 우리의 잘못을 바로잡고, 땅이 언젠가 원래의 모습으로 돌아가게 될 거라는. 땅도 우리도 틀림없이 회복될 거라는.

동굴로 돌아와 보니 불이 꺼져 있었다. 한숨이 나왔다. 염소들을 줄에 매고 줄 끝을 덤불에 묶었다. 녀석들이 오래전에 갉아먹어 나뭇가지만 남아 있었다. 어두운 동굴 안에서 불 피우는 도구를 찾아 더듬거리는 통에 쥐들이 파먹어 올이 풀려 가던 바구니가 부서지고 말았다. 르우트가 소리를 듣고 들어와 나는 녀석을 내쫓았다. 녀석은 땅을 쿵쿵대며 밖으로 나갔는데, 가다를 괴롭히러 간 게 분명했다.

마침내 작은 불길이 일었다. 요즘 나는 아담보다 불 피우는 속도가 훨씬 빨랐다! 마침내 불이 불쏘시개를 삼키기 시작했을 때, 그날의 노략물이 든 바구니를 뒤지다가 배가 고프다는 걸 알았다. 가죽 한 조각과, 그 가죽이 헐겁게 싸고 있던 가젤의 차가운 생고기가 만져졌다. 벌에 쏘인 듯 황급히 손을 뺐다. 내가 무슨 정신으로 이 역겨운 덩어리를 갖고 왔을까? 뼈에 붙은 살덩이가 불청객을 끌어들이는 골칫거리가 될 수도 있었다. 뿔과 우슬초 몇 다발, 산사나무 열매 몇 알을 꺼내면서도 고기를 어떻게 할지 계속 생각했다. 그 생각에 빠진 나머지 동물들을 안에 들이고 가시나무 울타리를 세우는 것도 잊어버렸다.

완전히 사라진 줄 알았던 감각이 조금이나마 남아 있었던지, 나는 뭔가가 왔음을 느꼈다. 다음 순간, 염소의 겁먹은 소리가 매애, 하고 들려왔다.

불안감이 밀려들면서 등줄기로 소름이 쫙 돋았다. 염소들이 합창이라도 하듯 더 큰 소리로 울어 댔다. 객기 섞인 르우트의 짖는 소리가 들려왔고, 나는 망가진 바구니를 집어 들고 불을 붙인 뒤 벌떡 일어나 염소들을 묶어 둔 덤불로 달렸다.

돌을 던지면 닿을 정도의 거리에서 르우트가 덤불 앞에 쭈그린 채 캥캥대며 으르렁거리고 있었다. 평소 같으면 귀엽다고 생각했을 모습이지만, 녀석은 뭔가를 보고 있었다. 열 걸음 정도 거리에 사자가 한 마리 있었다. 낮게 몸을 구부리고 있던 르우트가 앞으로 휙 달려갔지만, 사자의 시선은 줄에 묶인 채 불안하게 움직이는 염소와 염소 새끼 쪽으로 쏠려 있었다.

나는 생각할 겨를도 없이 불붙은 바구니를 든 채 사자 쪽으로 뛰었다. 내가 그것을 앞으로 쑥 내밀자 암사자는 물러났다가 다시 빙빙 돌며 다가왔다. 녀석은 너무 말라서 그야말로 뼈밖에 없었다! 염소 새끼한테서 눈을 떼지 않은 채 초조하게 옆으로 갔다 돌아오기를 되풀이했다.

바로 그때 나는 알아보았다.

레비아였다.

너무나 애처롭게 말라 있었다! 이유는 분명했다. 뭔가 잘못되었는지 턱의 각도가 어긋나 있었다. 뼈가 부러진 것 같았다. 녀석이 몸을 돌려 다시 다가올 때 불룩해진 배가 보였다.

임신 중이었다. 굶주려 있었다.

나는 레비아의 이름을 속삭였다. 반응이 없자 크게 불렀다. 그러나 그 눈은 야생동물의 눈일 뿐이었다. 녀석은 르우트의 시끄러운 소리와 내 손에서 타오르는 횃불 때문에 혼란스러워하며 빙빙 돌았다. 그러나 눈만은 새끼 염소를 향하고 있었다. 바로 그때, 강 쪽에 더 가까웠던 가다가 매애 하고 울었다.

레비아는 머뭇거리다 강 쪽으로 움직이기 시작했지만, 내가 불붙은 바구니를 녀석에게 던졌다. 녀석은 뒤로 움츠러들었고 바구니는 저만큼 굴러가 불길이 땅바닥에서 타닥타닥 소리를 냈다. 무기도 없이 맨손으로 나는 염소들이 매여 있는 덤불로 달려가 어디서 나왔는지 알 수 없는 힘으로 덤불을 절반가량 땅에서 뽑아 냈다. 그것을 들고 레비아에게 달려가 소리 지르며 휘둘렀는데, 내 심장은 햇볕에 말라 버린 것처럼 쪼그라들어 있었다. 나는 가시덤불을 휘두르며 레비아에게 '달아나'라고 온 마음으로 외쳤다. 레비아를 해친다니, 견딜 수 없는 일이었다. 이미 많은 고통을 겪은 게 분명했다. 녀석을 위로하고 도와주고 싶은 마음이 간절했다. 그러나 그 눈에서는 인식 능력이 사라진 지 오래였다. 게다가 나 또한 아이를 가진 상태였다.

녀석은 그 자리에서 왔다 갔다 하다 한번 휘청하고는 달아났다. 르우트가 나이에 비해 큰 발로 그 뒤를 쫓아갔다. 나는 돌아오라고 불렀다. 놀랍게도 녀석은 내 말대로 돌아왔다.

레비아가 사라진 후에도 나는 오랫동안 어둠 속을 응시했다. 어딘가에서 하이에나의 요란한 울음소리가 들려왔다. 멀지 않은 곳이었다! 담요처럼 나를 감싸 버린 끝없는 어둠 따윈 잊어버렸다. 아름답고 무심한 달빛 아래에서 그냥 그렇게 있었다. 강에서 안개가 피어올랐다. 안개의 차가운 손가락이 불에 덴 내 손가락을 휘감는 게 느껴졌다.

이 세상에는 평화가 없었다.

14

꿈에 레비아를 보았다. 한때 그토록 부드러웠던 머리는 상처투성이에 뼈만 앙상했다. 내가 긁어 주던, 해를 향해 내밀던 턱은 부러졌다. 몸은 배 속 새끼가 마지막 힘까지 다 빨아먹었는지 바싹 야위어 있었다.

녀석은 비틀거리며 그 자리를 떠났다. 오래 살아남지 못할 게 분명했다. 밤새 울어 대던 하이에나 떼가 녀석과 배 속 아기의 부드러운 살을 노렸다.

다음 날 나는 아무것도 짜지 않았다. 음식이나 골풀을 모으지도 않았다. 아담의 창을 들고 동굴을 나서는 나를 르우트가 뒤따라왔다. 똥은 없었기에 강을 따라 난 레비아의 발자국을 좇아 남쪽으로 갔다. 단호하게 움직였지만 마음은 납덩이처럼 무거웠다.

한낮이 되기 직전, 강이 내려다보이는 높은 절벽 위를 빙빙 돌던 독수리들이 보였다.

나는 달리기 시작했다. 그러면서도 이제 곧 맞닥뜨릴 장면이 무엇보다 무서웠다. 소리를 지르면서 창을 높이 들고 흔들어 댔다. 모여 있던 새 떼는 날개를 퍼덕이고 나서 다시 자리를 잡다가 곧 흩어져 멀찍이서 지켜보았다. 새들이 주위를 맴도는 것이 너무나 싫었다!

배가 텅 비어 있었다. 태어나지 않은 아기의 흔적도 없었다. 근처에 큰 상처를 입은 하이에나 시체가 하나 놓여 있었다.

레비아는 끝까지 투지를 잃지 않았던 거다.

나는 입을 가렸다.

나는 눈 깜빡이지 않고 바라보는 달.

나는 시선을 돌리는 별들.

나는 달과 별들을 응시하지만 아무것도 보지 못하는 눈.

우리는 있던 곳에서 얼마나 멀리 와버렸는가.

레비아는 어디로 갔을까? 이제 녀석은 살과 뼈와 가죽의 결합에 불과한 걸까? 회복할 수 없을 정도로 훼손되어 그냥 존재를 멈춘 걸까?

바위 속에 잠들어 있는 불꽃처럼, 한때 내게 "긁어 줘"라고 말했던 레비아의 그 부분, 녀석의 불씨는 어디 있을까? 그분은 레비아와 같은 피조물들이 이 세상을 떠날 때를 대비해 다른 곳에 거대한 골짜기라도 마련해 두셨을까?

몇 달 만에 처음으로, 골짜기에서 우리를 말없이 지켜봤던 존재들을 생각했다. 이후 그들을 한 번도 보지 못했지만 내 눈에 보이지 않는 영역에 존재하고 있음이 분명했다.

나는 레비아도, 태어나지 못한 새끼도 그렇게 존재하기를 바랐다.

그것이 밤이 깊도록 가죽을 벗기면서 내가 기대할 수 있는 유일한 위안이었다.

아담은 며칠 뒤 바구니를 짊어지고 돌아왔다. 달이 뜨고 있었다. 나는 길에 울리는 그의 소리를 듣고 서둘러 나가 맞이했다. 그는 콧노래를 부르고 있었다.

콧노래라니.

레비아의 공허한 눈이 계속 눈에 선했다.

그런데 그는 콧노래를 부르고 있었다.

"남편." 나는 그의 바구니 쪽으로 손을 내밀었다. 그를 그렇게 부른 것은 처음이었다. 남편은 우리가 암컷 동물의 짝을 부를 때 쓰던 말이었다. 그는 깜짝 놀라 나를 쳐다봤지만 아무 말 없이 바구니를 건넸다. 르우트는 그의 발밑에서 신이 나 춤을 췄고, 가다조차도 매애 울며 인사를 했다. 녀석들이 그렇게 반가워하는 모습과, 르우트와 몸싸움을 하면서 녀석의 털을 헝클고 귀를 무는 데 집중하는 아담을 보니 묘한 배신감이 밀려왔다.

그러나 그 모습 덕분에 내가 봤던 것을 잠시 잊을 수 있었다.

먼저 가젤. 르우트는 가젤의 시체에서 가져온 뼈와 뼈에 붙은 살을 남김없이 먹고 난 후 동굴 앞에다 온통 설사를 흘리고 다녔었다. 그리고 레비아. 그날 나는 르우트가 레비아의 시체에 다가오지 못하게 했는데, 녀석을 하이에나라고, 그보다 더한 놈이라고 부르며 시체에서 떠밀어냈다.

아담은 불 옆에서 내가 남긴 저녁거리를 먹었다. 지난 며칠 동안 나는 배고픔을 못 느꼈다. 어느 순간, 그는 동굴 벽을 따라 깔끔하게 쌓여 있는 바구니들을 보았다. 나는 그것들을 수선하고, 아주 못쓰게 된 경우엔 새것으로 교체했었다. 우리가 이 세상에서 얻은 모든 것들이 그 안에 담겨 있었다. 엄청난 양이었다.

그가 식사를 마치고 말했다. "좋아. 모레 출발이야."

그런데 내 속에서 뭔가 울컥 하고 올라왔다. "그건 당신 의견이에요? 아니면 내 생각까지 대신해서 내린 결정인가요?"

그는 나를 보고 눈을 깜빡였다. 달빛 아래 레비아가 보여 주던 어리둥절한 표정이었다.

나는 흐느끼며 고개를 돌렸다.

그는 그대로 자리에 앉아 물고기처럼 멀뚱멀뚱 쳐다볼 뿐이었다. "당신은 밖에 나갔다 돌아와 우리가 이리로 간다 저리로 간다 말할 뿐이죠. 당신이 없는 사이 내게 어떤 일이 일어났는지 관심도 없어요!"

아담이 당황해서 어쩔 줄 몰라 하며 다가와 두 팔로 나를 감싸자 나는 울기 시작했다. 가젤을 위해, 해골의 눈처럼 공허하던 레비아의 눈을 위해. 녀석의 새끼를 위해. 레비아의 가죽에서 지방과 막을 벗기며 앉아 있던 그날 밤, 나는 아리가 레비아의 몸에 생명을 심던 날을 기억했다.

끝으로, 나를 안아 주는 그를 느끼며 우리를 위해 울었다.

잠시 후, 그대로 잠에 빠질 것처럼 그의 손발에서 힘이 풀리는 것을 느끼고 고개를 돌려 그를 쳐다봤다. 그러나 그는 눈을 뜨고 있었다. 불빛에 의지해 그의 두 눈에 깊이 새겨진 피로를 보았다. 너무나 젊은 그였지만 그 순간 얼마나 늙고 지쳐 보였는지!

"이샤, 그동안 무슨 일이 있었는지 몰라. 몰랐어. 말해 줘."

나는 고개를 숙여 그의 어깨에 갖다 댔다. 불합리한 요구를 일삼는 몹쓸 인간이 된 것 같았다. 그가 내 마음을 모른다고 화를 낸 것이 처음이 아니었다.

"내 잘못이에요. 나중에 얘기하죠."

"그럼 이리 와. 누워." 그 말을 할 때 그의 얼굴에 선명히 드러난 안도의 빛을 내가 놓쳤다면 좋았을 것이다. 나는 그의 말대로 누웠고, 그는 곧장 잠이 들었다.

깜부기불에 비친 그의 옆모습을 바라보았다. 머리카락은 더러웠고 제멋대로 뻗어 있었다. 떨어져 지낸 며칠 새 수염도 텁수룩해진 듯했다. 잠에 빠져 긴장이 풀린 그의 얼굴을 보며 나처럼 시달린 흔적을 찾았다. 그러나 아무것도 없었다.

나는 크게 외로움을 느끼며 다시 그의 품속으로 파고들었다.

다음 날 아침, 햇빛이 동굴 입구로 밀려들 때, 나는 아담에게 레비아와 하이에나의 가죽, 그리고 더 작은, 훨씬 더 작은 가젤의 가죽을 보여 주었다. 그의 목소리가 잠겨 나오는 것을 듣고 나는 사자 가죽의 표시를 알아봤음을 감지했다.

"무슨 일을 한 거야?" 그의 얼굴에 공포가 뚜렷했다.

"레비아는 죽었어요." 나는 어두운 목소리로 말했다. 가젤 이야기와 동굴 밖에 레비아가 나타난 이야기, 그리고 다음 날 내가 그 시체를 찾아 나선 이야기를 들려주자, 그는 혼란스러워졌다.

그리고 굳은 표정으로 말했다. "몰랐어. 난 몰랐어."

우리 사이에 놓인 틈이 그토록 분명하게 느껴진 적은 없었다.

다음 날 우리는 강을 따라 내려갔다. 전에는 가고 싶지 않았지만 이제는 떠나게 되어 기뻤다. 두어 시간 걷고 나니 지난 며칠간 어느 때보다 기분이 좋았고 달리고 싶어지기까지 했다. 팔다리를 쭉 뻗어 제대로 써보고, 불 주위에서 웅크리고 있느라 위축된 근육을 제대로 풀 수 있었다면 놀러 나온 기분이었을 것이다. 그러나 우리가 가진 것과 동물들까지 다 챙겨 온 터라, 강에서 불어 와 머리카락을 스치는 바람과 어깨와 얼굴을 비추는 햇볕을 느끼는 것만으로 만족해야 했다.

아담은 창을 들고 걸었고 가끔 강 쪽으로 달려가 돌멩이들을 살폈다. 가다와 염소들이 하도 이리저리 정신없이 다니자 르우트는 가끔 이놈 저놈의 뒷발을 물었다. 그러다 또 한동안 저 혼자 떨어져 나가 내가 모르는 뭔가에 집중했다.

'적어도 아직 녀석에게는 세상이 경이로운 곳인 거야.'

그날 내내, 나를 바라보는 아담의 눈을 자주 느꼈다. 마침내 그가 말했다. "우리, 따로 있는 건 좋지 못해. 다시는 떨어져 있지 말아야겠어."

"그래요. 하지만 잘될지는 모르겠네요." 내가 동의한 이유는 따로 있었다. 나는 아직도 나보다는 그가 걱정되었다.

동쪽으로 한참을 굽이쳐 흐르던 강의 폭이 넓어졌다 좁아지는가 싶더니 쫙 펼쳐지면서 갈대와 새들이 가득한 물이 나왔다. 강둑 근처에는 버드나무들이 허리를 굽히고 있었고 서쪽 지평선의 언덕에는 올리브가 자랐다. 라벤더 향기가 물 너머로 퍼져 왔다. 포플러들이 늘어선 그늘 아래서 잠깐 쉬고 나서 아담은 강에서 좀 떨어진 곳, 범람원 너머의 나지막한 경사지로 나를 데려갔다. 그곳에서 나는 지난 며칠 동안 그가 열심히 일한 결과물을 보았다. 나지막한 돌집 위에 푸른 나뭇가지로 덮은 지붕이 보였다. 가까이 다가가 보니, 돌처럼 보인 것은 진흙에다 지푸라기를 섞어 만든 덩어리였다.

"지붕을 더 오래 가게 만들 거야. 진흙더미를 더 잘 만들 방법을 벌써 생각해 뒀어. 다음 번 집을 만들 때 쓸 거야." 그는 자신의 작품을 비판적인 눈으로 바라보며 말했다. 그러나 입가엔 옛날의 미소가 다시 어렸다.

"놀라워요." 내가 나직이 말했다. 그곳에 서 있으니 목소리가 들려오는 듯했다. 우리 말고 다른 사람들의 목소리. "우리는 여기서 아이들을 기를 거예요."

그날 밤 우리는 함께 잠자리를 만들었다. 레비아 가죽을 자리 위에 깔고 벌거벗은 몸으로 거기 누워 옷을 덮었다. 깜부기불만 비치는 어둠 속에서 나는 어린 나무를 엮어 덮은 천장 사이로 하늘을 쳐다보았다. 여러 날 잊고 지낸 내 왕관의 보석들이 나를 내려다보고 있었다.

'언젠가 우린 다시 저 별들 아래에 누울 거야. 언젠가는 이곳을 떠나 그 골짜기로 돌아가는 북쪽 길을 찾아낼 거야.' 그때 우리는 길을 전혀 기억하지 못해도 길을 찾을 수 있을 것이다. 내 배에서 자라고 있는 나침반이면 충분할 것이다.

돌아갈 것을 생각하며 나뭇가지 지붕 아래 누워 있으니, 그때까지는 이곳에 만족할 수 있을 것 같았다.

용변 볼 자리를 정하고 땅에 구덩이를 팠다. 동굴 근처에 그런 것을 둔 적이 없었는데, 어느 날 동굴 바깥에 온통 퍼진 악취가 땅이나 땅속의 이상한 틈에서 나는 것이 아니라 우리 배 속에 생긴 악취의 증거임을 알았다. 그래서 집에서 멀찍이 떨어진 곳에 구덩이를 팠다.

가다와 염소들은 아무 생각이 없었다. 오래전에 우리가 알던 동물들과는 전혀 달랐다. 그래서 결국 녀석들 뇌가 활동하리라는 기대를 포기했다. 낮에는 녀석들을 덤불에 묶어 놓거나, 아담이나 내가 언덕으로 데려가 풀을 뜯게 했다. 처음 며칠은 밤에 녀석들을 집 안에 들여 놓았지만, 얼마 후 아담이 돌과 진흙으로 축사를 만들기 시작했다. 그는 축사가 바람을 막아 줄 필요는 없고 하이에나와 여우, 자칼과 사자가 못 들어오게 막을 정도면 된다고 했다. 축사가 다 지어지고 얼마 후, 아담이 새끼 밴 암양을 잡아오면서 우리의 작은 가축 떼는 계속 불어났다.

바로 그 무렵, 아기가 속에서 움직이기 시작했다. 처음 그 움직임은 내 배에, 방광에 부드러운 진동으로 다가왔다. '나 여기 있어요'라고 말하는 듯했다.

그전까지 나는 아이에게 희망과 기대를 걸었는데, 이제는 크고 돌이킬 수 없는 흥분을 느끼며 아이를 사랑하게 되었다. 누군가를 아담보다 더 사랑하는 것이 가능할까? 내 일부였지만 내 일부가 아니고, 나와 하나였다가 결국 나와 분리되는 존재를 사랑할 수 있을까?

아담은 그렇게 했다.

나는 처음으로 이해했다.

'내 살 중의 살.'

이후 몇 주, 몇 달이 지나는 동안 내 배는 점점 커졌다. 처음에는 단단한 혹으로, 다음에는 갈비뼈 아래쪽에 길게, 그다음에는 더 크고 둥글어져서 옆으로. 나는 내 몸의 변화에 매료되었다. 가슴은 젖꼭지 둘레가 검어졌고 계속 부풀어서 생각도 못한 만큼 커졌다. 아담도 내게 매료되었다. 하지만 그가 내 몸을 만지는 것이 참기 힘들 때도 있었다. 밤에 아담 쪽을 보고 몸을 웅크리고 누워 있으면 우리 사이에서 점점 더 많은 자리를 차지하는 아이의 존재가 느껴지면서 쫓겨난 이후 처음으로, 세상의 모든 것이 괜찮다는 생각이 들었다.

물론 현실은 그렇지 않았다. 우리가 모아 놓은 씨앗을 쥐들이 상당 부분 먹어 치웠고, 나머지는 이상하게 썩어 버렸다. 르우트는 반쯤 먹다 남은 산토끼와 새, 그 밖의 동물들을 가끔 집으로 가져오거나 집 옆 키 큰 포플러나무 근처에 묻었다. 가끔 우리는 음식 때문에 설사를 하기도 했다. 강 근처에서는 모기들이 우리를 괴롭혔다.

골짜기 시절은 딴 세상의 일 같았다. 잊어버린 것은 아니었다. 꿈속에서는 살구와 우슬초 향기, 감초의 맛, 심지어 좁은 폭포와 개울에서 곧장 떠 마신 깊은 물의 상쾌함까지 떠올릴 수 있었다. 그러나 깨어 있는 시간이 점점 더 힘들어졌다. 모으고, 물에 담그고, 요리하고, 도구를 만들고, 뭔가를 짜고, 풀을 뜯고, 젖을 짜는 일이 끝없이 이어졌다. 정원을 만들려고 작은 구역을 개간하는 아담의 목과 등에서 땀이 줄줄 흘러내렸다. 거기다가 채소, 갓류 식물, 허브, 마늘, 병아리콩, 렌즈콩, 아마를 심을 참이었다. 그는 과수원과 포도밭으로 쓸 다른 땅도 개간했다.

풀로 쓰려고 역청을 모으는가 하면, 나뭇조각들의 가운데를 불로 지지기도 했다. 나중에 깎아서 그릇을 만들 재료였다. 집을 살짝 뜯어내어 햇볕에서 구운 새 벽돌로 보강했다. 저녁에는 피워 놓은 불에서 나오는 빛에 의지해 먹고 일했다. 내게는 길고 힘든 나날이었다. 내 모습은 볼품없었고 몸은 나날이 불편했고 배가 고팠다. 아담을 비난하면서 소리를 질러 대다가도 혼자 있는 게 싫어 금세 그에게 매달렸다. 그가 무슨 말을 해도 화가 났고, 말 없이 있어도 화가 났다. 끊임없이 일만 하는 모습이나 나에게 관심을 보이는 모습 모두 참을 수 없었다. 어느 날 아침, 그는 동물들을 더 찾으러 떠나겠다고 했다.

"그럼 나도 같이 갈래요." 내 말에 그는 고개를 저었다.

"동물들과 여기 남아 있어. 지금은 몸이 너무 무거워서 빨리 움직일 수 없으니 도움도 안 돼."

짜증이 확 올라왔지만, 며칠 만에 처음으로 아무 말도 하지 않았다. 그가 떠난 후 시무룩한 채로 하루 종일 일했다. 그에 대한 불평거리는 백 가지도 넘었는데 미안함을 느끼는 일은 그 반밖에 되지 않았다. 오후만 되면 갈수록 졸리던 터라 낮잠을 잤다. 그날 저녁 바깥에서 그의 발소리를 들었을 때, 나는 그가 아무것도 발견하지 못했음을 알았다.

그는 들어오면서 아무 말도, 아무 해명도 없었다. 그리고 다음 날 아침에 다시 나갔다.

그날 밤, 그가 다시 빈손으로 돌아왔을 때 내가 말했다. "떨어져 있지 말자고 했던 말은 어떻게 된 거예요? 이건 떨어져 있는 게 아니에요?"

그의 멍한 표정을 보자 순식간에 화가 치밀었다. 그가 말했다. "밤에 돌아오잖아."

"하지만 하루 종일 나가 있잖아요! 당신이 이 장소를 찾았을 때 그런 시절은 끝난 줄 알았어요!" 눈에서 뜨거운 눈물이 솟아올랐다. 나는 그 자리에 엎드려 버렸다. 나 자신의 변덕스러운 감정에 혼란을 느꼈다. 그가 볼 때 나는 사슴이나 당나귀나 매처럼 도무지 속을 알 수 없는 존재라는 것을, 그 순간 깨달았다.

"하와." 그가 나를 안아 주려고 다가왔다.

"저리 가요!"

그는 밖으로 나가서 들어오지 않았다. 나는 밤새 비참한 심정으로 누워 있었다.

다음 날 그는 어린 숫염소를 데리고 돌아왔다. 그날 저녁, 우리는 벗은 몸으로 가죽옷 아래 나란히 누워 아무 말도 하지 않았다.

그 철에 우리는 씨앗을 심었다. 우리의 정원에서 첫 번째 순이 솟아나는 것을 보고 서로 껴안고 웃었다. 그분은 여전히 세상을 보존하셨다.

15

내 가슴은 햇살 아래 무르익은 열매처럼 익었다. 배 아래로 검은 줄이 하나 생겼다. 어느 날 옷을 벗고 그늘에 눕다가 그것을 발견하고 비명을 질렀다. 살랑살랑 산들바람이 불거나 오후에 느긋하게 날아다니는 잠자리를 보면 언덕으로 달려가 양팔을 벌리고 싶어지던 시절은 갔다. 그저 서늘한 그늘에 눕거나 물속에 둥둥 떠 있고 싶을 뿐이었다.

내 소리를 듣고 아담이 괭이를 내려놓고 와서 옆에 앉았다. 긴 막대기에 동물의 어깨뼈를 달아 만든 괭이는 먹을거리를 경작할 때 쓰기엔 너무 섬뜩한 물건이었다. 그의 머리가 자라서 목까지 내려왔다. 머리카락을 타고 땀이 뚝뚝 떨어져서 햇볕 아래서 일하다 온 게 아니라 오후 내내 내가 원했던 수영을 하다 온 사람 같았다. 그가 팔뚝으로 얼굴을 닦았다. '네 이마에 땀. 그 말씀이 이루어졌구나.' 그 생각을 하니 마음이 편치 않았다. 그분은 "너

는 흙이니…… 흙으로 돌아갈 것이다"라고도 말씀하지 않으셨던
가? 나는 이제 아담이 어디 있는지 늘 알고 있어야 직성이 풀렸
다. 그가 그것을 짜증스러워한다는 것도 알았다.

그는 손가락으로 내 배의 선을 따라갔다. 덥수룩하지만 아름다
운 머리를 기울이며 말했다. "이건 우리가 서로의 반쪽인 둘이라
는 사실을 말해 주는 것 같아. 당신이 둘인 것처럼 말이야. 우린
하나이기도 하지. 당신과 배 속 아이가 하나이듯."

'철학자, 내 사랑.'

"아니면 아이가 나를 반으로 쪼개고 있는 건지도 모르죠."

그는 웃고는 손가락 뒷면으로 납작해진 내 배꼽을 쓸었다. "잘
익어 가고 있어, 내 사랑." 그의 눈빛은 햇살처럼 이글거렸다.

바로 그때, 르우트가 비명을 질러대는 산토끼를 입에 문 채 정
원을 지나 달려왔다.

"놓아 주게 해요. 아니면 빨리 죽이게 하든가!" 나는 소리를 질
렀다. 토끼가 내는 소리도, 르우트가 가끔 집 앞에서 갖고 노는
쥐 소리도 참을 수 없었다.

아담은 늑대의 뒤를 느긋하게 바라보았다. 녀석은 이미 즐겨
찾는 매장지 쪽으로 가버린 후였다. "내가 도착할 무렵이면 죽
었을 거야."

둘 다 지긋지긋해진 나는 옷을 들고 도도하게 자리를 떠났다.

날이 길어졌다. 몸이 크고 무거워졌다. 하루 종일 소변을 보느

라 불편했다. 물 한 방울을 마시면 바로 풀밭에 쪼그리고 앉아야 하는 것 같은 나날이었다.

달빛 아래 인동덩굴이 꽃을 피우던 어느 날 밤, 나는 자리에 누워 뒤척이다 꿈에 뱀을 보았다. 뱀은 그분 앞에서 점점 키가 커졌고 환한 날개를 차례차례 펼쳤다. 다음 날 아침, 내 마음에는 평화가 없었다. 아들을 임신한 밤에도 뱀 꿈을 꾸지 않았던가? 아들이 자궁에서 나올 때가 임박한 지금 뱀이 나오는 꿈을 꾼다는 건 어떤 의미가 있을까? 뱀과 내 아이가 조금이라도 공통점이 있다는 건, 기겁할 만한 생각이었다!

그 생각이 오전 내내 나를 괴롭혔다. 오후가 되었을 때 나는 반쯤 정신이 나간 사람처럼 격렬하게 흐느끼기 시작했다.

"무슨 일이야, 이샤?" 아담이 한숨을 내쉬며 말했다.

정원이나 강으로 달려가 혼자 마음을 추슬렀어야 했다는 생각이 불쑥 들었다.

나는 천천히 숨을 고르고 최대한 절제되고 알맞은 어조로 꿈 이야기를 했다. 그리고 이야기를 마치며 덧붙였다. "어젯밤에 같은 꿈을 다시 꾸었어요. 만약 그것이, 혹시라도 그것이 뱀이 아이의 임신에 영향을 끼쳤다는 뜻이면 어떡해요? 혹시라도……."

그의 미간이 좁아졌다. "이샤, 당신도 알잖아. 한 피조물이 다른 피조물의 아이를 잉태하진 않아. 쓸데없는 걱정이야."

"하지만……."

그가 내 손을 잡았다. "하지만 아무것도 아냐. 당신은 하와야.

모든 산 자의 어머니지. 당신에게서 많은 사람이 나오게 될 거야."

동의한다는 듯 아들이 배를 툭 찼다.

배가 꼬르륵거리는 바람에 깨어났다. 환상의 나라로 건너간 옆자리의 아담은 내가 힘겹게 자리에서 일어나는데도 알아채지 못했다. 나는 문 옆에 기대 놓은 아담의 창을 집어 들었다.

바깥에는 여명이 비쳐 짙은 공기가 이제 막 회색빛으로 물들기 시작했다. 낮은 강둑에서 올라온 안개가 어찌나 짙은지, 팔을 앞으로 내미는데 손가락 끝이 보이지 않았다. 그 안에서는 온 땅이 한 집에 들어간 것처럼 소리가 멀리까지 이를 것 같았다. 그런가 하면, 안개가 모든 소리를 삼키는 것 같기도 했다.

용변을 보러 가던 중 뒤쪽에서 조심스런 발소리가 난 것 같았다.

"아담?" 대답이 없었다. 다시 그를 불렀다.

무응답.

계속 걸어갔다. 라벤더 관목과 포플러의 친숙한 형체가 세상의 유일한 실물인 것처럼 안개 너머에서 선명하게 모습을 드러냈다. 포플러나무 한 그루 앞에 멈춰 거기 몸을 기대니 삽 모양의 잎들이 볼을 스쳤다. 등 아래쪽이 너무 뻣뻣했다. 다른 날보다 더 뻣뻣했다. 다리의 통증이 사타구니를 타고 올라와 화끈거렸다.

부드러운 발자국 소리가 다시 들렸다. 나는 아팠지만 몸을 곧

추세웠다.

"아담?" 내가 속삭였다. 그는 아니었다.

나는 몸을 돌리고 머뭇거리며 한 발을 내디뎠다. 저기! 바로 앞에…… 지나가는 사람의 형체! 그러나 그것은 그의 등이었다. 마치 안개 속에서 너무 멀리 떨어져 또렷이 볼 수 없는 것 같은 상태였다. "기다려요!" 소리를 지르고 서둘러 앞으로 갔다. 몇 주 만에 처음으로 몸이 부드럽게 움직였다.

그때 불현듯 알아보았다. 그 등. 얼핏 봤다고 생각했으나 제대로 본 적은 한 번도 없던 어깨의 곡선. 나는 갈라지는 목소리로 그 이름을 불렀다. 거의 잊어버릴 뻔했던 이름. 언제나 마음으로만 말했기 때문에 입술로는 거의 알지 못했던 이름.

"아도나이!"

나는 무릎을 꿇고 창에 몸을 기대었다. 슬픔이자 안도요, 고통이며 사랑인 소리가 내 목구멍에서 짐승의 울음소리처럼 터져 나왔다. 양팔을 내밀었다. 나는 그대로 통곡할 수도 있었고, 웃어버릴 수도 있었다. 그러나 나는 부르짖었다.

미풍이 불어오면서 안개가 걷히기 시작했다. 나는 다시 부르짖었다. "아도나이! 아도나이!" 그 이름을 입으로 외친 것인지, 온영혼으로 외친 것인지 모르겠다. 나는 그 골짜기를 잊었다. 우리의 유배도 잊었다. 다 익어 꼭지가 가늘어진 열매처럼 자궁 속에서 무거워진 아이도 잊었다. 아담조차도 잊었다.

내가 아는 것은 스스로 계신 분뿐이었다.

그러나 안개는 휘돌아 가며 걷혔고 나는 무릎을 꿇은 채 그 자리에 있었다. 허벅지 사이로 액체가 쏟아져 내렸고 장에서는 내보내라고 다그치고 있었다. 참으로 죽을 존재다운, 지독히 인간적인, 인간이 처할 수 있는 더없이 비천한 상태였다.

어디 계시지? 어디로 가신 걸까?

나는 다리를 짚고 일어나 비틀대며 몇 발자국을 걸어 그분이 계셨던 장소에 이르렀다.

그러나 아무도 없었다.

멍한 채로 용변 보는 쪽으로 걸어갔다. 동녘의 첫 빛이 안개를 사르고 있었다.

구덩이 위에 쭈그리고 앉아 내 배 속의 악취로 코를 더럽히며 시시각각 더해지는 등의 통증을 또렷이 느끼다 보니 그 어느 때보다 비참했다. 터질 듯한 상태로 온갖 더러운 것들을 쏟아냈다. 그분이 등을 돌리신 것도 당연했다!

나는 느리지만 힘을 내어 집으로 움직였다. 등 아래쪽을 불로 지지는 듯했다. 그리고 그때 깨달았다. 내가 버림받지 않았음을. 그분의 도움으로 이 자손을 잉태했음을. 이제 그분의 징조로 아이를 낳게 될 것임을.

나는 몸을 구부려 출입문을 통과했고, 막 눈을 뜬 아담은 잠에 취한 눈으로 나를 쳐다봤다.

"그 돗자리가 필요해요." 출산을 위해 골풀로 단단히 짠 명석을 만들어 둔 터였다. 그는 잠시 멍하니 나를 바라보다 퍼뜩 정신을 차렸다. 물건을 보관해 둔 곳에서 그것을 꺼내 바닥에 깔았다. 그다음 무릎걸음으로 나를 도우러 왔다.

고통이 있었느냐고? 물론. 언제나 고통이 있다. 처음에는 놀라서, 나중에서 아파서 소리를 질렀다. 막판에는 고통이 어찌나 심하던지 앞이 안 보이고 불로 지지는 듯했다. 다마사슴이 너무 열심히, 너무 멀리 달려간 끝에 고꾸라지듯, 내 머리가 푹 꺾였다. 그 마지막 순간 나는 아담의 품에서 축 늘어졌지만, 그 자리에 있지 않았다. 나는 그 안개 속으로 돌아가 있었다. 그분의 이름을 부르는 내 소리를 다시 들었고, 그 어깨의 형체, 앞서 가시는 분의 형체를 다시 보았다.

나는 신비한 문. 모든 살아 있는 것과 함께한다. 들린다! 나는 살아 있다!

사람들은 이런 말들을 한다. "아이가 나를 둘로 찢었다", "나를 갈기갈기 찢고 과격하게 태어났다", "나는 아이의 운명을 미리 알고 고통스러워 며칠 동안 울부짖었다". 그러나 다 사실이 아니다. 내 평생 첫 아이를 나처럼 순조롭게 낳는 여자는 별로 보지 못했다. 그때 내 곁에는 두려움을 달래 줄 다른 여자들의 노래나 연민에 찬 신음소리도 없었고, 요즘 여자들과 달리 어머니와 자매들의 위안을 받지도 못했고, 산모를 진정시켜 줄 약초를 잘 아는 여자들도 없었다.

나는 그 어느 것도 없이 아담에게만 의지했다. 이전에 여러 동물들의 출산을 도운 바 있는 그의 부드러운 손이 나를 붙들어 주었다.

사실을 밝히자면 이렇다. 아이가 태어나기 직전에 나는 행복감이 밀려드는 것을 느꼈다. 먼 거리를 달린 뒤 찾아오는 기쁨, 고통이 줄고 다 자란 날개를 단 듯한 느낌을 주는 희열이었다. 그 마지막 순간에 나는 고개를 들었다. 그렇다, 나는 고통스럽게 아이를 낳았다. 그러나 내가 창조의 신비에 참여하고 있음을 알면서 힘차게 아이를 낳은 것도 사실이다. 하나님이 창조하신 식물들과 동물들은 나름의 고유한 방식으로 그분의 성품을 비춘다.

이제 나도 그 일을 이루었다.

"수놈이야!" 아담이 외쳤다. 나를 보는 그의 눈빛에 경외감이 감돌았다. 나도 나 자신이 경이로웠다.

"남자를 하나 얻었네요." 나는 부드럽게 되풀이했다(그때까지는 사내아이를 가리키는 말이 없었다. 그 아이가 첫째였으니까).

내 가슴에서 나오는 황금빛 젖을 처음 물려 주면서 아이를 꼼꼼히 살펴보았다. 아이의 통통한 허벅지와 솜털 같은 머리카락, 작은 성기와 발에 난 희미한 줄들에 마음이 빼앗겼고, 제 아버지의 축소판 같은 얼굴에 매료되었다. 아이는 몇 분 전에 그분을 대면하고 온 듯한(나는 그렇게 확신했다) 눈으로 나를 바라보았다. 그것은 아담 같은 파랑색이 아니라 갈색, 사실상 내 것과 같은 검은 색이었다. 나는 창조주의 흔적을 찾아 아이를 살폈다. 아

이가 나를 바라보았다. 눈에 보이는 것이 무엇인지 몰라 깜짝 놀
란 사람의 눈으로.

하나님의 품에서 나온 사람에게 걸맞은 표정이었다.

나는 아이의 이름을 지었다. 아담은 모든 생물의 이름을 지었
지만 이 아이는 내 아이였다. 아담은 아이를 품에 안고 이름을
불렀고 인사를 했다.

나는 뱀이 나오는 꿈 때문에 안달했었다. 그러나 내 머리카락
보다 연한 색의 곱슬머리가 덮인 정수리를 어루만지고, 자그마한
손톱까지 다 갖춘 손가락들을 만지면서 깨달았다. 뱀은 아이를
범하지 못했고, 그분의 도움으로 내가 이 아이를 얻었으며, 그분
과 협력하여 아이를 만들어 냈음을.

카인, 내 자식.

우리는 그 작은 두 어깨에 너무나 큰 희망, 너무나 큰 기대를
지웠다.

너무 많이.

16

ア기 사슴은 태어나자마자 바로 일어나 걷는다. 그러나 카인은
제 발로 일어서기는커녕 고개도 들지 못했다. 심하게 울기라도 하
면 온몸을 부들부들 떨었다. 새끼 고양이처럼 가냘프게 울면서
태어난 아이는 눈만 떴을 뿐, 새끼 고양이처럼 무력했다.

우리가 저주를 받아 아이를 망쳐 놓은 걸까? 우리가 문제를 일
으키지 않았더라면 더 튼튼한 아이로 태어날 수 있었을까? 그러
나 아이는 그럭저럭 정상으로 보였고, 나는 아이란 원래 이런 거
라고 금세 받아들이게 되었다.

그날 밤, 나는 골풀 바구니 안에 카인을 눕히는 꿈을 꾸었다.
꿈속에서 이런 생각을 했다. 이렇게 큰 선물을 받았으니 답례의
선물을 드리자. 그러나 그 순간 아다와 그 짝이 껍질이 벗겨진 채
풀밭에서 움찔대던, 끔찍한 그날의 광경이 보였다.

그런데 이번에는 다른 것이 눈에 들어왔다. 피였다. 그 동물

들의 피가 땅속으로, 아담의 근원인 흙속으로 흘러드는 것을 보았다.

다음 날 아침에 식사를 하면서 내가 말했다. "꿈을 꿨어요."

그 말에 아담이 싱긋 웃었다. "꿈을 안 꿀 때가 언제야, 이샤?"

"꿈을 꿨어요." 나는 같은 말을 되풀이했다. 내 꿈이 어떤 일의 전조이거나 의미가 담겨 있지 않았던 적이 있었나?

"이번 꿈은?"

"꿈의 내용은……." 나오려는 말에 나도 자신이 없었다.

"내용은?" 그가 그렇게 묻고 르우트를 불렀다.

나는 한꺼번에 말했다. "동물을 한 마리 죽여야 해요. 아다와 그 짝이 우리를 위해 피를 흘렸던 것처럼 그 짐승의 피가 흐르게 해야 해요."

그가 아주 천천히 허리를 곧추 세웠다.

"두 마리 동물이 희생되어서 우리가 그 가죽을 입고 몸을 가리게 되었잖아요. 우리가 그분에게…… 동물 한 마리의 피를 돌려드려야 할 것 같아요."

"말도 안 되는 소리야."

"그래요?" 나도 반쯤은 정말 그런가 생각하며 물었다. "내 꿈이 언제나 그렇게 잘못된 것이었나요?"

"이번 꿈은 옳을 리가 없어. 그분은 동물의 죽음을 원하지 않으실 거야."

"정말 확신해요?"

"당신 말이 옳다고 쳐. 우리에게 동물이 그렇게 많은가? 한 마리를 죽일 여유가 있을 만큼? 가다를 죽이겠어? 새로 얻은 어린 양을? 젖 짜는 암양을? 염소를? 염소 털로 뭘 짜는 거, 당신 좋아하잖아?"

"나가서 한 마리 더 잡으면 되잖아요. 녀석들을 잡았던 것처럼." 카인이 젖 달라고 진작부터 칭얼대고 있었다. 앞섶을 풀어 젖을 물렸다.

"당신 말대로 그냥 죽이려고? 죽여서 그분에게 드리려고? 그분이 동물이 부족하셔?"

갑자기 내가 정말 바보같이 느껴졌다. 이상한 꿈이었던 것이다. 나에겐 꿈이 옳다는 확신도, 그것을 옹호할 논리도 남아 있지 않았다.

"그런 뜻인 것 같았어요." 나는 자신없이 말했다.

그는 아무 말 없이 집 밖으로 나갔다.

하루 종일, 저녁이 되도록 나는 그를 보지 않았고 말을 걸지도 않았다. 내가 정말 이상한 걸 봤거나 잘못 본 걸까? 혹시 뱀이 내게 계속 영향력을 행사하면서 이상한 논리를 내 머릿속에 집어넣은 걸까?

그날 밤, 아담은 모든 것을 잊은 것처럼 행동했다. 나는 꿈을 기다렸지만 아무것도 보지 못하고 잤다.

다음 날 카인을 바구니에 놓고 껍질로 덮인 풀씨를 빻을 준비를 하는데 아담이 집 안으로 들어왔다. 긴 밧줄을 새로 꺼내더니 다시 밖으로 나갔다. 그런데 표정이 왠지 이상했다.

"무슨 일이에요, 남편?" 그의 모습이 아무래도 걱정스러워 뒤따라 나가며 물었다.

"강 근처 덤불에 어린 양 한 마리가 걸렸어."

"그게 놀라운 일인가요?" 양은 멍청한 동물이었다. 약간의 지능밖에 남지 않은 그 어떤 동물보다도 멍청한 것 같았다. 구덩이에 빠지면 길이 보여도 빠져나가지 못했다. 그만큼의 지각도 없었다. "동물이 몇 마리 더 있어서 털을 구할 수 있으면 좋겠네요. 젖염소라면 더 좋구요."

그가 양손으로 줄을 당기면서 말했다. "아냐. 어린 양 한 마리일 뿐이야. 그리고 이제껏 본 어떤 짐승보다 잘 생겼어."

그는 무아지경에 빠진 사람처럼 홀연히 나가더니 잠시 후 그 동물을 안고 돌아왔다. 나는 집 밖으로 나가서 녀석을 빤히 쳐다보았다. 정말 사랑스러운 동물이었다. 복슬복슬하고 하얗고 흠 하나 없었다.

"내일, 그분께 이놈을 바치는 거야."

갑자기 불안감이 밀려왔다. "하지만 당신이 말했잖아요. 그냥 꿈일 수도 있어요. 이렇게 멋진 동물이라면 우리가 기르는 게 맞을 거예요."

하지만 그는 고개를 가로젓더니 어린 양을 데려가면서 말했다. "아냐. 이건 그분 것이야. 나도 같은 꿈을 꿨어. 어젯밤에."

다음 날, 어린 양이 허브 다발을 얌전하게 뜯어먹고 있을 때, 우리는 돌로 단을 쌓고 작은 나무를 잘라 높이 쌓아올렸다. 청소부 동물들이 와서 시체를 끌고 가기 전에 우리가 벌여 놓은 끔찍한 광경을 그분이 한번 보시게 하자는 의도였다.

별다른 서두도 없었다. 아담은 어린 양을 가까이 끌고 왔다. 나는 한 손에 카인을, 다른 손에 나무그릇을 들고 서 있었다. 아담은 동물의 다리를 묶어 제단 위에 올려놓았다. 녀석은 발길질도 하지 않았고 매애 울지도 않았다. 우리가 중대한 실수를 저지르는 게 아닌가 싶었다. 그러나 미처 뭐라고 말하기도 전에, 아담은 흑요석 칼을 들어 올려 어린 양의 목을 땄다. 나는 서둘러 그릇에 피를 받는 수밖에 없었다. 너무 가까이 가는 바람에 진홍색 핏방울들이 카인과 내게 튀었다. 나는 그 끈끈하고 비릿한 냄새에 마른침을 삼켰다. 카인은 작은 팔을 흔들었고 아이의 한쪽 손에도 피가 튀었다. 그 자그마한 손가락에 묻은 짙은 선홍색을 보고 나는 소스라치게 놀랐다. 아담이 그릇을 가져가지 않았더라면 떨어뜨리고 말았을 것이다.

우리는 가죽을 벗겨야 한다는 데 동의한 터였다. 그 끔찍한 날 그분이 우리를 위해 짐승의 가죽을 벗기고 그것을 우리에게 주셨으니, 이번에도 가죽은 우리가 갖기로 했다. 아담이 시체에서 껍질을 분리하는 작업을 시작했다.

나는 고개를 돌렸다.

작업을 마친 후 그는 피가 담긴 그릇을 제단의 시체 옆에 나란히 놓고 자리를 벗어났다. 그는 풀에다 몇 번이나 손을 닦았지만 여전히 피투성이였다. 우리는 거기 그렇게 서 있었다. 아담은 더러운 손에 피투성이 칼을 들고, 나는 피가 묻은 카인을 안고, 어찌할 바를 모른 채. 그 자리엔 어떤 의식儀式도 없었다. 우리가 그런 것을 어떻게 알겠는가? 한때 하나님과 직접 대화하던 우리인데! 그냥 '끝났다'는 생각이 들었을 뿐이다.

그러나 이렇게 해서 도대체 얻는 게 무엇인지 여전히 알 수 없었다.

집으로 돌아갈 준비를 하고 있을 때였다. 뜨거운 바람이 제단에 불어 닥쳤고 우리는 깜짝 놀라 그쪽으로 몸을 돌렸다. 동물에 불이 붙었다. 주황색 파랑색 불꽃에 휩싸여 냄새가 났다.

우리는 깜짝 놀라 시간 가는 줄 모르고 그 자리에 서 있었다. 골짜기를 나오던 날, 번개 맞은 나무들에 붙었던 불과 너무나 똑같았다! 카인도 얼어붙은 듯 빤히 쳐다보고 있었다.

불이 동물을 빠르게 감싸 점점 아래쪽으로 태워 가다가 탁탁 소리를 내며 돌 한복판에서 수그러들어 뼈들에만 붙은 작은 불이 되었다. 그런 다음, 탈 것이 없어 죽는 작은 불꽃처럼 희미하게 꺼졌다.

제단 위로 몸을 굽혀 본 나는 그만 숨이 턱 막혔다. 그릇에 담겨 있던 피는 다 타버리고 없는데 그릇은 멀쩡했다. 돌제단의 나머지 부분에는 불에 까맣게 타버린 뼈들의 잔해만 있었다. 며칠 전에 탄 것 같은 모습이었다. 내가 서 있던 자리에서도 불길이 느

꺼졌었는데, 잔해에서는 열기가 전혀 나오지 않았다. 하지만 돌들이 사실을 말해 주었다. 돌은 뜨거웠다.

"제대로 한 거야." 아담이 선언하듯 말했다. 나는 침묵으로 동의했고, 다시는 제물을 바칠 필요가 없기를 바랐다.

우리의 정원은 번창했다. 낮 시간 내내 부지런히 일했다. 경작하고 추수하고 씨를 뿌리고 말리고 저장했다. 우리가 심은 나무와 포도나무들은 아직 어렸기 때문에 며칠씩 주위의 언덕을 다니며 열매와 포도를 많이 모았다. 어떻게 저장해야 할지 고민할 정도로 많았다.

그 기간 동안, 우리는 희생제물로 얻은 가죽 하나로는 충분치 않다는 것을 알았다. 동물이 공급해 주는 물품들이 더 많이 필요했다. 물을 담을 수 있는 방광과 위도 아쉬웠고, 가죽도 더 있어야 했다. 가죽은 옷의 재료이기도 했지만 불 위에 놓고 곡식을 요리하는 데도 긴요했다. 그래서 어느 날 아담은 창을 들고 사슴과 산토끼를 사냥하러 나갔다. 그는 힘줄과 뼈와 지방을 가지고 돌아왔다. 짐승 가죽을 무두질하는 데 필요한 뇌도 가져왔지만, 나는 그것에는 손도 대지 않았다.

밤에 잘 때는 카인이 우리 둘 사이에 누웠다. 나는 아이를 가까이에 두고 칭얼거리기 시작하면 젖을 물렸다. 낮에는 아이가 볕에 타지 않도록 그늘에서 일했다. 아담은 어깨에 포대를 둘러 아기를 매고 다니겠다고 했지만 나는 아이와 떨어지고 싶지 않았다.

몇 달이 흘렀다. 카인은 이가 몇 개 나기 시작했고, 정말 신기하게도, 손에 닿는 건 뭐든 한사코 입에 넣으려 했다. 막대기와 아버지의 도구, 먼지 덩어리, 곤충에 이르기까지.

이 무렵 흥미로운 일이 있었다. 출혈이 돌아오지 않은 것이다. 처음에는 그것을 알아채지 못했지만, 몇 달 후 아담에게 얘기를 꺼냈다.

"아이가 젖을 뗄 때까지는 출혈이 없을 거야." 아담의 말에 나는 만족스러웠다. 어쨌거나 생리가 필요할 일은 없을 것 같았으니까. 약속된 자손은 이미 태어났지 않은가. 아담과 내가 함께하는 잠자리는 즐거움을 위한 것이었다. 즐거움을 위해 여러 방식으로 관계를 했지만 옛날 같지는 않았다. 밤에 몇 시간씩 서로에게 힘을 쏟던 날들은 과거의 일이 되어 버린 듯했다.

그러나 카인이 태어난 지 아홉 달이 되자 젖이 말랐다. 아이는 젖을 빨아 댔지만 양이 충분하지 않았다. 어느 날, 아이가 젖을 빨려고 하자, 나는 아이를 밀어내 버렸다. 그리고 아주 큰 소리로 말했다. "그만!" 아이는 깜짝 놀라 나를 빤히 쳐다보았다. 아이의 포동포동한 볼에서 동그란 입술이 도드라져 보였다. 젖꼭지를 물어뜯은 것도 아닌데 아이에게 벌컥 소리를 지르다니, 나는 스스로에게 충격을 받아 죄책감의 눈물을 쏟으며 아이를 다시 안았다. 그러나 없는 젖을 만들어 낼 수는 없는 노릇이라 죽을 먹이기 시작했다. 그렇게 지내는 동안 다시 구역질이 시작되었다. 지극히 일상적인 음식을 먹고도 집 밖으로 나가 토하는 일이 벌어졌다. 내가 다시 아기를 가졌음을 알게 된 것이다.

17

그해 봄, 아몬드나무에 꽃이 피었을 때 진통이 시작되었다. 내 계산보다 두 주가 빨랐지만 이미 분홍색 액체가 배어 나오기 시작한 터였다. 그날 나는 하루 종일 포도밭에서 일했다. 음식을 조금 먹느라 잠시 일을 멈춘 것이 휴식의 전부였다. '밤이 되면 새 아들을 안게 되겠구나.'

그러나 밤이 되었는데도 아이는 나오지 않았다. 진통을 느끼며 잠이 깰 줄로 생각하고 자리에 누웠지만 내 잠을 깨운 것은 아담의 코 고는 소리였다.

카인이 태어나던 밤을 기억하고 집 뒤편으로 갔지만 속은 요동치지 않았고 그렇다고 편안해지지도 않았다. 집 안으로 들어와 다시 드러누우니, 카인이 다 안다는 듯한 검은 눈으로 자기 자리에서 나를 바라보고 있었다.

"자려무나. 내 사랑." 나는 아이의 곱슬머리를 어루만지며 엉거주춤한 자세로 기대어 입을 맞추었다.

"아가?"

"조금 있어야 돼, 내 아들."

그러나 아이는 걱정하는 눈빛으로 나를 빤히 바라보았고 나는 의아해서 고개를 기울였다. "무슨 일이야, 카인? 왜 잠을 못 자니?"

"아가 보게." 아이가 모로 누워 나를 바라보며 말했다. 그 모습이 너무나 사랑스러웠다. 자리에 누운 카인의 맨 어깨는 너무나 부드러웠고 머리카락은 검은 후광 같았다.

"아마 아침에." 잠시 말을 멈췄다가 다시 말했다. "알지? 동생 보살피는 거 도와줘야 해. 카인보다 어리니까 사랑해 줘야 해." 최근 들어 카인이 염려되던 터였다. 이제까지는 우리 관심의 중심에 있었던 카인이다. 우리는 그 아이에게 무엇이든 아끼지 않았고, 언제나 가진 것 중에서 최고의 것만을 주었다. 내가 최고로 사랑하는 카인이었다. 다른 누구라도 그만큼 사랑하는 것은 불가능하지 싶었다. 하지만 나를 필요로 하는 또 다른 존재의 등장이 코앞에 닥쳐 있었다. 다행히도 카인은 두 아이가 동시에 젖을 빠는 상황은 면하게 해주었고, 나는 그것이 고마웠다.

"동생 사랑해." 카인이 졸린 목소리로 말했다. 나는 아이의 이마에 입을 맞추고 다시 누워 깊은 한숨을 내쉬었다.

다음 날 아침, 아담은 카인에게 창 쓰는 법을 가르쳤다. 아이는 아버지의 마음에 들려고 노력했지만 아담은 아이에게 다가가 창을 쥔 조막만 한 손을 바로잡고, 조급해하며 다시 고쳐 주었다. 아이가 제 몸을 지켜야 할 상황이 생길까 아담이 걱정하고 있다는 걸 알 수 있었다. 한참을 보다가 결국 내가 소리쳤다. "진정해요, 아담! 애가 겁먹었다고요." 그 순간, 아담은 고개를 돌려 나를 무섭게 노려보더니 땅에 박아 놓았던 자신의 큰 창을 홱 잡아빼고는 성큼성큼 걸어가 버렸다.

카인은 자그마한 창을 손에 들고 선 채로 아버지를 기다렸다. 창을 머리 위로 들고 한참을 그 자세로 있기에 보다 못한 내가 가서 팔을 내려 주었다.

아이의 통통한 얼굴은 너무 근엄했고 세상을 다 아는 듯했다. 너무 어른스러웠다. 아이는 창을 쥐고 그 자리에 오랫동안 서 있었다. 얼마 후에야, 실은 여러 해가 지나고 나서야, 아이의 행동이 아버지가 없는 사이 나를 지켜 주려 했던 것임을 깨달았다.

그날 오후 늦게, 등에 경련이 일면서 속이 꾸르륵대기 시작했다. 카인을 낳을 때 겪었던 지독한 허리 통증이 임박했음을 알 수 있었다.

용변을 보려고 밖으로 나가면서 카인에게 밖으로 나오지 말고 불 가까이 가지 말라고 일렀다. 용변 구덩이에 가까이 갔을 때 첫 번째 통증이 찾아왔다. 나는 몸을 구부리고 말았다. 이 아이는 임신 막바지에 내내 움직여 대더니 나올 때도 걷어차면서 나올 작정인가?

느릿느릿하고 구불구불한 동물이 옛날 산길의 그 입구를 지날 때처럼 내 발꿈치 사이로 땅을 미끄러져 갔다. 처음엔 내가 의식을 잃고 있다고 생각했다. 시야 가장자리의 반딧불 암컷들이 빛을 잃고 꿈틀대며 내 시야의 한복판을 가로질러간다고 생각했다. 그러나 그렇지 않았다. 그 고치를 알아봤을 때 내 의식은 아주 또렷했다.

그것은 내 그림자를 벗어나 해가 난 쪽으로, 들판 너머로 구불구불 나아갔다. 그때 마침 진통이 가라앉았다. 나는 애써 그것의 움직임을 지켜보았다. 비늘에 빛줄기가 걸려 있었는데, 금빛인데다 윤기까지 있어 비늘 조각들의 집합이라기보다는 커다랗고 매끈한 표면으로 보였다. 주위의 모든 것이 멀어지는 듯했다. 그것의 비늘이 어찌나 밝은지 거기에 내 모습이 그대로 비칠 것 같았다. 비늘에 반사된 빛, 태양빛이 아닌 기묘한 그것이 너무 강해 나는 팔을 들어 눈을 가렸다. 조금 전까지 발밑에 있던 내 그림자가 뒤쪽으로 드리웠다. 그 피조물은 스스로 빛을 내는 것 같았다. 그 빛으로 그림자의 방향이 모두 바뀌었다. 그러나 여기, 눈을 가리느라 들어 올린 내 손에 든 건 무엇일까?

열매의 속.

나는 비명을 지르고 그것을 던져 버렸다. 뱀이 번개처럼 빠르게 움직였다. 열매를 칭칭 감는가 싶더니 입을 쩍 벌려 그것을 통째로 삼키기 시작했다. 어디선가 그 피조물의 말이 들려왔다. '네게 달리 행동할 선택의 여지가 없으면, 네가 그를 정말 사랑하는 건지 그가 어떻게 알겠어?'

그 말 속에는 나의 모든 실망, 아담과 온갖 부적절한 말을 주고받으며 생긴 상처, 그분 앞에서 그에게 부인당한 배신의 아픔이 고스란히 담겨 있었다.

나는 냅다 달려들어 그 고치를 맨발로 짓밟아 땅속에 밀어 넣었다. 먼지가 되도록 지근지근 뭉갰다. 내가 지금 겪고 있는 죽음을 안겨 주고 싶었다.

찢어지는 고통. 상쾌하고 맑은 공기를 막는 연기 같은 고통. 사내아이의 비명 소리. 카인? 카인! 내 아들이 어디 있지? 아담은? 나는 고통에 사로잡혔고 환각 속에서 떠다녔다. 그 골짜기. 그 나무. 사람만큼 커지더니 급기야 사람보다 훨씬 큰 덩치를 드러냈던 그 날개 날린 동물. 그리고 내 발 아래 죽어 가면서도 나를 조롱하던 그 악독한 것.

'하나님이나 뱀이 내 팔을 조종한 것도, 내 행동을 조종한 것도 아니라면, 잘못을 저지른 것은 나 하나뿐이구나.' 환각 속에서 내 발꿈치는 뱀이 아니라 잔잔한 수면을 뚫고 내려갔다. 거기 비친 것은 하늘이었고 그것을 들여다보는 존재는 나였다.

수면에 비친 나는 그분이 손으로 만드시고 생명의 속삭임으로 살아나게 하신 갈색 미인이 아니었다. 발 빠른 사람, 탐구자, 뼈와 호흡으로 태어난 매끈한 팔다리의 소유자도 아니었다. 그 아름다움을 무색하게 만들고, 천연두처럼 내 본 모습을 가리고, 내 눈의 어두운 구멍에서 나를 지켜보고 있는 그 무엇이었다.

'이것이 죽음이구나. 나는 죽는구나. 오, 아도나이여, 저는 죽습니다.'

나는 집 안에 누워 있었다. 얼굴이 벌겋게 되어 빽빽 울어 대는 것이 뭔가에 싸인 채 내 옆에 놓여 있었다. 그리고 반대쪽에서 나를 내려다보는 이는 까무잡잡한 내 새끼였다.

"엄마?"

불. 불 냄새가 싫었다. 맑은 공기가 필요했다.

"덮개 문을 열어 다오." 목소리가 갈라졌다. "할 수 있겠니?"

카인이 몸을 움직여 쪼그리고 앉더니 가죽 문을 조금 옆으로 치웠다. 그것만으로도 충분했다. 희미한 바람이 불어왔고 강 근처에서 올라오는 밤안개 냄새가 나는 듯했다. 나는 눈을 감았다. 포대기를 가까이 당기로 내 쪽으로 돌려 보았다. 아이를 감싼 부드러운 가죽을 열어 불빛에 아이를 꼼꼼히 살피고 가슴에 품었다. 아기는 왕성한 식욕으로 내 젖꼭지를 찾았다.

자그마한 아이였다. 세상에 좀 일찍 나온 탓일 것이다. 세상에 나오려고 그렇게 조바심을 내더니, 먹을 때도 조급해 보였다. 머리는 검은 솜털로 덮여 있고 벌건 얼굴에 긁힌 자국이 보였다. 하지만 건강하고 튼튼해 보였고 간간이 주먹을 흔들다 깜빡깜빡 잠이 들었다.

밖에서 묵직한 발자국 소리가 들렸다. 큰 형체가 가죽 문 옆으로 들어오다 카인의 작은 몸과 부딪칠 뻔했다. 나는 그 장면을 여러 해가 지나서 떠올리게 된다. 당시 아담은 이 말만 했다. "어이, 아들, 어디로 가는 거냐?"

"답답해서 내가 문을 열어 달라고 했어요."

아담이 내 옆에 무릎을 꿇었고, 카인은 내 다리에 손을 얹은 채 아담을 꼭 닮은 작은 얼굴을 아빠의 팔 너머로 내밀었다.

"자리를 비운 건 내 잘못이야. 떠나는 게 아니었는데."

"아이가 일찍 나온 거예요." 나는 아직 정신이 혼미했고 팔다리는 나무토막처럼 뻣뻣했다.

"첫 번째 언덕 꼭대기에 올랐을 무렵, 카인의 목소리가 들렸어. 반쯤 정신이 나간 목소리였지. 나무 근처에서 당신을 발견한 거야. 당신은 뱀을 밟았어."

"그 뱀이에요."

그가 카인을 흘깃 보며 손가락을 입에 댔지만 나는 물러서지 않았다. "그 뱀이었어요."

"쉿. 뱀이 당신을 물었고 그 충격으로 당신은 환각에 빠졌어. 발이 퉁퉁 부어 평소의 배나 되지만 나을 거야. 그건 그렇고, 이 아이는 첫째보다 빨리 왔군." 정말 왼쪽 다리가 무릎까지 아팠다. 발은 자체 심장이 달린 것처럼 욱신거리며 떨렸다. 카인이 와서 내 옆에 누웠다.

"이리 와, 동생을 안아 보렴." 애써 통증을 누르며 아이에게 아기 머리 받치는 법을 보여 주었다. 머리가 아팠고 목이 부은 느낌이었다. 목도 말랐다.

카인이 아기를 조심스럽게 받았다. 그 모습을 보자 마음이 벅차올랐다. 나의 카인은 얼마나 좋은 남자가 될까? 새로 태어난 동생은 형을 얼마나 잘 도와줄까.

바깥의 안개와 혼미한 상태로 아이를 낳은 일을 생각했다. 카인의 자리는 내가 잘 알고 있었지만, 이 아기의 운명은 어둠과 강안개로 가려진 물체처럼 감추어져 있었다.

"헤벨이에요." 내가 말했다.

"나도 한 녀석 정도는 이름을 짓는 날이 올까?" 아담이 내게 눈웃음을 쳤다. 얼마나 그리웠던 모습인지. 그는 정말 사랑스러웠다.

"다음 번 아이는 사내가 아닐 거예요." 나는 그렇게 말하고 지쳐 잠이 들었다.

그해가 가기 전에 나는 다시 임신했다. 여자아이의 이름은 릴라로 지었다. 나는 아기였던 적이 없지만 아기였다면 그런 모습이었을 것 같았다. 마침내 내 자식 중에도 나를 닮은 존재가 생긴 것이다. 아이가 태어나던 날 밤 나는 노래를 불렀고, 맹세컨대 아무런 통증 없이 아이를 낳았다. 아이가 나오는 순간 카인이 받았는데 예쁘다고, 크면 자기와 결혼할 거라고 말했다.

"하지만 오래 지나야 해." 나는 그렇게 말했다. 아기는 적어도 한동안은 나만의 소유가 될 터였다.

아이들을 기르는 상황에서 연인들이 어떻게 몰래 빠져나가 서로를 알고, 서로의 몸에 굴곡진 형상을 기억하고, 새로 난 상처와 긁힌 자국과 얼룩을 찾을 수 있을까? 다시 한 여자로 아담과 지낼 수 없을 거라 생각하니 절망스러웠다. 아담은 밭고랑과 묘목 사이에서 하루를 다 보냈고, 남는 시간에는 우리가 함께 설계한 새 화덕을 만들었다. 나는 곡물과 도토리를 갈아 만든 가루에다 씨앗과 올리브의 기름을 섞어 그 화덕에 빵을 구웠다.

나는 늘 음식이 떨어지지 않게 했고 아이들을 먹이는 데 전념했다. 사내애들의 식욕이 왕성해지면서 그 일은 하루하루 큰일이 되었고, 릴라까지 젖을 떼자 더더욱 큰일이 되었다. 릴라는 둘째 해가 한참 지나고도 가끔씩 내 가슴을 찾았다. 특히 내가 무릎에 안고 노래를 불러 줄 때 그랬다. 여동생을 질투한 헤벨은 다른 쪽 가슴에 매달려 젖을 먹겠다고 떼쓰곤 했다. 하지만 헤벨은 젖을 찾을 나이가 지났고, 카인은 동생에게 대놓고 그렇게 말했다.

가끔 강가로 나가 작은 그릇들을 만들 때면, 카인에게 묵직한 강변의 진흙을 주고 원하는 모양을 만들어 햇볕에 말리게 했다. 아이에게 만드는 법을 보여 주면서 작은 진흙 인형 몇 개를 만들고 '작은 아담들'이라고 불렀다. 사내애들은 그 인형들을 좋아해서 마당에서 몇 시간이고 갖고 놀았다. 릴라는 진흙 인형에는 관심이 없었다. 가죽 조각을 묶어 만든 여자 인형이나, '아기들'이라 부른 알 모양 인형을 좋아했다.

나는 아들들을 위해 진흙 인형을 만드는 일이 좋았다. 내가 그분의 역할을 연기한다는 의식은 신비감을 자아냈다. '나는 그분의 도움으로 사람들을 만들었다.' 아들들을 보면서 그런 생각을 했다. 카인이 세상에 나온 순간부터, 산고를 치르는 것이 우리 안에 남아 있는 그분의 흔적에 합당한 봉사라는 믿음을 갖게 되었다.

어느 날 밤, 카인이 소리를 지르는 동생에게 조용히 하라고 했다. 헤벨은 화가 나서 카인의 찰흙 인형 중 하나를 집어 화덕에 던졌다. 자궁을 박차고 자신만만하게 태어난 헤벨은 늘 쉽게 흥분하고 성급하게 구는 모습이 꼭 어린 숫양 같았다. 나는 그 광경을 보고 숨이 턱 막혔다. 그 장난감은 아담의 형상이었다. 그것은 내가 경험한 최초의 독신瀆神, 신성모독이었다. 꺼내려고 손을 뻗었지만, 불이 너무 뜨거워 꺼낼 수 없었다.

"헤벨!" 카인이 말했다. 카인이 정말 화난 모습은 그때가 처음이었다. 야단맞는 것을 싫어하는 헤벨은 형을 외면하면서 짜증을 못 이겨 머리를 헝클어뜨리고 울부짖기 시작했다. 형이 달래주려 하자, 헤벨은 달려들어 작은 주먹으로 형을 때렸다. 카인은 아무 말 없이 동생의 두 손을 꼼짝 못하게 잡았지만, 두 볼이 상기된 것을 나는 보았다.

다음 날 아침, 나는 잿더미 속에서 진흙 인형을 꺼냈다. 손가락으로 먼지를 털고 보니 전과 다른 부분이 눈에 들어왔다. 진흙이 단단해져 있었던 것이다. 햇살 아래서 단단해지는 것과 전혀 다르게, 훨씬 튼튼하게 구워져 있었다. 아담과 나는 불이 음식과

물과 나무에 어떤 영향을 주는지 파악하고 있었다. 그때 또 다른 일이 떠올랐다. 임시 화덕을 진흙으로 보강해 놓고 몇 번 불을 지피고 나니 진흙 부분이 단단해졌던 기억이었다. 나는 진흙 인형을 손바닥에 놓고 굴리면서, 물을 담아 놓으면 늘 새는 가죽 주머니와 바구니, 그리고 물기가 마르면 바스러지는 항아리들을 물끄러미 바라보았다.

그 후로 나는 그릇들을 불에 굽기 시작했다.

우리의 유배 기간을 돌아볼 때 그때가 가장 즐거운 시기로 떠오른다. 내 첫 번째 아이들은 한때 하나님이 거니셨던 흙에서 난 것을 먹고 양젖과 염소 치즈와 꿀을 먹으며 자랐다.

물론 더럽혀진 아기 기저귀에서 나는 악취가 도처에 진동했다. 오죽했으면 르우트마저 그것들에 호기심을 갖지 않았다. 흠뻑 젖거나 냄새 나는 물건을 치우고 나면, 아이들 중 하나가 어김없이 내게 와 젖이나 먹을 것을 달라고 했다. 그러나 밤이 찾아오고 자그마한 가슴들에서 나오는 부드러운 숨소리와 따스한 이마에 달라붙은 아기의 곱슬머리에서 나는 냄새, 녹초가 된 아담이 친숙한 모습으로 내 옆에 누워 풍기는 땀 냄새, 야생 밀 냄새에 둘러싸일 때면, 나는 만족했다.

가축 떼는 계속 불어나 양 다섯 마리와 염소 여덟 마리가 되었다. 짐승이 새끼를 낳을 때면 다들 신이 나서 곁에서 살피며 도왔는데, 암양의 배가 다 찼다고 쪼르륵 달려와 먼저 알려 주는 건 그중에서도 사내애들이었다. 흥분에 사로잡힌 엉터리 경보도 많았다. 골짜기에서 동물들의 출산을 도울 때와 달리, 아담은 새끼가 태어날 때마다 늘 자리를 지키지는 않았다. 그래서 손이 부드러운 카인이 열 살 무렵 분만 보조 일을 넘겨받았다.

그런 일을 하나하나 겪을 때마다 카인의 운명에 대한 나의 확신은 더욱 굳어졌다. 그분은 선하셨다. 어미는 제 자식들이 다 선하고 총명하고 친절하고 재능이 많다고 믿고 싶어 한다. 하지만 카인이 선하다는 것은 내가 아는 사실이었다. 그런 자질들을 다 갖추었기 때문에, 그리고 첫째였기 때문에 나는 그 아이를 사랑했다. 그 사랑이 특별했기에 마음속에만 품고 아무에게도 말하지 않았다. 어미로서 한 아이를 편애한다는 죄책감이 들기도 했다.

우리는 그분이 하신 말씀을 카인에게 한 마디도 전하지 않았다. 우리가 살던 곳이 어디였는지도 밝히지 않았다. 하지만 아이의 눈에는 뭔가가 담겨 있었다. 구체적인 내용은 묻지 않지만 우리가 원하는 것을 받아들인다는 것 같았다. 기꺼이 희망의 짐을 짊어지겠다는 각오였다.

카인

18

"어머니, 빨리 오세요!"

헤벨이 사슴처럼 우아하게 달렸다. 헤벨은 열 살이 다 되었다. 소년이 소녀보다 아름다운 나이였지만, 아버지와 형처럼 머리를 뒤로 묶은 모습이 청년 같은 느낌도 주었다. 헤벨의 키는 이미 카인을 따라잡았고, 날아가듯 달리는 모습은 사자와 가젤, 그리고 예전의 나를 떠올리게 했다. 그의 건강한 몸에선 내 사춘기가 보였다. 나의 사춘기는 나의 유년기이자 유아기였고, 아담의 쉼터에서 부부관계를 가지던 때이기도 했다. 그때 내 다리는 지금 헤벨의 것과 비슷하게 망아지처럼 호리호리했다. 이후 세월이 흐르면서 내 다리는 맵시 있게 바뀌었다. 사춘기 초반에 접어든 카인도 말없이 여동생들과 나의 차이점들을 주목하기 시작했다.

그해 여름, 나는 쌍둥이 딸을 낳고 시바와 아쉬라라고 이름 지었다. 둘은 늑대와 종다리처럼 딴판이었다. 하나는 매순간 배가 고프다고, 뭔가를 해달라고 울어 댔고, 다른 하나는 아기 때도 대부분 기분이 좋았고 귀염성과 애교로 태어날 때부터 예쁜 짓을 했다. 릴라는 둘의 출생을 넋을 잃고 지켜보았는데, 아쉬라의 머리가 보이자 제 손으로 끌어내고 싶어 했다.

아쉬라가 나올 때는 아담이 릴라를 뒤로 물러나게 했지만, 시바는 아담의 도움으로 릴라가 받았다. 이후 릴라는 쌍둥이가 젖을 먹는 시간 외에는 두 아이의 엄마 노릇을 자처했다.

카인은 진작부터 가축 떼를 따라다니는 일을 맡았는데, 덕분에 우리는 큰 짐을 덜 수 있었다. 이제 가축이 너무 많이 불어나 풀을 뜯기려면 먼 언덕까지 데리고 가야 했다. 카인은 그 일을 기분 좋게 해냈다. 부모가 요청한 일을 잘 감당해야 한다는 것을 잘 알고 있는 듯 보였다. 카인은 르우트를 데리고 목초지로 갔고, 종종 동생이 따라붙었다.

헤벨은 내 관할 구역에서 최대한 빨리 빠져나갔다. 그것은 근엄한 태도로 잔소리를 해대는 여동생의 구역이기도 했다. 카인과 달리, 헤벨은 동생의 그런 모습을 전혀 봐주지 않았고, 릴라를 염소라고 놀리고 먹을 걸 만들어 내라고 억지를 부려 릴라가 베틀의 북을 집어던지기도 했다. 헤벨은 형과 함께 언덕에 나가 돌 던지는 법, 창 쓰는 법을 연습하고 싶어 했다. 그러나 창 다루는 재주가 카인만은 못했다. 카인은 이제 온전한 크기의 창을 만들었고, 아버지의 창을 개량해 아담을 깜짝 놀라게 할 정도였다. 그러나 헤벨은 그런 것에 크게 신경 쓰지 않았다. 그저 집 밖에서 형과 몸싸움을 벌일 수만 있으면 만족하는 듯했다.

형제가 화를 내며 싸우는 경우는 드물었지만, 가끔 둘의 몸싸움이 격해질 때가 있었다. 첫 번째 싸움의 발단은 아담이 르우트 모양으로 깎은 사슴뿔 조각이었다. 생각 없이 하나만 만든 것이 사달이었다. 둘 다 그것을 갖고 싶어 했던 것이다. 나는 아이들의 고함 소리와 치고받는 소리를 듣고 집 밖으로 달려 나갔다. 그때 카인을 헤벨에게서 떼어내고 야단친 것은 순전히 충격 때문이었다. "어떻게 된 거냐? 어떻게 이렇게 행동할 수 있니?" 카인의 얼굴에 놀라움이 서렸고, 헤벨은 고집 센 표정으로 제 차례를 기다렸다. 그러나 나는 카인에게 워낙 실망했던 터라 헤벨은 나무라지 않았다. 나중에야 카인이 잘 쓰지 않는 변소 근처에서 헤벨을 만나 형을 좀더 부드럽게 대해 주라고 당부했다. 이제 둘의 덩치가 거의 비슷해지고 있었다.

"지금 이해하지 못하겠지만, 네 형은 특별한 운명을 타고 났단다."

"제 잘못이에요. 어머니." 헤벨은 자기 발을 내려다보며 말했다. 그러다 눈을 가늘게 뜨고 나를 쳐다봤다. "운명이 뭔가요?"

"목적이란다, 얘야. 씩씩한 내 새끼. 그래서 네가 형에게 해를 끼치면 안 되는 거야. 알겠니?"

"예, 어머니."

"이 얘기는 아무에게도 하지 않겠다고 약속해라. 지금 이 얘기를 하는 것은 네가 이런 일들을 이해할 수 있는 어른이 되었기 때문이야." 물론 헤벨은 어른이 되려면 멀었다. 그러나 헤벨은 허리와 어깨를 꼿꼿이 펴고 진지하게 고개를 끄덕였다.

"예, 어머니. 절대로 안 할게요."

사랑하는 아들, 착한 헤벨.

그래서 그 애가 집으로 달려오다가 햇볕에 말리려고 내놓은 열매가 가득한 선반에 부딪칠 뻔했던 날, 내 심장은 강둑에 떨어진 물고기처럼 마구 벌렁거렸다. "무슨 일이야, 아들? 무슨 일이 벌어진 거니? 카인은 어디 있어?"

헤벨이 가쁜 숨을 몰아쉬며 말했다. "형은 짐승들과 함께 있어요. 와보세요, 어머니. 어서요!"

"무슨 일인데? 지금 말해 줘!" 점점 걱정이 되었다. 소동을 일으키다니, 카인답지 않았다.

"형이 어머니를 모셔 오라고 절 보냈어요." 헤벨의 볼은 발갛게 상기되었고 눈은 반짝거렸다. "가서 보세요!"

집에서 나오는 순간 시바가 울음을 터뜨렸다. 릴라가 시바를 달래는 모습을 보면서 한순간 이기적인 생각이 불쑥 들었다. 나는 집을 빠져나와 다리를 뻗을 기회가 생긴 것을 기뻐하고 있었다.

우리는 언덕을 향해 달리기 시작했다. 기분이 너무 좋았다! 그동안 불 근처에서, 그리고 아이를 돌보고, 릴라에게 옷감 짜기를 가르치느라 베틀 근처에서 무릎을 늘 구부리고 지냈다. 달리는 내 귀에 쿵쾅대는 심장 소리가 크고 강하게 울렸고 나는 아들을 앞질렀다. 경쟁심이 강한 헤벨은 열심히 팔을 움직였다. 상대가 알건 모르건, 모든 사람, 심지어 제 아버지도 경쟁 상대로 여기고 이기려 드는 아이였다. 그러나 아담을 제외하고, 살아 있는 사람 중에 나보다 빨리 달릴 수 있는 이는 아직 없었다. 머리카락이 바람에 나부끼는 것을 만끽하며 웃었다. 소녀가 된 기분이었다.

양 떼가 시야에 들어오자 내 눈은 키 큰 맏아들의 형체를 나도 모르게 찾았다.

카인은 매력적인 소년기의 마지막 단계에 있었고, 호리호리하고 팔다리가 긴 멋진 남자로 자라고 있었다. 카인의 두터운 입술과 얇은 허벅지는 골짜기 시절의 아담과 너무 닮아 나는 그 아이를 아담이라고 부르는 실수를 종종 저질렀다. 아담도 카인도 그것을 싫어하는 눈치였지만, 어느 쪽도 드러내 놓고 말하지는 않았다.

다가가면서 보니 모여 있는 양들의 행동이 이상했다. 그러나 양들의 수는 맞았고 모두 무사한 듯 보였다. 그럼 카인은 어디 있을까? 거듭 궁금해하며 초조해질 무렵, 헤벨이 나를 끌고 커다란 능수버들을 돌아갔다. 거기에 카인이 있었다. 내 어린 사냥꾼이 동물 곁에 쪼그리고 앉았는데 손에 피가 묻어 있었다. 나는 그 광경에 비명을 질렀다. 그러나 헤벨이 내 팔을 흔들며 말했다. "자칼이에요, 어머니. 형이 창으로 저놈을 죽였어요! 보이세요? 형의 피가 아니에요." 아이의 목소리에는 흠모와 존경이 담겨 있었다. 그러고 보니, 카인은 벌써 동물의 가죽을 벗기고 있었다. 그가 나를 올려다보며 미소지었는데, 그 모습이 섬뜩했다. 얼굴에 묻은 피 때문이었다. 나는 뒤로 물러섰다. 내 반응을 본 카인의 얼굴에서 미소가 사라졌다.

"어머니."

"얼굴에 묻은 피 닦아!" 카인이 다치지 않았고 피도 그의 것이 아니라는 사실에 안심한 나는 아이의 발치에 놓인 사체를 살폈다.

큰 동물은 아니었다. 한창 자라는 녀석이었다.

"잘했다, 내 아들." 나는 두 사람 사이에 앉으며 말했다. 헤벨은 너무 흥분한 나머지 내 품에 들어오려 하지 않았다. 자기가 사냥꾼이 된 기분인 모양이었다. 어찌나 기운차게 형의 무용담을 늘어놓는지 카인이 입을 열 틈이 없었다. 자칼은 벌써 여러 날 째 양떼를 뒤따라왔다고 했다. 그러나 카인이 바로 그날 아침에 산토끼를 잡았고, 놈을 끌어들일 요량으로 산토끼 시체를 일부러 펼쳐놓았다. 카인은 자칼을 기다리며 조금 떨어진 곳에 숨어 있다가 놈이 나타나자 쫓아 달려가 창을 던져 상처를 입혔다.

"형이 돌멩이로 녀석을 끝장냈어요." 헤벨은 자칼의 머리를 가리키며 말했다. "이렇게요!" 그는 일어서더니 허리에 찬 주머니에서 돌멩이 하나를 꺼내 스무 발자국 정도 떨어진 관목을 겨냥해 던졌다. 돌멩이는 아슬아슬하게 빗나갔다. "저것 비슷했어요. 이렇게 말이죠!" 헤벨은 다시 돌멩이를 던져 관목 꼭대기를 맞췄다.

자칼의 늘어진 모습을 살피는데, 이전에 이런 상황에서 느꼈던 희미한 슬픔을 전혀 느낄 수 없었다. 한때 나는 동물 하나하나의 특징을 모두 알았다. 각각의 독특한 취향을 다 나열할 수 있었다. 어느 녀석이 산사나무 제일 낮은 가지에 몸을 긁는지, 어느 녀석이 우리가 골짜기에서 즐겨 하던 숨바꼭질을 제일 잘하는지도 알았다.

이제 사냥감은 아이들의 몫이 되었고 그 결과는 더 심각했다.

헤벨의 간청에 못 이긴 나는 주머니가 다 빌 때까지 돌멩이들을 애꿎은 관목에다 던지는 그 애의 모습을 지켜보았다. 전에 겪었던 비슷한 상황이 희미하게 떠올랐다. 그때 나는 스스로 계신 분의 숨결을 머리카락 사이로 느끼며 골짜기를 달렸었다.

'내가 달리는 걸 보세요!'

내가 저 아이처럼 활기찼던가? 그분은 오늘의 내가 아들을 보듯 나를 애지중지하시고 극진히 아끼시고 자랑스러워하셨을까?

헤벨이 돌멩이들을 찾으러 간 사이 카인이 말했다. "이 가죽은 어머니 거예요." 아쉬운 것이 하나도 없는데도 내 마음은 벅차올랐다. 내 아들이 포식자를 물리치고 양 떼를 지키다니. 언젠가는 뱀도 없앨 것이다.

그날 밤 나는 꿀을 넣은 빵까지 갖춘 잔칫상을 준비했다. 르우트도 카인이 사냥한 동물의 콩팥으로 배를 불렸는데 점잖지 않게 허겁지겁 먹어 댔다.

식사를 하려고 자리에 앉은 아담이 그 가죽을 살피더니 말없이 내게 돌려주었다. 그가 그날 언덕에서의 나와 비슷한 생각을 한다는 것을 알 수 있었다. 그러나 카인은 알지 못했다.

"좋은 가죽이에요." 나는 한마디 하라는 뜻으로 말했다. 그러나 그는 자기 생각에 빠져 있었다.

햇볕에 말린 진흙 벽돌처럼 바스러지는 카인의 표정을 보았다. 나는 아담에 대한 짜증을 숨기며 말했다. "여름을 열 번밖에 안 지났는데 자칼을 죽이다니, 내 사랑!" 헤벨은 자신이 오늘의 주인공인 듯 그 순간을 만끽하며 카인이 고스란히 남긴 음식까지 싹싹 비웠고, 그것도 모자라 마지막 조각을 놓고 릴라와 다퉜다.

나중에 화덕의 깜부기불이 잦아들고 재로 덮인 숯만 남았을 때, 카인은 내 무릎을 벤 채 뼈로 작은 늑대상을 조각했다. 아담은 헤벨과 축사를 고치러 나가고 없었다. 방금 젖을 먹은 쌍둥이는 릴라의 자리에서 잠들어 있었다. 카인은 내 무릎에 볼을 대고 누웠고, 나는 그 가무잡잡한 얼굴에 흘러내린 머리카락 한 가닥을 뒤로 넘겨 주었다. 나는 헤벨을 참으로 사랑했지만, 그 아이는 내게 이런 순간을 허락하지 않았다. 헤벨은 동물들과 언덕에 머물거나, 내 말을 듣고 집 안에 머물 때도 제 자리를 벗어나지 않고 가죽 조각이 완전히 부드러워질 때까지 무두질을 하다 그것을 손에 쥔 채 입을 벌리고 잠들곤 했다. 가끔은 축사에서 동물들과 있기도 했는데, 왜 그러는지 나로서는 도무지 이해할 수 없었다. 하지만 가끔 카인도 우리가 잠들었다 싶으면 몰래 빠져나가 동생과 합류하곤 했다. 그래도 이 순간, 카인은 나를 위해 집에 머물고 있었다. 그것을 알기에 나는 맏아들이 더욱 사랑스러웠다.

내 젊은 사냥꾼. 내 전사 자손.

아담이 돌아와서 몸을 구부리고 문을 통과했다. 그는 카인이 내 무릎에 머리를 베고 누운 것을 보고 인상을 찡그렸다.

"어머니 무릎을 베고 누워 있기엔 넌 너무 컸다." 카인이 일어 나 앉았다. 카인의 머리가 놓였던 자리에 닿는 공기를 느끼며 아 이 아버지에 대한 적개심이 솟구쳐 올랐다.

"그래." 나는 카인이 머리에서 풀어 낸 가죽 끈을 건네며 말했 다. "넌 이제 자칼을 죽였고 어른이 다 되었다." 나는 아담을 바라 보았다. "하지만 내 아이가 아무리 자라도 내 무릎을 베는 데는 지장이 없을 거다." 나는 화가 났다. 자칼을 잡은 아들을 칭찬하 지 않은 아담에게 화가 났고, 아들이 나와 가까이 있는 것을 나 무라며 막는 행태가 미웠다. 카인은 내 분노를 느꼈다. 그것도 문 덮개 아래쪽으로 불어오는 찬바람을 느끼듯 예리하게. 아담도 그 것을 알아챘을 것이다. 그의 미간이 좁아졌다. 하지만 그는 아무 말도 하지 않았다. 내 기분은 상할 대로 상했다. 그날 저녁 내내 그의 눈을 쳐다보지 않았다.

며칠 후, 언제나처럼 카인과 헤벨에게 점심 식사를 가져다주었 다. 카인과 둘만 있게 되었을 때 내가 말했다. "네 아버지는 네가 더 이상 아이가 아니라고 보신다. 아버지 말씀이 옳아. 하지만 내 품에는 늘 네 자리가 있다. 누구도 어미와 자식 사이를 가로막을 수 없어." 동물들 중에서는 새끼를 낳은 후 짝을 피하는 암컷들이 있었다. 수컷들이 제 짝이 낳은 새끼를 죽인다는 증거도 발견했다. 암컷이 새끼에게 젖을 먹이는 것을 막아 발정기에 들어가게 하기 위해서였다. 그 사실을 발견한 후 나는 몸서리치고 분노했었다. 연관성은 없지만, 카인이 자칼을 죽인 날 밤 아담이 보인 반응은 그런 수컷들의 행동을 연상케 했다. 안 그래도 우리는 충분히 동물처럼 되어 버렸는데 이 부분에서도 그렇게 되는 걸까?

"알아요, 어머니." 카인은 그렇게 말하고 내게 몸을 기댄 뒤 젊은 팔로 내 허리를 안았다. 나는 그 카인의 머리카락을 매만졌다. 아들의 착한 마음씨가 고마웠고 그 부드러움이 한 해만 더 지속되기를 바랐다.

헤벨이 언덕 꼭대기로 달려왔는데 머리카락이 제멋대로 헝클어져 있었다. 형에게 새롭게 자극을 받은 듯 창을 하나 들고 있었다. 작은 창이 아니라 카인의 창 길이에 가까운 큰 것이었다. 허리에는 기다란 가죽 끈이 늘어져 있었다. 헤벨은 나를 보더니 이렇게 말했다. "와보세요, 어머니. 제가 뭘 했나 보세요!"

그 애는 우리를 작은 돌무덤으로 데려갔는데 그 옆으로는 더 작은 자갈더미가 있었다. 돌멩이 몇 개를 골라 몇 걸음 뒤로 물러나더니, 땋은 가죽 끈을 허리에서 빼내어 돌멩이 하나를 끼웠다.

"녀석, 돌 던지기로는 형을 당할 수 없다는 걸 깨닫더니, 계속 저거 연습이에요." 카인이 목소리를 낮추어 말했다.

헤벨은 매번 돌무덤 꼭대기를 놓치긴 했지만, 자기에게 맞는 뭔가를 찾아낸 것만은 분명했다. 그 애는 손으로 던지는 것보다 훨씬 강력한 힘으로 사방으로 돌멩이를 날렸는데, 한번은 우리 머리를 맞출 뻔했다.

"아들, 주위에 다른 사람이 있을 때는 연습하면 안 되겠다. 자 칫하면 큰일 나겠구나."

"예, 어머니." 헤벨은 나를 제대로 쳐다보지도 않고 돌멩이를 주우러 달려가면서 말했다. 양 치는 일에 대한 사명감이 그 애를 새롭게 사로잡았다. 양 떼를 지키는 일보다는 포식자, 또는 표적 이 될 만큼 가까이 다가오는 동물을 죽이는 데 더 관심이 있는 것 같긴 했지만.

헤벨은 돌멩이를 두 손 가득 들고 뛰어서 돌아왔다. "조금만 지 나면, 그놈의 사자 따위는 상대도 안 될 거예요!"

내가 "무슨 사자?"라고 물었을 때 헤벨은 순간적으로 얼어붙었 다가 짐짓 어깨를 으쓱했다. 거짓말은 정말 못하는 아이였다.

카인이 말했다. "산등성이에서 사자 한 마리를 봤어요. 가까 이 다가오지는 않아요. 불이 있으면 더 멀찍이 떨어지고, 르우트 도 있으니까요."

나는 마음이 편치 않았다. 두 아들은 집에서 점점 더 멀리 나갔 고 가끔은 밖에서 밤을 지새우기도 했다. 어쩌다 그 일을 아무렇 지도 않게 받아들이게 되었을까? 어제만 해도 젖을 빨던 아들들 이 고작 창 두 개와 잘 맞지도 않는 돌멩이 몇 개만 갖고 밖에 나 와 있다니! 카인이 동물을 잡은 일을 칭찬하긴 했지만, 솔직히 나 는 그것을 운 좋게 한번 맞춘 것으로 여겼다. 그의 운명을 확증해 주는 징조일 뿐, 사냥 실력을 말해 주는 것은 아니었다.

카인의 커다란 갈색 눈이 나를 바라보는 게 느껴졌다. 릴라에게 '예쁜이'라고 놀림 받게 만든, 여자아이 같은 속눈썹이 박힌 눈이었다. 카인이 말했다. "아무것도 아니에요, 어머니. 외톨이 늙은 사자일 뿐이에요."

그러나 충격은 가시지 않았다. "어쨌든 해가 지면 동물들을 데려오너라. 달이 안 뜨는 오늘 밤과 내일은 특히. 어두운 밤에 밖에서 지새는 건 용납할 수 없다."

헤벨은 바람 빠지는 소리를 냈다. 신나는 모험을 망쳤다는 뜻이었다. 하지만 카인은 고개를 끄덕였고, 어머니 말씀대로 하겠다고 말했다.

하지만 아담은 내 생각에 동의하지 않았다. "당신이 아이들을 응석받이로 만들고 있어. 그런 식으로 해서 아이들이 어떻게 배울 수 있겠어? 카인은 실력을 입증했잖아. 밤에 밖에 있어도 위험할 것 없어. 둘이 같이 있으면 더 그렇고."

"아이들을 아무렇지도 않게 위험 속에 둘 건가요?" 내가 버럭 소리 질렀다. 그러나 내가 정말 하고 싶었던 말, 늘 누군가가 근처에 있어서 꺼내지 못했던 말은 바로 이것이었다. '그 애는 우리 희망이에요. 그 목숨을 운에 맡길 건가요?'

아담은 내 말뜻을 알아듣고 더는 반박하지 않았다. 하지만 나는 그의 생각 없고 이기적인 행동과 근시안적인 모습을 속으로 욕했다. 불만의 뜻으로 양끝이 내려간 입술 선, 내가 할 말을 마치지 않았는데도 멀어져 가는 그의 발걸음, 그날 밤 잠자리에서 돌아누운 그의 등에도 욕했다.

19

한 해가 지나는 동안 카인은 키가 한 뼘이나 자랐다. 다리도 쑥쑥 길어져 아무리 많이 먹여도 나날이 말라 가는 것을 어찌 할 수 없었다. 헤벨은 얼굴이 매끈한 소년기로 막 접어들어 아직은 팔과 볼에 지방이 남아 있었다. 나는 카인이 어른이 되어 가는 것이 반가우면서도, 한편으로는 어린 시절이 아쉽기도 했다.

어느 날 밤, 화덕 주위에 놓인 돌 위에서 넓적한 빵이 익어 가는 동안, 나는 매년 그 무렵이면 그랬던 것처럼, 카인이 태어난 날 밤을 회상했다.

"안개가 끼기 시작했어. 나는 용변을 보러 가야 했지. 그래서 창을 집어 들고 집 밖으로 나갔어."

"그래서 오빠가 어딜 가나 창을 갖고 다니는 거야." 릴라가 뭔가 안다는 듯 카인에게 말했다. 릴라는 시바를 안고서 젖꼭지를 물리듯 손가락 끝에 꿀을 묻혀 먹였다. 단맛에 놀란 시바는 벌린 입을 다물지 못했다. 동그란 입술 사이로 분홍색 혀가 쑥 나와 있었다.

"나는 그런 생각을 못해 봤구나." 이미 여러 번 그랬던 것처럼, 아이가 자신을 낳은 어머니의 경험을 통해 인생을 얼마나 많이 알게 되는지 또 한 번 깨닫고 놀랐다. 한 여자의 몸에서 아기로 태어나 자라 가는 존재와 다 자란 모습으로 만들어진 존재는 전혀 다르다는 생각이 들었다.

"안개가 끼었어요." 카인이 재촉했다.

"안개가 끼었어. 등이 아파 왔지. 얼마 안 남았다는 걸 알 수 있었어. 그러나 안개가 너무 짙어 앞이 거의 보이지 않았단다. 그래서 창을 앞세우고 걷기 시작했어. 뭔가에 걸려 넘어지지 않으려고."

"이렇게 말이죠!" 헤벨이 벌떡 일어서더니 나이 든 사람처럼 창에 기대어 섰다. 나이 든 사람을 본적도 없으면서. 그러고 보니, 우리 중 누구도 나이 든 사람을 본 적이 없었다. 헤벨은 한 손을 등에 지고 절뚝거리며 걸어갔다. 카인이 웃었고, 평소 너무 진지했던 릴라도 웃었다.

"안개에서 소리가 났어. '아담?' 내가 불렀어. '아담?'"

"그분이다!" 릴라가 말했다. 그녀의 무릎에 있던 시바가 씩 웃었다. 아무것도 이해하지 못하지만 언니의 목소리에서 활력을 느낀 듯하다. 옆에 앉아 있던 아쉬라는 신이 나서 옹알이를 해댔다.

"정말 그분이었어." 내가 고개를 끄덕였다.

"그분을 보는 건 어떤 것과 같아요?" 카인이 끼어들어 아버지를 보다가 나를 봤다.

나는 입을 다물었다.

사실 나는 바라고 있었다. 그분이 카인에게 당신을 드러내 주시기를. 언덕이나 들판에서 카인을 붙잡으시기를. 낮에 나타나시면 처음에 아이는 제 얼굴에 비치는 빛이 햇빛인 줄 알 것이다. 흐린 날에 나타나시면 그런 빛의 출처는 하나뿐임을 알아챌 것이다. 어느 쪽이든 좋을 것이다. 카인이 집으로 돌아올 때면, 나는 가끔 그 애 얼굴을 살폈다. 혹시 오늘이 그날은 아닐까. 그 애가 기쁨에 넘쳐 집 안으로 들어와 평생 최고의 순간을 경험했다고, 내 인생이 진정으로 시작되었다고 말하지 않을까 하는 기대로. 나는 카인이 자신이 태어난 목적을 이제 알겠다고 말할 날을 기다렸다. 그날이 오면 아이의 얼굴에 감도는 그 빛을 보고 그분의 임재를 느끼게 되리라. 그는 빛나는 피조물을 물리쳤다고, 나중에는 골짜기의 환상을 보고 그곳으로 가는 길을 알게 되었다고, 우리에게 그 길이 열릴 줄 알았다고 말하리라.

하지만 어떤 일도 일어나지 않았다.

그러나 나는 희망을 붙들었다. 낮에건 은밀한 밤에건 그분이 속마음을 털어놓지 않는 내 맏아들에게 속삭이실 거라는 희망. 나이에 비해 너무나 깊은 슬픔과 연민이 담긴 갈색 눈을 지닌 소년에게 말씀하실 거라는 희망. 그날이 올 때까지 우리는 기다리고 살아남기만 하면 된다고 계속 믿으리라, 그렇게 다짐했다.

하지만 막상 카인이 그런 질문을 해오자 나는 실망했다. 재빨리 눈을 내리깔고 아담이 대답해 주기를 기다렸다. 그가 아무 말도 없자, 나는 아담을 보지도 않고 말했다. "아버지께 여쭤 보아라. 내가 존재하기 전 그분과 함께 계셨으니까."

"아버지?" 카인이 말했다.

웃통을 벗고 화덕 근처에 웅크리고 있던 아담은 고개를 들지 않았다. 대답하지 않으려나 보다 하고 생각할 즈음, 마침내 입을 열었다. "내가 누구보다 잘 알고 누구보다 나를 잘 아는 분 앞에 있는 것과 같다. 그러니 그분 앞에서는 말이 필요 없다. 아무것도 말할 필요 없어. 내가 그분의 성품을 타고 났기 때문이고, 그분만 계시던 곳에서 나왔기 때문이야."

나는 감동했고 적잖이 충격도 받았다. 그가 그분에 대해 말한 것은 처음이었다. 화덕 너머로 나를 쳐다보는 그의 눈에는 큰 슬픔과 주리고 목마름, 갈망이 담겨 있었다. 그것을 본 내 눈가에 눈물이 고였다.

"그런 기분을 느끼면서 어떻게 말을 안 할 수 있어요?" 헤벨이 침묵을 깨뜨리며 불쑥 말했다.

나는 마음을 가라앉히고 말했다. "말이 필요 없거든. 그건 해 아래 있는 것과 같아. 해보다 더 따스한 해 아래. 시내에서 목욕하는 것과도 같지. 가장 달콤한 시내에서."

"꿀처럼요?" 릴라의 말은 부드러웠지만 경이로움이 담겨 있었다. 릴라는 모든 것에서 신비를 찾아냈다. 다른 세상에서 이제 막

이곳에 도착한 쌍둥이의 눈에서 신비로운 문자를 읽어 내고, 별들을 보며 내가 한 번도 해본 적이 없는 방식으로 패턴을 읽고 그 안에서 자신만 아는 의미를 찾아냈다. 흐르는 물에서, 귀뚜라미의 노래에서, 한마디로 모든 것에서 한 번도 본 적 없고 목소리를 들은 적도 없는 신의 증거를 발견했다. 그분을 보고 그분의 목소리를 들은 나는 그 아이의 순수한 믿음이 부러웠다. 그런 믿음이면 그분의 존재에 대한 작은 증거만으로도 그분과 교제할 수 있을 것 같았다.

"꿀처럼 달콤하지만 그렇게 걸쭉하지는 않아. 해처럼 따뜻하지만 열기는 없고. 빛과 같지만 그보다 더 큰 것. 마치……"

말을 멈출 수밖에 없었다. 표현할 단어가 없었다. 말이 필요 없던 시절이 있었다. 눈물 때문에 눈앞이 흐려져 손으로 닦아냈다.

카인이 부드럽게 말했다. "그러니까 안개 속에서 어머니는 무릎을 꿇으셨고, 안개가 걷혔어요."

"안개가 걷혔지." 나는 말했다. 고마웠다. 불 건너편에서 아담이 고개를 돌리고 있었다. "나는 일어나서 집으로, 네 아버지에게로 돌아왔다. 아버지는 자리를 준비해 놓고 계셨다."

"동물들의 출산을 도우셨기 때문에 아시는 거죠." 릴라가 말했다. 그 아이는 쌍둥이의 등장 이후 출생 과정에 줄곧 관심을 보였다. 쌍둥이에 이어 가까운 장래에 동생들이 태어나지 않을지 조짐을 찾으려고 촉각을 곤두세운 채 제 아버지와 나를 열심히 지켜보고 있었다.

이야기 나머지 부분은 으레 하던 말로 예년보다 서둘러 마무리했다.

조금 후, 쌍둥이가 누워 자고 릴라가 그 옆에 누워 졸고 있을 때 헤벨이 말했다. "어머니의 꿈 있잖아요, 세상이 만들어진 이야기를 다시 들려주세요."

"아버지께 여쭤 봐라." 그날 밤 그렇게 말한 것이 두 번째였다. 내 환상의 무게를 짊어지는 일도 지쳤고, 아담의 침묵도 지긋지긋했다.

"내 꿈은 네 어머니 것과 다르다." 아담의 목소리는 어두웠다.

"아버지는 꿈이 필요 없으셨지. 내가 존재하기 전부터, 그분에게 많은 말씀을 들으셨거든."

"어머니, 꿈 이야기 들려주세요." 헤벨이 재촉했다.

"다른 날에." 나는 무척 피곤했다.

카인이 누운 자리에서 말했다. "어머니? 그분은 왜 어머니와 아버지를 만드시고 다른 사람은 안 만드셨나요? 왜 동물들처럼 많은 사람을 만들지 않으셨을까요?"

나도 그런 것이 궁금했던 적이 있었고, 우리 둘만 있지 않았다면 함께 지내는 법을 배우지 못했을 거라는 결론을 내린 바 있었다. 하지만 아담 앞에서 그런 말을 하는 게 내키지 않아 전에 없이 퉁명스럽게 말했다. "모르겠구나, 카인. 하나님의 마음을 누가 알 수 있겠니?"

"어머니요." 카인의 목소리는 아주 부드러웠다.

나는 한숨을 내쉬었다. 어미의 속도 모르고.

나는 모로 누워 두 아들을 바라보며, 특히 동생 너머에 누워 있는 카인을 의식하며 말했다. "언젠가, 너희가 그분께 직접 여쭈어 보게 될 게다."

그날 밤, 부드럽게 울리는 아담의 코 고는 소리를 들으며 눈을 감을 때, 나는 카인이 어둠 속에서 나를 바라보고 있음을 알았다. 나는 그에게 팔을 내밀었고, 그는 일어나 옆에서 팔다리를 벌린 채 자고 있는 동생을 소리 없이 기어 넘어왔다. 카인은 나를 바라보고 누웠고, 나는 고치라도 된 듯 팔로 그를 감싸고 얼굴을 그의 머리카락에 갖다 댔다. 언덕과 흙과 양과 염소 냄새, 화덕 불과 그날 저녁에 먹은 마늘 냄새가 났다. 땀 냄새를 풍기는 활달한 소년과 아직 귀여운 아이가 혼재된, 젊은 남자 특유의 냄새도 섞여 있었다.

"아들, 그분이 네게 환상을 보여 주시길 바란다. 네가 그분의 음성을 알았으면 좋겠다. 네 눈과 귀에 복이 내리길 빈다." 내가 속삭였다. 카인은 내 팔에 자기 팔을 올리고는 거의 곧바로 잠이 들었다.

나는 그렇게 오랫동안 누워 내 옆에서 아들의 옆구리가 부풀었다 꺼지는 것을 느꼈다. 얼마 후, 내가 까무룩 잠이 들었나 싶었을 때, 카인이 몸을 뒤척이는 것 같았다. 아니, 그가 아니라 그 너머의 헤벨이었다.

"목마르니?" 내가 물었지만 헤벨은 듣지 못하는 듯했다. 나는 거듭 물었지만 그 애는 기침을 했고, 허리를 움켜쥐더니 몸을 구부렸다.

"헤벨!" 나는 몸을 일으켜 헤벨에게 가려 했지만 카인의 팔이 돌덩이처럼 나를 눌러 꼼짝도 할 수 없었다. 나는 다시 헤벨을 불렀고, 그다음엔 아담을 불렀다. 아담은 다른 아이들처럼 귀먹은 듯 그대로 누워 있었다. 카인만 달랐다. 카인은 헤벨과 나 사이에 똑바로 누운 채 동생을 시큰둥하게 바라보았다. 헤벨이 숨이 막히는 듯 몸을 뒤틀며 한쪽으로 쓰러졌고 입가에 피가 스며 나왔다. 그다음, 격심한 경련을 일으키며 진홍색의 물줄기를 토해 냈다.

그 아래 누워 있던 카인은 피가 그 사랑스러운 얼굴에 튀어 볼과 관자놀이와 머리카락을 적시는데도 꼼짝하지 않았다. 나는 소리를 질렀다. 카인을 밀쳐 낸 뒤 헤벨을 품에 안고 입에서 흘러나오는 피를 멎게 하고 싶었지만 움직일 수가 없었다. 그때 카인이 소리 없이 입을 열었고 헤벨의 피가 그 안으로 흘러들었다. 나는 그 광경을 기겁을 하며 지켜볼 따름이었다.

"어머니."

그 소리에 나는 몸을 움찔했다. 카인이 내 쪽으로 몸을 돌려 내 얼굴에 흘러내린 머리카락을 뒤로 넘기고 있었다. 그의 입에서 피가 흘러나올 것 같았다. 나는 그를 거칠게 밀어냈다. 눈이 휘둥그레지는 카인을 외면하고 그를 넘어가 헤벨을 붙잡았다. 헤벨은 입을 약간 벌린 채 잠들 때와 똑같은 자세로 누워 있었다. 나는 그를 흔들고 더 세게 흔들었다. 마침내 헤벨이 엉거주춤 일어나 앉아 나를 보고 눈을 껌뻑였다.

"헤벨!" 나는 그를 붙잡고 볼을 쳤다. 그때 아담이 잠에서 깨어 인상을 찌푸렸다. 쌍둥이 중 하나가 깨어 울기 시작했고, 그 소리에 내 가슴에서 젖이 돌았다. 옷 앞부분으로 젖이 새어나오는 것이 느껴졌지만 나는 개의치 않았다.

"어머니?" 헤벨이 말했다. 잠에 취한 목소리였다. 나는 그의 입을 억지로 벌려 입술과 볼, 입가를 확인했다. 그 사이 헤벨은 정신이 좀더 들어 정신 나간 사람 보듯이 나를 바라보았다.

"괜찮아, 내 아들?" 심장이 방망이질 쳤고 속이 메슥거렸다.

아담이 팔꿈치에 몸을 기댄 채 말했다. "무슨 일이야?"

나는 카인을 짓누르다시피 하면서 그 너머로 몸을 잔뜩 기울여 헤벨에게 갔다가 내 자리로 돌아와 쓰러지듯 누웠다. 한쪽 팔로 얼굴을 가린 채 내가 봤던 환상을 떠올리려 하는 동시에 그것을 차단하려 했다.

"나쁜 꿈이었어요. 걱정돼서 그랬어요. 헤벨이 아픈 줄 알았거든요."

"전 괜찮아요, 어머니." 헤벨의 입술이 떨리고 있었다. 그 모습은 장성해 가는 젊은이가 아니라 열 살배기 소년일 뿐이었다. 평소 자신만만한 애였지만 혼란과 졸음 때문에 울음이라도 터뜨릴 것처럼 보였다. 카인이 헤벨 쪽으로 몸을 돌리자 호리호리한 옆모습이 길게 드러났다. '뱀처럼 구불구불해.' 그 생각을 하고는 금세 내 반응에 소스라치게 놀랐다.

카인이 헤벨에게 말했다. "꿈이래. 도로 코나 골아." 나는 카인의 입술에서 나오는 웃음소리를 들었고 그가 동생을 무심하게 떠미는 모습을 보았다. 헤벨은 대답 대신 형을 툭 치고 바로 다시 곯아떨어졌다.

아담은 잠들지 않은 게 분명했지만 아무 말도 없었다. 카인은 내가 무슨 말을 해주길 기다리며 누워 있었다. 그러나 그 애를 위로하거나 만지고 싶지 않았다.

"어머니." 마침내 카인이 속삭이며 내게 몸을 기댔다.

"그만해라, 카인. 넌 이제 어른이 다 됐어. 네 자리로 돌아가라."

다음 날 아침, 나는 릴라에게 쌍둥이를 맡기고(릴라가 없을 때는 어떻게 아이들을 돌봤을까) 아담을 보러 나갔다. 그는 기존의 밭을 한철 묵히려고 새로운 밭을 개간하고 있었다.

그날 아침 아들들이 나가는 모습을 지켜보는데 마음이 편치 않았다. 헤벨은 먼저 달려가면서 돌멩이를 좌우로 던져 양 떼가 사방으로 흩어지지 않게 막았다. 그러나 카인은 고개를 돌려 나를 바라봤다. 그때 내가 약간의 암시라도 주었다면, 그 애는 뛰어서 돌아와 나와 릴라와 아이들과 하루 종일 지냈을 것이다. 나는 거친 말로 그에게 상처를 주었지만 위로해 줄 수 없었다. 오전의 환한 빛 아래서도 그 애를 제대로 쳐다볼 수가 없었다.

사람의 정신이 어떻게 그렇듯 끔찍한 이미지를 품을 수 있는지 의아했다. '나쁜 이미지들이 이전의 아름답고 선하던 이미지들을 대신하는 것도 죽음의 일부일지 몰라.'

아담은 그루터기에서 쉬고 있었다. 굳이 말하지 않아도 나를 기다린다는 것을 알 수 있었다. 나는 꿈 내용을 곧장 알려 주고 그에게 화도 낼 작정이었다. 그 무렵엔 그가 하는 말마다 신경이 거슬렸다. 하지만 긴 머리를 어깨까지 드리우고 햇볕 아래 앉아 있는 그의 사랑스러운 모습을 보자 그의 품에 안겨 울고 말았다.

그가 내 머리카락을 쓰다듬으며 말했다. "진정해, 이샤. 다 잘될 거야." 그러나 그 목소리에는 걱정이 담겨 있었다.

"어떻게 알아요?" 내가 따졌다.

그는 잠시 주저하다가 말했다. "몰라."

"그럼 '다 잘될 거야'라고 어떻게 말할 수 있어요?"

"난 할 수 없어. 하지만 그분은 다 아시잖아. 결국 다 잘될 게 분명해."

나는 피식 웃으며 아담의 품에서 벗어났다. "과연 그럴까요? 우리는 지금 야생에서 살고 있어요! 동물들은 서로를 해치듯이, 할 수만 있다면 우리를 해칠 거예요. 우리가 어디다 밭을 만들고 식물을 심건, 강은 개의치 않아요. 하늘도 그래요. 언제 밭 전체에 번개를 내려칠지 몰라요. 확실한 게 없다구요! 하나님이 우리에게 약속하신 게 뭐죠? 뭔가요? 내 자손이 뱀을 상하게 할 거라고 했죠. 좋아요. 그는 어디 있지요?"

나는 충격을 받았다. 내 입에서 나오는 말에, 그 격렬함에, 두려움에 빠진 마음의 토양에서 솟아난 온갖 어두운 생각에.

아담의 표정에는 체념이 깃들어 있었다. 내가 뱉은 말들을 후회했지만, 나 자신을 주체할 수 없었다. 아담이 나를 안심시켜 주길 원했는데, 그러지 않았고 그 빈자리는 고스란히 좌절감으로 채워졌다. 이이는 왜 나를 안심시켜 주지 않을까? 할 말이 전혀 없을까? 자기 생각도? 그분이 주신 말씀도?

"어떻게 생각해요? 그분이 어떻게 하실까요?"

"모르겠어, 이샤." 그가 소심하게 말했다. 나를 두르고 있는 팔에는 힘이 없었다.

"당신은 알 거예요! 내가 있기 전에 이 땅을 거닐었던 사람은 당신이었어요. 그분이 비밀을 말해 준 것도 당신이었구요. 당신은 그걸 그분과의 비밀로 간직하고 내게 말해 주지 않았죠. 당신, 내게 숨긴 게 있잖아요. 내가 그걸 모를 줄 알아요?"

그는 깜짝 놀란 듯했다. 나는 악의에 찬 승리감을 느끼며 생각했다. '그래! 그게 사실이구나!' 그러나 그러면서도 비난을 늘어놓는 내 목소리가 싫었다. 그의 뺨을 후려친 것이나 마찬가지였다. 내가 원하기만 했다면 그는 어떤 것이라도, 가장 은밀한 순간들까지도 모두 말해 주었을 것이다. 이성적인 머리로는 그것을 알고 있었다. 하지만 분노가 나를 갑작스럽게 휘감아 버렸다.

"왜, 왜 내게 이런 말을 하는 거야?"

"내게 전부 다 말했어요? 둘 사이에 속삭인 모든 내용을?" 내 목소리는 질투에 사로잡힌 애인 같았지만, 내가 존재하기 이전에 벌어진 일을 샅샅이 알 수만 있다면 이 끔찍한 징조를 어떻게 이해해야 할 지 알 수 있을 것 같았다. 그 생각으로 모든 것을 합리화했다.

"아니……."

"당신은 우리가 변했다는 걸 인정하지 않아요. 우리 삶은 너무나 달라졌어요. 난 절반도, 아니 십분의 일도 모르겠어요. 당신이 무슨 생각을 하는지, 그 생각이 어떤 방향으로 움직이는지!"

마침내 내 좌절감의 근원이 드러났다. 끊임없이 과거를 돌아보고 과거와 우리에게 닥친 곤경과 벌어진 모든 일의 의미를 생각하는 나, 그분의 말씀이 미래를 점치는 옷감의 고운 무늬라도 되는 듯 그 말씀을 놓고 궁리하는 내가 그 모든 일을 혼자 하고 있다는 사실이었다. 의미를 찾는 일의 부담을 왜 늘 나 혼자 져야 한단 말인가? 이 땅에 생각하는 인간이 나 혼자란 말인가? 그가 혼자 나가 땅을 찾거나 양과 염소를 찾을 때, 그 많은 시간 동안 뭘 한 걸까? 그에게서 새로 얻은 지혜나 고뇌에 찬 모색의 증거는 보이지 않았다. 어떻게 그는 우리 앞에 펼쳐진 삶으로 무작정 걸어 들어갈 수 있을까? 왜 내 시선과 질문들을 피하고 밭으로 나가 버리는 걸까? 우리 사이의 모든 것을 털어놓고 싶은 내 마음을 외면한 채? 물론 부자연스럽고 부족한 말로 그 일을 해내려면 힘이 많이 들 것이었다.

"당신 지금 속상했어." 마침내 그가 말했다. 나를 달래기 위해 적당한 말을 찾으려고 애쓰는 것 같았다.

나는 일어섰다. 그러나 그가 팔목을 쥐고 잡아당겼다. "지난밤에 무슨 일이 있었는지 말해 봐."

울고 싶었다. 숲속에서 그분이 나를 피하신 것처럼, 아담이 다시 나를 피하려 했기 때문이다.

"헤벨의 입에서 피가 흘러나오는 꿈을 꿨어요." 그의 표정이 체념에서 경계로, 침묵이 행동으로 바뀌는 것이 보였다.

아담의 미간이 좁아졌다. "그거, 그건 이렇게 된 거지. 헤벨이 당신 항아리 모아 놓은 데로 넘어져서 그중 하나에 입을 부딪친 적이 있잖아. 지나간 일이 꿈에 나온 거야." 그의 눈에 안도감이 어렸다.

'자기가 수수께끼를 풀었다고 생각하고 있어! 그게 그렇게 간단한 문제라고 생각하다니!'

"고작 그런 일로 내가 히스테리를 부린다고 생각하는 거예요? 그럼 난 온갖 것들에 부딪쳤던 그 애를 걱정하느라 매일 제정신이 아닐 거예요. 분명히 말하겠어요. 피가 샘처럼 솟구쳤어요. 희생 제사 때 어린 양의 혈관에서 피가 나오던 것처럼 말이에요!" 그것을 말로 표현해야 하는 것이 싫었다. "그 장면 같았어요. 헤벨의 입에서 그렇게 피가 쏟아져 나와 카인의 입으로 들어갔는데, 카인은 그걸 빨아들이는 것 같았구요. 그게 무슨 뜻이 되겠어요?"

아담이 차분하게 입을 열었다. 그 모습을 보자 한 대 후려치고 싶었다. "꿈에 희생제사를 본 거야. 너무 혼란스러워서 아들들을 생각한 거고. 제사를 다시 드릴 때가 된 건지도 몰라. 우린 근사한 가족이 생겼잖아. 그것 때문일 거야. 그것만큼은 분명한 사실이야. 당신의 환상이 그걸 말하는 게 아닐까?"

나는 고개를 가로저었다. "그렇지 않아요. 뭔가 더 있어요. 틀림없어요! 내 꿈이 도대체 무슨 뜻일까요?" 그가 말하기를 기다렸다. 내게 의미를 알려주거나 편안하게 해줄 말을.

한때는 그가 그런 말을 해주었건만.

마침내 그가 말했다. "모르겠어."

"그럼 얘기는 끝났네요!" 나는 화가 나서 말을 끊었다. "대단히 고맙습니다, 남편님. 조언해 주셔서. 이제 저는 돌아가서 아이들이나 돌보도록……."

그가 내 팔을 홱 잡아당기는 바람에 거기서 말이 끊겼다. 내 손목을 꽉 쥔 그의 손이 어찌나 세게 끌어당기는지 어깨가 다 아팠다.

"허튼소리 그만해. 당신 제정신이 아니군. 내가 당신에게 뭘 숨기고 있다는 듯 대답을 내놓으라고 하다니. 나는 당신 꿈의 의미를 몰라. 하지만 그래도 뭔가 조치를 취해 볼 수는 있잖아."

나는 입을 다물었다. 울분을 터뜨린 것이 부끄러웠다. 내 안의 무언가가 잘못된 것 같았다. 나는 반쯤 정신이 나간 여자처럼 행동하고 있었다. 몸 상태가 너무 안 좋은 생리 첫날처럼…….

그렇다면, 이유가 전혀 없는 건 아닌 셈이었다.

"그럼 뭘⋯⋯ 뭘 어떻게 해야 해요?"

아담이 한숨을 쉬었다. 그 한숨 소리에 감도는 절망적인 체념의 느낌이 너무나 싫었다. "내가 꿈을 꾼 사람은 아니잖아. 당신이 생각하는 꿈의 의미를 분명히 말해 줘."

나는 아주 작은 목소리로 말했다. "카인이 헤벨의 피에 있는 생명력을 빼앗을 거라는 의미예요. 미친 소리라는 거 나도 알아요. 있을 수 없는 일이라는 것도 알아요." 이해할 수 없는 일이었다. 그분에게 눈이 있다면, 아담의 눈과 같은 모습일 게 분명했다. 그러나 우리가 세상에 불러들인 온갖 슬픔과 지식에 얼굴이 있다면, 그건 카인의 얼굴일 것이었다.

"그게 당신이 우려하는 건가?" 그가 인상을 더욱 찡그렸다.

아니었다. 내가 가장 우려하는 바를, 카인이 우리가 생각했던 자손이 아닐지 모른다는 생각을 말로 표현할 수는 없었다. 그렇게 되면 온 세상이 방향타 없는 배와 같아지고 우리는 혼돈의 바다를 떠다니게 될 것이기 때문이었다.

나는 그냥 고개를 끄덕였다.

그는 땅을 응시했다. 땅에서 그럴 듯한 말이 솟아나길 바라기라도 하는 듯했다.

"그럼 우리가 곁에 있을 때 외에는 둘을 떼어 두지."

나는 웃음을 터뜨리며 두 손을 들어올렸다. "그게 어떻게 가능해요?"

"헤벨은 양 떼를 잘 다뤄. 게다가, 혼자 있는 것을 좋아하지. 카인처럼 혼자 있는 시간 때문에 힘들어하지 않아."

"그럼 카인은 어떻게 해요?"

"카인은 날 도울 거야. 우리 가족이 더 커지면." 그는 의미심장한 눈으로 내 배를 바라봤다. 그의 더없이 그윽한 눈길을 받자 아랫도리가 저릿저릿했다. '아, 우리의 결합이 모두 끊어진 것은 아니구나.'

"우리는 정원을 더 넓혀야 할 거야. 할 일이 많아. 카인은 동물의 생식을 이해하는 것처럼 곡물의 선택도 이해하고 있어. 튼튼한 등도 도움이 될 거고."

그 말을 듣자 엄격한 아버지인 아담이 까다로운 주인이 되리라는 걸 알 수 있었다. 그 때문에 카인이 힘들어할 것을 생각하니 약간 걱정도 되었다. 그러나 차라리 그게 나았다. 어젯밤 꿈이 주는 불길한 예감보다는 그게 나았다.

"그래요. 둘을 떼어 두기로 해요."

그다음, 그는 허기진 듯 나를 품에 안았다. 내 성질과 분노, 그것을 불러일으켰던 그의 생기 없는 표정도 사라졌다. 우리는 은밀한 행위가 되어 버린 성관계를 끼니를 건너뛰듯 잊고 있다가 한 번씩 감정의 불꽃이 튀면 그제야 그동안 굶고 있었음을 알고 서로를 집어삼킬 듯 탐하곤 했다.

아담의 어깨 너머로 릴라의 모습이 보였다. 그곳 빈터로 들어왔던 것이다. 아이가 멈춰서 우리를 지켜보았다. 아이의 눈은 아버지의 등을 바라보고 있었다. 내가 뭔가 말하려는 순간, 아이는 소리 없이 물러갔다. 나는 아담에게도 릴라에게도 내색하지 않았다. 하지만 며칠 동안 릴라의 눈이 내 눈을 살피고 아담을 좇는 것을 알 수 있었다.

다음 날, 아담은 카인을 밭으로 불렀고, 이후 카인은 매일 그곳에서 일했다.

20

헤벨이 언덕에서 성공한 것처럼 카인도 밭에서 성공을 거두었다. 이 년이 못 되어 우리는 가장 많은 수확을 거두었다. 아담은 내 꿈 직후 어린 양을 제물로 바친 덕분이라고 했다. 헤벨은 그 양에게 특히 애착이 있었다. 그는 눈물을 머금고 양을 단단히 묶는 일을 도왔지만 아담이 카인에게 녀석의 목을 따는 법을 보여 줄 때에는 고개를 돌리고 말았다. 어떤 시점엔가 헤벨은 제단에서 살짝 빠져나갔는데, 언덕에서 마음을 가라앉히려는 듯했다. 그날 밤 양 떼를 데리고 돌아왔을 때도 집 안으로 들어오지 않았다.

둘째 날 밤에 나는 축사 뒤에서 헤벨을 발견했다. 눈가가 새빨갰고 부어 있었다. 하지만 헤벨은 이런 말로 나를 놀라게 했다. "스스로 계신 분이 레톰을 데리고 계실 테니까 괜찮아요." 그 애가 동물들의 이름을 하나하나 지어 주었다는 말에 내가 왜 놀랐는지 모르겠다. 제 아버지도 한 시대, 한 생애 전에 같은 일을 하지 않았던가?

"괜찮니?" 나는 헤벨을 품에 안았다. 혼자 있지 않았다면 절대 포옹을 허락하지 않았을 애였다.

헤벨이 훌쩍이다 말고 한 팔로 코를 닦아 냈다. "그래요. 레톰은 이제 그분과 함께 있을 테니까, 아마 그곳에서 행복할 거예요."

가슴이 벅차올랐다. 눈에 눈물이 가득 고였다. "착하고 고결한 내 사랑, 내 젊은 숫양. 그렇게 잘해냈으니, 그분이 네 평생 너를 사랑하시고 지켜 주실 거다. 네 눈과 마음과 손과 손의 일에 복이 있기를." 나는 그 애에게 키스했다.

내 마음이 자부심으로 부풀다가 슬픔으로 다시 위축되는구나!
나는 꽃피었다가 시드는 시클라멘,
익어 껍질이 터졌다가 시드는 열매.

그 시절에 우리는 세상을 많이 알고 있었다. 특히 나는 꿈속의 환상을 통해 누구보다 많이 세상을 보았다. 하지만 우리 눈으로 직접 본 장소들도 점점 광활해졌다. 우리는 그 지역의 지도를 고안하기 시작했다. 그 일은 모험가의 심장을 지닌 헤벨에게도, 사용 목적이 다른 아담과 내게도 중요했다. 우리는 점토판에다 북쪽 언덕들과 거기서 남쪽으로 흘러 무성한 스텝과 충적평야로 이어지는 강, 우리가 살고 있는 동쪽의 강 굴곡부를 표시했다. 헤벨은 그 강이 거대한 물로 흘러든다고 생각했는데 나는 그가 옳다는 걸 알았다. 우리는 다른 강들도 추가했다. 대부분 헤벨이 찾아 낸 것들이었다. 비손 강처럼 금빛으로 흐르는 강도 그랬고, 미네랄이 풍부한 또 다른 강도 그랬다.

아담과 나는 우리 골짜기 이야기를 하지 않았지만 우리가 아는 주요 지형을 말없이 표시했다. 우리는 그곳의 지형지물이 기억날 때마다 지도에 덧붙였는데, 가끔씩은 꿈을 꾸면서 떠올린 기억이었다. 기억에 남아 있는 내용은 여전히 훌륭했지만 예전만큼은 아니었다. 아이들은 우리가 북쪽에서 왔다는 걸 알았고, 더 나은 토양과 물을 따라 이곳에 이르렀다고 생각했다. 아이러니한 일이었다!

우리는 뱀이나 열매 이야기는 꺼내지 않았다.

새로운 지형을 추가하게 되면 점토판을 다시 만들어 새기고 햇볕에 구웠다. 그렇게 해서 우리는 우리가 아는 땅의 모양을 기록했다. 물론 내가 꿈속에서 본 바다들과 다른 산들과 평야와 사막들도 있었지만, 나는 그것들이 어떤 방향에 있는지 몰랐다. 그저 그것들이 어딘가에 있고, 세상은 거대한 곳이며, 무시무시한 것들 가운데 웅장한 것들이 생겨났음을 알 뿐이었다.

릴라는 온갖 종류의 섬유를 짜는 데 능숙해졌다. 어른이 되기 전부터 혼자서 조용히 동물 털과 아마를 꼬아 실을 만들고 그것을 엮는 일을 좋아했다. 첫 생리를 할 무렵에는 나보다 옷감 짜는 실력이 더 좋아졌다. 새 둥지와 거미줄에서 영감을 얻어 물이 새지 않는 바구니도 짰다. 릴라가 실에 물을 들이기 시작했을 때 나는 그 수고를 무시했다. 옷감 짜는 일만 해도 엄청난 시간이 드는데 거기다 치장을 더한다는 건 무리라고 말해 버린 것이다. 그러나 릴라의 속도가 나날이 빨라지고 방법을 개선해 나가며 만들어 내는 직물이 섬세하고 솜씨 좋은 패턴을 이루는 것을 보고는 그 말을 취소했다. 나는 지긋지긋한 가죽옷을 벗어 던졌다. 단벌옷이던 그것을 다시는 입지 않으리라 맹세했고 실제로 그렇게 했다.

늘 배고픈 쌍둥이 딸 시바는 음식 만드는 일에 특히 흥미를 보였다. 그 애의 실수와 나의 관찰을 거쳐 우리는 화덕 옆으로 반죽을 던져 빵을 굽기 시작했다. 헤벨처럼 급한 성미를 타고난 시바는 감정이 얼굴에 그대로 드러났고, 나이가 들수록 아쉬라가 아니라 헤벨의 쌍둥이처럼 보였다. 헤벨은 시바 못지않은 먹성 때문에 요리하는 불가에 자주 나타났는데, 그럴 때면 두 사람은 한 사람이 나뉜 반쪽 같았다. 아담과 나보다 더했다. 헤벨과 시바는 외양도 닮았고 둘 다 고집불통이었으며 소박한 즐거움들을 거침없이 누렸다. 나와 릴라를 불편하게 하고 생각이 많은 카인을 괴롭히는 신비한 일일랑은 전혀 염려하지 않았다.

시바의 쌍둥이 아쉬라는 해가 갈수록 예뻐졌고, 넓은 둔부와 긴 생머리까지 더해지면서 다른 자매들보다 더 사랑스러웠다. 그 애는 늘 노래를 부르는 듯했다. 피부색이 독특했는데 다른 누구보다 금빛에 가까웠다. 반면, 시바의 피부는 하루 종일 밭에서 일하다 온 카인처럼 까무잡잡했다. 아쉬라는 내가 임신할 때마다 릴라보다 더 많은 관심을 보였고, 산고를 치를 때면 옆에 와서 사랑스러운 목소리로 노래 부르며 내 손을 어루만져 주었다. 새로 태어난 동생을 품에 안을 때마다 새 노래를 지어 불렀는데, 그들이 넘어지거나, 시간이 많이 흘러 각자 아기를 가질 때, 또는 누군가 죽어 갈 때 그 노래를 불러 위로했다. 아이들이 태어날 때 아담이 점점 자리를 비우게 된 것은 아쉬라의 열의와 늘어 가는 산파 기술 때문이었다. 갓 태어난 어린 것들은 눈을 뜨고 처음으로 본 아쉬라를 엄마처럼 생각했을지도 모르겠다.

쌍둥이 다음에 태어난 아이도 여자애였는데, 나는 그것이 슬펐다. 아들들과 함께할 사내아이를 바라고 있었기 때문이다. 나는 딸들을 사랑했고 여자들과 함께 있는 게 좋았지만, 남자들에게 친밀감을 느꼈다. 내가 가장 먼저 안 사람이 남자였고 내 첫 아이들도 사내아이들이었다. 아들들은 욕구는 단순했지만 두려움은 무수히 많고 복잡했다. 그들도 나름의 방식으로 너무나 부서지기 쉬운 존재였다. 나는 여자들이 남자보다 더 강하다고 늘 주장했고, 스스로 계신 분과 가장 비슷한 것이 여자의 창의성 아닐까 생각했다.

쌍둥이 다음에 태어난 르나나는 지혜의 담지자이자 이야기꾼이었다. 그 애가 여덟 살이 되었을 무렵엔, 동생들이 언제나 무릎에 안겨 있었다. 그 애는 동생 하나하나를 위해 이야기를 지었는데, 아이마다 내용이 달랐고, 빵을 조금씩 뜯어먹는 것처럼 기분이 내킬 때 조금씩 이야기를 이어 갔다.

내 아이들은 그들의 후손에 비할 때 모두 혁신적이고 총명했다. 천재들이라고 할 수 있었다. 그러나 내가 볼 때 카인은 그 중에서도 단연 최고였다.

릴라가 작품을 완성하고 의무감으로 내게 먼저 보여 준 뒤 눈을 반짝이며 달려가는 상대는 카인이었다. 카인은 예리한 심미안으로 여동생이 직물을 만드는 데 쏟은 혁신과 기술을 포착해 냈다. 헤벨이 새로운 무릿매로 사냥을 시도하도록 영감을 준 것도 카인이었다. 시바는 내가 만든 빵보다 나은 최고의 밀가루 빵을 들고 카인을 찾아가 눈을 내리깔고 미소를 지었다.

여자애들이 카인을 바라보는 모습은 놀라웠다. 나에겐 너무나 이상한 광경이었다! 내가 아담을 그런 식으로 바라본 적이 있던가? 나는 여자애들의 얼빠진 모습, 카인에게 줄 작은 선물에 온갖 정성을 기울이는 광경을 지켜보았다. 다른 형제들이나 제 아버지나 내게는 절대 그런 법이 없었다. 교태를 부리지 않는 릴라가 카인의 팔에 손을 얹고 그쪽으로 몸을 기울이는 모습을 처음 봤을 때, 다리 세 개 달린 왜가리가 사자를 강에서 끌어내는 광경을 본 것처럼 어안이벙벙했다. 시바는 추파를 던지는 데 능하지 않았지만 그럴 필요도 없었다. 세월이 지나면서 많은 남자들이 맛있는 냄새에 이끌려 시바의 화덕을 찾았으니까. 아쉬라는 내게 배운 적이 없는 이 기술에 가장 재능이 있었다. 같은 날 아쉬라가 카인 앞에서 눈을 내리까는 모습과 나중에 헤벨에게 똑같이 하는 것을 처음 보았을 때 나는 깜짝 놀랐다. 카인의 얼굴에 나타난 표정과 발갛게 상기된 헤벨의 볼을 보았을 때는 더 놀랐다. 카인이 노랫소리를 들으며 눕고 싶을 때 찾아간 상대도 아쉬라였다. 둘이 그렇게 있을 때면 헤벨은 형을 사납게 노려봤고 릴라는 조용해졌다.

아쉬라와 르나나 모두 어렸던 어느 날, 릴라가 새로 짠 옷감을 서로 갖겠다고 둘 사이에 싸움이 벌어졌다. 최종 결정권이 릴라가 아니라 자신들에게 있다는 식이었다. "나가!" 나는 둘의 지루한 싸움에 지쳐 둘 다 집에서 나가라고 했다.

"그걸 카인에게 가져가라. 그리고 못된 계집애들 사이에서 중재해 달라고 해라." 베섹이 젖을 먹고 있었는데, 나는 젖꼭지도 아프고 등도 아팠다. 다리를 쭉 뻗고 싶었다. 그 다리로 달리고 싶었다. 집구석의 소음과 냄새에서 멀리 벗어나고 싶었다.

"지난 번 것은 릴라 언니가 헤벨 오빠를 위해 만들었잖아. 내가 그다음이니까 내가 가져야 해." 아쉬라가 말했다.

르나나가 조금도 물러서지 않고 소리쳤다. "아냐! 나야! 릴라 언니가 약속했어."

"릴라 언니는 약속 같은 건 하지 않아. 모든 사람을 기다리게 만든다구. 이 멍청한 당나귀야!" 아쉬라가 버럭 소리를 질렀다.

"나가!" 나는 소리를 지르고 손을 휘저어 둘 다 내좇았다.

베섹이 나를 흉내 내어 한 손을 치켜들고는 젖꼭지에서 입을 떼고 웃었다. 두 아이는 쿵쾅대며 집을 나가더니 카인의 이름을 부르며 부리나케 달려갔다. 시바는 그 광경에 인상을 찌푸렸다.

삼십 분이 못되어 둘이 돌아왔을 때 험악한 표정은 사라졌고 둘이 나란히 집 안으로 들어왔다.

"이건 뭐냐? 화해하고 돌아온 거냐?" 나는 여전히 성이 난 채로 물었다.

르나나가 재빨리 내 옆자리에 앉더니 내 무릎에 있던 베섹을 데려갔다. "카인 오빠에게 줬어요."

내 눈썹이 치켜 올라갔다.

아쉬라가 예쁘게 미소 지으며 말했다. "오빠가 말했어요. '뭐야, 너희들, 내게 줄 선물을 가져온 거니?' 그래서 우리는 우리의 말다툼에 대해 말하기 시작했죠. 그런데 오빠가 너무 실망하는 거예요……."

르나나가 이어서 말했다. "오빠가 그걸 너무 좋아했어요. 오빠 말이, 헤벨 오빠 둘째인데도 벌써 하나 가졌대요. 그래서 우리가 카인 오빠에게 양보했어요."

내 입술에 씁쓸한 미소가 어렸다. '내 아들, 영리하기도 하지.'

그날 밤, 카인이 그 옷감을 어깨에 걸치고 돌아왔을 때, 여동생들은 활짝 웃으면서 잽싸게 옆자리에 앉고는 그걸 걸치니까 정말 멋지다고 했다. 자신들의 관대함을 상기시키려는 게 분명했다. 카인이 내게 말하지는 않았지만, 릴라의 베틀에서 새로운 천이 나올 때까지 그것을 갖고 있다가 새 것을 받지 못한 사람에게 줄 생각이라는 걸 나는 알 수 있었다.

가끔은 그런 피조물이 내게서 나왔다는 것이 너무나 놀랍게 느껴졌다. 내 카인은 가무잡잡한 피부의 아름다운 사람이었다. 성숙해질수록 눈은 깊어져서 검은 동공과 홍채가 만나는 지점을 꼭 집어내기 어려울 정도였다. 그 애는 흑요석처럼 아름답고 예리했다. 그러나…… 너무나 가늘게 잘라 낸 탓에 끝 부분이 부스러지는 흑요석이었다.

유배된 지 이십 년이 되자 나는 대가족을 거느린 부인이 되었다. 그때까지 태어난 아이가 여덟이었다. 수다, 말다툼, 지시와 이야기 들려주기로 어디를 가나 시끄러웠다. 큰 소리로 들려오는 노래, 불평, 웃음소리도 있었다. 그 무렵 나는 자식들의 폭넓은 감정이 기쁘면서도 염려되었다. 웃음은 옆에 있는 사람이 누구든 웃게 만들기에 기뻤지만, 작은 아이들 안에도 도사린 분노가 염려스러웠다. 아이들이 홧김에 형제를 때리는 모습을 너무나 많이 보았다.

그 와중에도 아담과 나, 우리는 그분이 세상을 창조하신 이야기를 들려주었다. 꿈에서 본 것 그대로 정확하게, 부지런히 들려주었다. 우리는 진실과 거짓, 옳고 그름이 무엇인지 말했다.

그러나 그 열매에 관한 얘기는 꺼내지 않았다. 그 이야기는 아예 하지도 않았다.

아이들은 우리가 자유롭게 생각하고 실수할 수 있는 존재로 창조되어, 이곳에서 고투하며 인생을 만들어 가야 한다고 생각하게 되었다. 그들은 언제나 그런 식이었던 줄 알았다. 우리는 우리의 가르침을 지키라고 가르쳤다. 그분을 공경하라. 거짓을 말하지 말라. 화가 난다고 손을 들어 남을 치지 말라. 자신의 행동에 대해 남을 탓하지 말라. 나는 마지막 가르침을 특히 강조했다.

어쩌면 나는 아담을 완전히 용서하지 못한 모양이었다.

언젠가 내 아이들이나 그 아이들의 아이들이 이렇게 물을 날이 올까 봐 두려웠다. '그분은 왜 해를 끼치거나 불경한 말을 할 수 있는 피조물을 창조하셨을까요?' 그렇게 묻는 것은 당연한 일 같았다. 그러나 그 질문이 나온 것은 많은 세월이 지난 후의 일이었다. 그리고 그때는 그런 질문들을 던질 만한 이유들이 많았다.

아이들은 키와 지력이 자라났고 오늘날 이루어지는 것보다 훨씬 천천히, 여러 해에 걸쳐 성숙해 갔다. 우리는 만족했지만, 내게 삶은 하나의 길고 단조로운 윙윙거림이 되어 버렸다. 똑같은 목소리들과 외침과 울화, 똑같은 과제들로 가득 찬 나날.

라하트가 젖을 뗐을 무렵, 나는 아무리 먹고 쉬어도 회복되지 않는 뼛속 깊숙이 스며든 피로를 느끼기 시작했다. 임신할 때마다 뼈에서 생기가 빠져나간 것 같은 기분이었다. 저녁이나 아침 식사 후 카인은 종종 내게 와서 자기는 배고프지 않다며 제 몫의 음식 중 가장 좋은 부분을 내게 건네곤 했다. 나는 그 애를 기쁘게 해주려고 그것을 받아먹었다. 카인은 내가 말랐다고 생각했지만 임신한 내 모습에 너무 익숙해진 탓이었을 것이다.

그리고 그 상황은 달라질 수 있었다.

나는 아담에게 밭을 묵히듯, 내 몸도 한철 묵히겠다고 선언했다. 그를 완전히 멀리한 것은 아니었다. 그는 나만큼이나 생리 주기를 잘 이해했고 임신이 되는 날짜들도 알고 있었다. 하지만 임신을 피하면서 우리가 원할 때 관계를 가질 기회는 드물었다. 충동적으로 사랑을 나누던 은밀한 즐거움은 그렇게 사라졌다. 가벼운 몸, 평평한 배, 그리고 다시 내 것이 된 가슴을 되찾았다. 이제 어쩌면 우리는 이전처럼 대화를 나눌 수 있을 것 같았다. 오후에 즐거운 시간을 보내거나, 달빛을 받으며 강에서 수영할 수도 있을 것 같았다.

그러나 그런 일은 일어나지 않았다.

이전에는 그가 나를 열심히 찾았다. 둘만 있는 시간이 거의 없었기 때문에 자주 있는 일이라고는 할 수 없었지만, 그나마 그 횟수가 더욱 줄었다.

그래, 좋아. 난 그것으로 속상해하지 않았다.

나는 집 밖에서 일했다. 헤벨과 함께 언덕 목초지로 갔다. 라하트와 함께 강물 속을 헤치고 다녔다.

아담은 우리의 잃어버린 시간을 그리워할 게 분명했다. 그러나 그는 날이 저물고 나서야 밭에서 돌아왔다. 때로는 카인과 함께 강에 가서 몸을 씻고 왔다. 그리고 먹고 잤다.

언젠가부터 나는 저녁에 말을 하지 않았다. 그는 알아채지 못하는 듯했다. 며칠이 지나도록 우리는 서로 한 마디도 주고받지 않았다. 우리가 서로를 의식하게 해주었던 쾌락 대신 전적인 침묵이 들어앉았다. 쾌락은 우리의 욕구만을 위해 존재하는 것이었던가?

그럼 앞으로는 죽 이런 상태로 지내게 되는 걸까? 동산의 그날들이 되돌아오기를 기다리던 나였다. 아담과 내가 이전의 친밀함을 다시 느끼게 될 것을 기대했다. 침묵의 며칠이 몇 달이 되면서, 나는 스스로에게 말했다. 우리가 아이 적에 잠깐 공유했던 친밀함 따위는 아무래도 좋다고, 골짜기로 되돌아가기만 하면 된다고. 그곳에서 나는 혼자, 또는 아이들과 함께 달릴 거라고. 풀밭에서 늑대와 함께 구를 거라고. 그와 멀어진 일은 내게 중요하지 않다고.

그러나 그것은 중요했다. 그리고 침묵은 내게 깊은 상처를 주었다. 더 큰 침묵으로 이어질 거란 예감도 나를 괴롭혔다.

우리 관계는 예전 같지 않았지만, 그 문제를 아이들 앞에서 드러내어 말하지 않았다. 그럴 필요도 없었다. 아이들의 눈은 아담과 나를 번갈아 가며 살폈다. 우리가 집을 드나들고 식사를 하고 말 한마디 없이 일어나 불을 살피거나 허드렛일을 하는 동안 아이들의 눈은 줄곧 우리를 쫓아다녔다.

물론 더 어린 아이들의 관심사는 달랐다. 누가 무엇을 먹는지, 빵이 얼마나 공평하게 분배되는지, 누가 아쉬라 옆에서 자는지, 르나나가 누구를 위해 새 피리와 드럼을 만들어 주는지, 헤벨이 밤에 태어난 새 어린 양들을 언제 보여 줄 건지.

그러나 카인은 다 알아챘다. 어느 날 카인이 나를 데리고 집을 나와 포플러나무 숲으로 갔다. 내가 그 애를 임신했을 때 찾던 바로 그 숲이었다. 카인의 속눈썹 끝에 내비치는 햇살이 나무 가지 사이로 들어오는 햇빛을 닮았다.

"아버지가 어머니를 함부로 대하는 게 싫어요." 카인의 말을 듣는 순간 눈물이 날 뻔했다. 아담과의 멀어진 거리 때문인지, 아들의 따뜻한 마음 때문인지는 모르겠다. 그러나 아들 앞에서 눈물을 보일 수는 없었다.

"카인, 내 사랑. 아버지는 나를 여느 형제처럼 대하시는 거야. 우리는 형제기도 하거든. 넌 여동생들과 긴장이 있을 때가 없니?" 진실을 숨기고 있다는 걸 나도 알았지만, 차마 이 문제를 카인과 상의할 수는 없었다.

"어머니, 알아요. 어머니가 저의 운명에 대한 환상을 보셨다는 거……." 나는 재빨리 그를 쳐다보았다. 순식간에 희망이 밀려왔다. 카인이 그분을 본 걸까? 하나님이 이 애에게 자신을 드러내셨을까? 그러나 카인의 얼굴에 드러난 것은 고뇌뿐이었다. "알아요. 그것이 무엇인지 어머니 입으로 알려 주시진 않겠지요. 하지만 그분에게 맹세코, 어머니를 결코 실망시키고 싶지 않아요!"

"쉿, 그만, 넌……." 내 손가락이 카인의 입술을 덮었지만 그가 내 손을 잡았다.

"어머니, 어머닌 제게 완벽한 분이세요. 모든 면에서." 카인의 얼굴은 너무나 진지하고 노골적이었다. "어머니와 아버지 사이에 어떤 큰 상처가 있다는 거, 동생들도 다 알아요. 저야 말할 것도 없죠. 그러니까 이 말씀을 드리고 싶어요. 혹시라도 그럴 마음이 나시거나 그럴 필요가 생긴다면…… 혹시라도 여길 떠나 다른 곳으로 가고 싶어지신다면. 제가 어머니를 돌봐드릴 테니까…….”

내가 쏘아붙였다. “허튼소리. 내가 왜 그러겠니? 그런 말 당장 그만둬라.” 머리가 아팠다. 카인의 제안이 무엇을 담고 있는지, 그애의 마음이 어디에 가 있는지 제대로 가늠할 수 없었다. 그저 카인이 나를 사랑하는구나, 다른 어떤 여자도 그만큼 사랑할 수 없겠구나, 라고 짐작할 따름이었다. 나는 최초의 여자인 동시에 그애가 처음으로 본 여자였고, 이후 나타날 모든 여인의 전형이었다. 카인에게 여자의 아름다움이란 나와의 유사성에서 나오는 사랑스러움이었다. 그것은 너무나 자연스러운 일이었다.

카인이 내 두 손을 다시 붙잡고 서둘러 말했다. “제발요, 어머니, 제가 어머니를 얼마나 사랑하는지 아신다면…….”

“내 아들…….” 하지만 말을 이을 수가 없었다. 간신히 누르고 있던 어미의 눈물이 너무나 쉽사리 나와 버렸다. 나는 아들의 어깨에 머리를 기대고 울었다.

“어머니, 울지 마세요.” 흐르는 개울물 같은 그 애의 목소리가 듣기 좋았고, 사자의 가르릉 하는 소리처럼 깊이 울렸다. “어머니를 속상하게 할 뜻은 없었어요. 그저 안심시켜 드리고 싶었을 뿐이에요. 전 어머니 거라고요. 어머니 때문에 마음이 너무 아파요!” 카인은 내 손을 놓고 나를 품에 안았다.

바로 그 순간, 아담이 우리를 발견했다. 카인이 한손은 내 허리에, 한 손은 목덜미에 얹은 채 나를 안고 있었고, 내 머리는 그 애의 어깨에 기대어 있었다.

"이게 뭐야?" 아담이 따졌다. 카인의 몸이 뻣뻣해졌다. "아들이 어른이 되도록 가르쳐야 할 거 아냐? 그런데 도리어 아들 어깨에 기대 울고 있어?"

나는 그를 노려보았다. "어떻게 그런 말을!"

"카인, 네 여자를 취해야 할 때가 되었다. 네 어머니 머리카락 뒤에 얼굴을 감추는 일 따윈 그만해라. 어머니 가슴에 얼굴을 묻고 잠이라도 잘 거냐?"

내 안에서 분노가 이글거리며 타올랐다. "그런 말 말아요! 카인이 자기 여자에게 어떻게 하겠어요? 무시할까요? 적어도 늘 혼자 내버려 두지는 않겠지요!" 말이 끝나자마자, 나는 후회했다. 해서는 안 될 말이었다.

아담이 목까지 시뻘게져서 휙 돌아섰다. 나는 그가 멀어지는 모습을 지켜보았다. 몸이 부들부들 떨릴 것 같아 꼼짝도 할 수 없었다. 그분 앞에서 그가 나를 배신했을 때도 이만한 분노를 느끼지는 않았다.

카인의 턱선이 도드라졌다. 아! 제 아버지와 너무 똑같았다! "제가 아버지에게 가서 이야기할게요."

"아니다. 그러지 마라. 넌 어른이 되어야 해. 아버지 말씀이 옳아. 릴라가 말이 없어진 지 오래되었다. 그 애 눈이 널 좇는 게 보

243

이지 않니?" 딸들 중 누구에 대해서도 같은 말을 할 수 있었을 것이다. 남은 평생, 여자들은 카인을 쫓아다니리라. 눈으로, 생각으로, 발로. 카인에게 상처가 될 말인 줄 알면서도, 그 순간엔 어쩔 수가 없었다. "헤벨이 우리 가족의 첫 번째 열매를 맺도록 내버려 둘 생각이냐? 나는 출산하는 데 지쳤다! 넌 네 의무를 다해야 해. 아니, 의무를 못하면 어떠냐. 그런 건 중요하지 않아. 아, 그분은 왜 네게 안 오시는 걸까? 그분을 구하지 않았니? 그분에게 간청하지 않았니? 해야 해!"

카인이 소리쳤다. "저는 그분을 찾았어요! 그리고 그분께 간청했어요! 혼자 있을 때면 그분에게만 말해요. 어쩌면 어머니가 제게 바라시는 운명은 제가 감당할 게 아니라 다른 누군가가……."

나도 모르게 그 애 뺨을 후려쳤다. 어찌나 빠르고 세게 쳤는지 손바닥이 얼얼했다. 카인의 볼에 거무스름한 손자국이 생겼다.

아이들이 성질을 부리거나 무례하게 굴 때 가볍게 때린 적은 있었지만 이번 같은 경우는 처음이었다. 홧김에 손을 댄 적은 한 번도 없었다. 나는 벌린 입을 다물지 못하고 카인을 바라보았다. 나 자신을 향한 놀라움이기도 했다.

카인이 눈을 깜박거렸다. 비 온 다음 땅에 깊게 파인 자국에 빗물이 고이듯 갈색 눈에 물이 차올랐다. 카인은 가볍게 고개를 숙이고는 급히 자리를 떠났다.

그날 내내 나는 멍한 상태로 움직였다. 아담은 늦게 들어왔고 곧장 자기 자리로 갔다. 나는 불 옆에 쪼그리고 앉아 밭으로 이어진 길이나 작은 언덕 쪽에서 나는 소리에 귀를 기울였다. 잠시 나 갔다 온다고 하고 용변을 보러 갔다. 카인과 헤어져 후들거리는 다리를 끌고 집으로 돌아온 순간부터 속이 좋지 않았다.

카인은 그날 밤 돌아오지 않았다.

아담은 내게 말을 걸지 않았다. 아무래도, 이건 괜찮은 상황이 아니었다! 아니, 내가 뭘 잘못했다고, 두 사람 다 나를 외면하는 건가? 혹시 내가 그렇듯 아담도 나를 의식하고 있지 않을까? 고집이 세서 표를 내지 않는 것인지도 모른다. 그러나 얼마 후, 오래전 그 동굴에서 그랬던 것처럼, 그의 자리에서 나지막이 코 고는 소리가 들려왔다.

그를 걷어차고 싶었다.

그는 잊어버리자. 내 아들은 어디 있을까?

"제가 찾아볼게요, 어머니." 어둠속에서 부드럽게 들려온 목소리. 헤벨이었다. 헤벨도 염려하고 있다는 것을 목소리로 알 수 있었다.

"가거라." 부끄러우면서도 고마웠다.

헤벨이 나간 후에도 나는 오랫동안 불 옆에 누워 있었다. 나는 알았다. 밖으로 나가기만 하면 두 아들이 말이 필요 없는 형제들의 방식으로 어둠 속에서 표적을 정해 놓고 돌멩이를 던지는 모습을 볼 수 있을 것임을. 둘을 발견하면 헤벨을 돌려보낸 뒤, 그 언덕에서 내 맏아들, 내 사랑 카인을 품에 안을 것이고, 내게 기대어 우는 그 애에게 태어나는 순간부터 너무 무거운 짐을 지웠다고, 인간적인 모습이나 실수를 한 순간도 허용하지 않았다고, 그래서 정말 미안하다고, 너무 사랑한다고 속삭일 수 있을 것임을. 종양을 잘라내듯 그 애에게서 그 어두운 그림자를 벗겨 내고 자유와 기쁨을 선사할 수 있을 것임을.

그러나 나는 그럴 수 없었다. 카인은 우리의 유일한 희망이었다. 나에게 맞거나, 좌절감과 질투심에 사로잡힌 아버지에게 무시당한다 해도 물속의 갈대처럼 꺾이진 말아야 했다.

그래서 나는 집 안 불가에 계속 누워 있었다. 형제끼리 무슨 말을 주고받았는지는 모르지만, 다음 날 함께 돌아왔다. 남은 식구들이 아침 식사를 하고 저들 아버지가 밭으로 나간 지 한참 지나서였다. 단단하게 굳어 있던 카인의 어깨가 부드러워졌지만, 눈에 서린 미소는 사라지고 없었다.

"어머니, 용서해 주세요." 카인이 화덕 가까이 있던 내게 몸을 굽히고 말했다. 카인이 내게 키스했지만 나는 움직이지 않았고 가볍게 고개만 끄덕여 주었다.

그들이 나가고 아쉬라가 아이들을 데리고 나간 뒤에야 얼굴을 가리고 울었다.

삼 년 동안 임신을 쉬면서 몸은 가벼워졌고 서서히 젊어지는 기분마저 들었다. 나는 햇볕 아래에서 과수원을 다니며 열매를 땄고 거의 매일 강으로 나가 멱을 감았다. 몸이 자유로워졌으면서도 어린 딸애들에게 라하트를 맡겨 데리고 다니게 했다. 나는 다시 아기 띠를 맬 기회가 많을 테고, 여자애들은 제 아이들을 갖기 전에 마음껏 뛰어다닐 시간도 충분할 터였다. 얼굴이 둥글고 누구에게나 유쾌한 시바는 베섹과 결혼할 생각이라고 선언했다. 그 말을 들은 라하트는 그 자리에서 울어 버렸다. 자기는 색시가 없다는 것이었다.

"말도 안 돼. 르나나가 있잖아." 아쉬라가 말했다.

"안 돼."

"안 돼? 왜 안 되는 거니, 바보 염소야?"

"르나나는 아버지랑 결혼하고 싶어 해." 라하트가 훌쩍이며 말했다.

몇 달간 아주 형식적인 말만 주고받던 아담과 나는 결국 화해했다. 나는 과수원에서 혼자 있는 그를 발견했다. 그는 나를 보고 자리에서 일어섰다.

"기다려요." 내가 말했다. 나는 뒤쪽에서 다가가 그의 목을 껴안았다.

우리는 우리 식으로 화해를 했다.

사랑의 말을 나누진 않았다. 둘 다 기진하여 말없이 떨어졌다. 예전이라면 다 털어놓았겠지만 지금은 그렇게 하지 않는 것들이 그의 마음속에 있다는 걸 나는 알았다. 나도 마찬가지였다. 그에게 카인 이야기를 하고 싶었다. 가장 순수하고 좋은 의도로 그 주제를 건드리고 싶었지만, 그렇게 되면 우리 사이의 불안한 평화가 깨어질 게 분명했다. 그건 나중에라도 할 수 있는 일이었다.

21

집에 돌아온 나를 맞이한 것은 르나나의 비난 어린 눈초리였
다. 이제 막 사춘기에 접어들어 몸이 아름답게 채워지고 있는 그
애는 나를 가장 많이 닮은 딸이었다. 가끔은 아담의 눈이 그 애
를 따라가는 걸 봤다는 생각이 들기도 했다. 하지만 그럴 수밖
에. 그 애는 처음으로 그의 품에 안겼을 때의 나와 비슷한 모습
에 가까워지고 있었으니.

"어디 계셨어요?" 르나나가 물었다. 라하트의 손을 잡고 있는
그 애는 영락없이 말 안 듣는 딸아이를 꾸짖는 젊은 엄마의 모
습이었다.

"네가 알 것 없다."

"라하트가 울면서 엄마를 찾았다구요. 넘어져서 무릎이 까지고
입술도 터졌어요." 그렇게 말하며 동생을 내 쪽으로 떠밀었다.

"아이들은 넘어지는 법이다." 나는 짜증이 나서 말했다. 잠깐

의 즐거움을 갖는 것도 허락되지 않는단 말인가? 다른 때 같았
으면 벌써 터뜨렸을 말들을 꾹 참고 참아 간신히 만든 시간이었
는데. 두 사람의 뜻을 묶어 하나를 이룬다는 건 얼마나 성가신
일인지!

나는 라하트를 안았고, 르나나는 집을 나가 밭으로 향했다.

그 후로 한동안 아담과 나는 사이좋게 지냈다. 우리 사이엔 평
화가 계속되었고 서로 멀리한 것도 아니었는데, 그해에도 다음
해에도 아기는 들어서지 않았다. '어쩌면 임신이 모두 끝났는지
도 몰라.' 그런 생각이 들었다. 동물들도 일정 기간만 임신을 하
지 않던가.

셋째 해 여름, 아쉬라의 배가 불룩해졌다. 헤벨은 작은 태양처
럼 빛났고, 제 아버지와 자주 거닐었고, 집에서 더 많은 시간을
보냈다. 시바나 뚱한 얼굴의 르나나에게 양 떼를 맡겨 내보내기도
했다. 나는 르나나한테서 벗어날 수 있어 안도했고, 하루 종일 땡
볕 아래 있어서 힘들다는 그 애의 투정에도 눈 하나 깜박하지 않
았다. 몇 년 만에 처음으로 낮에도 헤벨이 곁에 있어 기쁘기만 했
다. 시바는 양 치러 나가기를 좋아했다. 허드렛일에서 벗어나 약
초와 뿌리, 그리고 내가 좋아하는 감초까지 모으면서 하루를 보
낼 수 있기 때문이었다. 르나나는 노래를 부르며 돌아와 저녁이면
가엾은 이런저런 뿌리들을 열심히 두들겨 걸쭉하게 만들었다. 그
애가 기분이 좋으니 우리 모두 맛있는 걸 먹을 수 있었다.

"이 집을 어떻게 해야 해요." 어느 날 내가 아담에게 말했다. 우리는 이미 집을 세 번이나 늘린 바 있었다. 쌍둥이를 밴 여자의 몸처럼 집이 무한정 늘어날 수는 없었다. 아담은 내 말에 고개를 끄덕였고, 그해 곡식을 거둬들이고 포도나무를 손질한 후 헤벨, 카인과 두 번째 집을 지을 계획을 세우기 시작했다. 그 무렵 헤벨은 벌써 언덕 너머의 땅을 골라 놓고 있었다.

"너무 멀어!" 오빠의 발표에 릴라가 소리를 질렀다. 드문 일이긴 했지만 릴라가 감정을 드러낼 때는 마른하늘의 날벼락처럼 갑작스러웠다.

헤벨이 웃으며 여동생의 손을 잡았다. "네가 숨 세 번만 몰아쉬고 달리면 될 거리야. 설마 네 나이에 벌써 몸이 느려지는 거야? 내 눈에 보이는 그 당나귀 무릎은, 뭐지?"

나는 웃고 말았다. 저네들이 나이에 대해 뭘 안다고? 하긴, 그 점에 대해서는 우리 모두 마찬가지였다. 르우트의 움직임이 느려진 것이 눈에 들어오기 시작했다. 지난 번 새끼들을 낳은 후부터 부쩍 피곤해 보였다. 녀석은 새끼들이 헤벨이나 르나나와 함께 언덕에서 돌아오면 이리저리 쫓아다니긴 했지만, 나갈 때 따라가지는 않았고 집 근처에 머물렀다. 늙어 가는 동물들의 움직임이 느려진다는 건 알고 있었지만(당시에는 지금보다 노화가 더 느리게 진행되었다) 우리는 나이에 대해 터무니없이 무지했다.

"카인." 나는 릴라에게도 들릴 만큼 큰 소리로 말했다. "너는 나중에 과수원 반대쪽에 집을 지으면 되겠다. 우리가 헤벨에게 볼일이 있어서 네게 소리치면 네가 그 집에 소리를 전할 수 있을 거 아니니."

릴라가 나를 곁눈질로 힐끔 쳐다보았다.

그해 가을, 우리는 헤벨과 아쉬라의 새 집으로 행진을 했다. 깔개와 필요한 물건들, 식량 항아리 몇 개를 가져갔다. 우리는 오래전에 창고를 지어 식량을 보관하면서 필요할 때마다 꺼내 썼는데, 아담은 둘만의 가정을 시작하는 두 사람 몫을 따로 떼 주었다. 헤벨은 양 떼의 절반도 함께 받았고, 그중 젖염소 몇 마리와 어린 양 두 마리를 각각 베섹과 라하트에게 주었다.

헤벨이 어린 양 한 마리의 귀를 보여 주며 말했다. "봐, 너네 어린 양에다 이렇게 표시를 할 거야. 그럼 어느 놈들이 너희들 건지 알 수 있겠지. 이놈들을 잘 불리면 언젠가 너희 양떼를 가질 수 있을 거야."

"저기 저 표는 뭐야?" 라하트가 양 무리 중 하나를 가리키며 말했다. 원과 선으로 이루어진 표가 하나같이 그려져 있었다. 가장 어리고 흰 어린 양들만 아무 표도 없었는데, 희생제물로 바쳐질 나이가 지날 때까지 그렇게 두는 게 아닌가 싶었다.

"그건 내 표야. 다들 나머지 양들이 누구 건지 알 수 있게 하려는 거야, 알겠어?" 헤벨이 땅바닥에 그 모양을 그렸다.

"녀석들이 누구 건지는 다 알아." 르나나가 웃긴다는 투로 말했다.

"그 모양은 무슨 뜻이야?" 라하트가 물었다.

"내 돌멩이야. 이걸 던져서 여우를 잡았지. 기억 나?" 베섹이 고개를 가로저었다. "뭐? 내 용맹을 잊었단 말이야?"

"난 너무 어렸다구." 여섯 살밖에 안 된 라하트가 말했다.

헤벨이 웃었다. "감동시키기 참 어렵네. 좋아, 이건 여우를 죽일 때 쓴 돌멩이야. 이 선은 내 무릿매, 또는 돌멩이가 날아가는 동선이야. 어느 쪽인지는 모르겠다."

"여우를 왜 창으로 죽이지 않았어?" 라하트가 물었다.

르나나가 끼어들었다. "창은 불확실한 무기거든. 실수했다간 오히려 먹히기 십상이지."

그건 아담의 말이었다. 카인이 창으로 첫 표범을 죽였을 때, 아담이 그렇게 평했었다. 그때 카인은 완전히 낙담할 뻔했다. 칭찬 한 마디 듣고 싶어 들뜬 마음으로 내게 표범 가죽을 내밀었던 애였건만.

"글쎄, 창을 쓰는 데는 용기가 더 필요하지." 헤벨은 몸을 홱 돌리고 멀어지는 여동생을 무시하고 말했다. "있잖아. 난 겁이 참 많거든." 헤벨은 라하트의 머리를 헝클어뜨린 후 르나나의 등을 바라보며 인상을 찡그렸다. 라하트는 그것이 재미있었는지 며칠 동안 혀를 내밀고 르나나를 쫓아다녔다.

헤벨의 집은 튼튼한 진흙 벽돌로 견고하게 지어졌다. 그 집을 보니 아담이 우리의 첫 번째 집으로 나를 데려오던 날이 떠올랐다. 내가 헤벨과 아쉬라가 없는 집을 생각하며 울자 아쉬라가 미소 지으며 나를 안았다.

"어머니가 그러셨잖아요. 저희가 보고 싶으시면 카인 오빠 쪽으로 소리만 지르시면 돼요." 카인이 과수원 너머 헤벨 집으로 소리를 지르면 들릴 거란 말은 과장이었지만, 그만큼 가까운 거리인 것만은 분명했다.

"내일 다시 올게." 카인이 씩 웃으며 말했다. "어쩌면 여기 며칠 머물지도 몰라. 손님 맞는 일에 익숙해지는 게 좋을걸."

우리는 헤벨 집을 나왔고, 카인은 집으로 가지 않고 헤벨의 양 떼를 보러 갔다. 곡식 추수가 끝나고 우기가 오기 전, 카인이 미친 듯이 일거리를 찾아 헤매는 철이었다. 얼마 후면 날가죽과 기름과 힘줄과 새 가죽이 생길 것이었다. 누구도 카인만큼 창을 잘, 정확하게 던지지 못했다.

아담조차도.

그해 겨울, 릴라는 최고의 옷감을 내놓았고 시바의 빵은 더 기대할 수 없을 만큼 맛있어졌다. 임신 후기에 접어든 아쉬라는 뒤뚱 걸음으로 와서 자매들과 함께 포도를 밟아 즙을 짰다. 우리는 포도즙을 숙성하도록 햇볕에 내놓았다. 긴 낮이 지나고 노곤해지는 밤이 오면 포도주가 우리의 긴장을 풀어 주었다.

나는 내 아이들을 기뻐했고 가끔은 아담도 괜찮아 보였다. 귀뚜라미 소리가 크게 울려 곤충들도 노래를 알던 때를 기억나게 하거나, 내 왕관의 반짝이는 보석들을 올려다보며 적어도 하늘의 풍경은 많이 달라지지 않았음을 느끼는 밤이면 특히 그랬다. 해가 갈수록 뜨거워지긴 했지만 여전히 같은 길로 가고, 달 역시 그러지 않던가? 그럼 내 길은?

하늘, 나무, 땅, 물…… 모든 것이 보였다. 보이지 않는 것은 없었다. 한때 저기에 군대처럼 도열한 존재들이 있지 않았던가? 그건 나의 상상이었을까. 밤에 흔들리는 버드나무 소리를 듣다 보면, 그분이 우리를 잊고 다른 곳으로, 더 순종하는 자녀들에게로 가버리신 것은 아닐까, 하는 생각이 들었다.

아쉬라가 딸을 낳고 얼마 지나지 않아 나는 아담과 카인과 건장한 베섹에게 음식을 가져다주러 집 밖으로 나섰다. 나의 베섹은 너무나 멋진 청년이었다! 그는 그때 이미 제일 컸는데, 시바가 예쁘다고 아낌없이 먹인 덕이었다. 릴라는 늘 집 안에서 실을 꼬았고, 라하트는 동생과 언덕을 올랐다. 가장 충실한 종자를 얻기 위해 몇 철에 걸쳐 고르고 고른 황금빛 풀밭, 그 밭으로 가는 길에 과수원이 있었다. 과수원을 지나는데 앞에서 사람 소리가 들렸다. 아담과 르나나였다. 나는 깜짝 놀라 멈춰 섰다. 두 사람은 아주 가까이 서 있었다. 르나나가 환한 얼굴로 아담을 바라보고 있었고 손에 뭔가를 쥐고 가슴에 꼭 품고 있었다. 그것은 목에 걸린 줄과 이어져 있었다. 아담의 얼굴은 내가 여러 해 동안 보지 못한 미소로 밝아 보였다.

나는 자리에 서서 그들을 빤히 쳐다보았다. 두 사람은 마침내 나를 보고는 후다닥 떨어졌고 르나나가 서둘러 집 쪽으로 움직이기 시작했다.

"남편?" 르나나가 내 말을 들을 만한 거리를 벗어났음을 알면서도 내 목소리는 종소리처럼 또렷했다. "당신에게 가던 길이었어요. 한낮에 먹을 음식을 가져왔어요." 아직 늦은 오전이었으니, 내가 그렇게 빨리 오리라곤 예상하지 못했을 것이었다.

아담이 바구니를 받으며 말했다. "고마워. 그쪽으로 가던 길이었어."

나는 르나나에게 무슨 말을 했느냐고 묻지 않았다. 왠지 내 위신에 걸맞지 않은 일 같았다. 그러나 그의 얼굴 표정과 르나나가 황급히 자리를 뜬 것이 불쾌했다.

"그 애에게 목걸이를 하나 만들어 줬어." 그는 물러가는 르나나 쪽을 가리키며 어색하게 말했다. 너무나 오래전 그가 내게 만들어 준 목걸이 생각이 났고, 갑자기 치밀어 오르는 거센 질투심이 당혹스러웠다.

"참 잘하셨네요. 안 그래도 건방진 아이인데. 이제 정말 봐주기 힘들겠군요."

아담이 만들어 준 것이 무엇인지는 몰라도, 르나나는 그것을 튜닉 아래 집어넣고 다녔고 목둘레의 줄밖에 보이지 않았다. 일부러 그러는 것 같았다. 나는 곁눈질로 그 애를 보면서 옛 골짜기 바닥의 물웅덩이에 비쳤던 소녀의 모습과 내 앞의 소녀를 비교했다. 그렇다, 내게 나이가 있었다면 그때 나는 지금의 그 애와 같았을 것이다. 게다가 우리는 참 많이 닮았다.

"목에 걸고 있는 건 뭐니?" 어느 날, 우리가 강가에서 갈대를 자르고 있을 때 내가 물었다.

"아무것도 아니에요." 르나나는 나를 쳐다보지도 않고 말했다.

"아무것도 아닌 거니까 한번 보자꾸나."

그 애는 한숨을 내쉬며 몸을 곧게 세우더니 느릿느릿 손을 닦고 땋은 머리 옆으로 손을 들어올렸다. 그 애가 튜닉 아래에서 목걸이를 들어 올리자, 나는 그대로 심장이 멎는 듯했다.

줄에 달린 여자상.

내가 받았던 것과 너무나 비슷했다.

르나나는 목걸이를 가슴 사이로 도로 집어넣고는 나를 외면한 채 다시 일했다.

"참 예쁘구나." 나는 간신히 말했다.

그 일은 종양처럼 나를 괴롭혔다. 아담은 그저 그 나이 때의 내가 떠올라 그것을 선물한 걸지도 몰랐다. 어쩌면 옛날 동굴에서 내가 그것을 함부로 던져 버렸던 것을 기억하고 자신의 작품을 귀하게 여겨 줄 사람을 찾은 것인지도 몰랐다. 어느 쪽도 내마음에 들지는 않았다.

두 사람은 내가 보고 듣는 자리에서는 조심했다. 카인과 릴라처럼. 나는 아무 말도 할 수 없었다.

카인과 릴라에겐 적어도 숨길 것은 없었다. 그들은 몸짓과 침묵으로 대화했고, 자그마한 선물과 친절한 행동으로 마음을 주고받았다. 카인은 릴라가 필요로 하는 치수의 베틀용 나무못을 깎아 주었고, 릴라는 온 정성을 기울여 그의 옷을 짰다. 거기엔 종종 새로운 패턴이나 미묘한 색상이 덧입혀지기도 했다. 해의 움직임을 지켜보듯 주의 깊게 보지 않아도 두 사람이 가까운 사이라는 것을 알 수 있었다. 그러나 나는 그들의 특별한 관계가 샘이 났다.

몇 달 후, 카인은 정말 과수원 너머에 집을 지었다. 하지만 릴라는 그리로 가서 살고 싶어 하지 않았다. 카인은 가끔 혼자 그리로 가서 하루 이틀 머물다가 여동생에게 돌아왔다. 두 사람은 노골적으로 사랑의 말을 속삭이진 않았지만 밤에는 함께 자리에 누웠다.

카인의 집은 사용하지 않은 채로 비어 있지 않았다. 베섹과 시바가 몰래 그곳을 찾는 듯하더니 어느 날 그리로 가서 자리를 잡고 살겠다고 했다. 나는 그들을 축복했고 릴라가 곁에 있게 된 것에 안도했다. 그렇게 되면 카인과 멀리 떨어져 있지 않아도 될 테니까. 아담은 썩 달가워하지 않는 눈치였다.

어느 날 아담이 말했다. "카인은 여기서 나가 제 집에서 살아야 해."

"왜 그래야 해요? 남자는 자기 여자를 따르는 거예요. 릴라가 카인의 살이잖아요." 그것은 의문의 여지가 없었다. 유일한 선례에 해당하는 우리가 그랬으니까.

"그럼 릴라가 가야겠군. 두 사람 다 충분히 독립할 나이가 되었거든. 우리가 독립했을 때보다 나이가 두 배는 되잖아."

"우리가 그때 몇 살이었는지 모르잖아요." 말은 그렇게 했지만 그가 옳을지도 모른다고 생각했다.

어느 날, 내가 릴라에게 물었다. "넌 왜 카인의 집에 들어가서 살지 않는 거니? 네 오빠가 널 사랑하는 게 분명한데."

릴라는 베틀의 북을 내려놓았다. 상당히 중요한 대답을 한다는 뜻이었다. "저는 오빠가 첫 번째로 선택한 여자가 아니기 때문이에요. 전 그걸 알아요. 오빠는 안 그런 척 행동하거나 마음에 없는 소리를 해서 제 명예를 더럽히지 않을 거예요." 그 말을 어찌나 담담하게 하는지, 마음이 아프면서도 그 애가 존경스러웠다. "게다가, 카인 오빠는 따로 살고 싶은 마음이 없는 것 같아요. 오빠는 여기 있고 싶어 해요. 어머니 아버지와 있고 싶어 해요."

'아버지'는 듣기 좋으라고 붙인 거짓말이라는 걸 나는 알았다.

"하지만 네가 가면 카인도 따라갈 거다."

릴라가 자기 손을 힐끗 보고는 말했다. "알아요. 하지만 오빠의 마음이 여기 있고 싶어 하는걸요."

나는 한숨을 내쉬었다. 지친 한숨이 아니었다. 두 사람의 모습이 너무 아름다워 숨이 막혀서였다. 둘이 얼마나 잘 어울리는지 알 수 있었다. 이전까지는 왜 그것을 깨닫지 못했을까?

"게다가 어머니에겐 제가 필요할 거예요." 릴라가 북을 집어 들고 날실을 향해 몸을 구부리며 말했다.

"그래? 그건 왜지?"

"다시 임신하셨으니까요."

22

수파가 다리부터 나오면서 내 몸을 크게 찢고 태어나는 바람에 나는 여러 날 누워 있어야 했다. 그렇게 큰 상처는 처음이었다. 며칠이 지나 자리에서 일어나려 하자, 라하트가 아쉬라를 부르러 달려갔고, 임신 말기에 접어든 아쉬라는 무거운 몸을 이끌고 와서 나를 못 일어나게 말렸다. 르나나의 노랫소리와 북소리는 악을 쓰며 우는 아이보다 컸다. 수파는 르나나가 북을 칠 때마다 깜짝깜짝 놀랐고 자지러지게 울었다. 아기의 폐는 태어날 때부터 튼튼했다.

내가 웬만큼 회복해서 다시 일을 볼 수 있게 되자 얼마 후, 아쉬라가 둘째 아이를 낳았다. 헤벨과 내가 출산을 도왔고 릴라는 새로운 아마포로 아기를 쌌다. 아쉬라는 아기 이름을 나베라고 짓고 누나인 카니트에게 아기 머리를 받치는 법을 보여 주고 건넸다. 아들들을 먼저 낳았던 나는 아쉬라가 맏딸을 얻었다는 사실이 기뻤다. 그 일은 세상에 기묘한 균형이 존재함을 확인시켜 주었다. 한 피조물이 죽는 곳에서 다른 피조물이 태어나고, 한 밭의 소출이 좋으면 다른 밭은 메뚜기 떼에 먹힌다. 늘 변하면서도 균형을 유지하는 이 등식의 비밀은 그분만이 아셨다.

내 아이의 아이들을 품에 안는 것은 너무나 이상하면서도 자연스러웠다. 아쉬라가 아기를 안을 수 있는 나이가 될 때부터 그 애 품과 무릎에 안긴 아기들을 보아 왔지만, 그 애가 낳은 카니트와 나베를 보자 새삼스레 너무나 뿌듯했다. 그날 나는 아쉬라가 카니트를 낳던 날 했던 말을 반복했다. "이제 너는 그분과 함께 창조하는 것이 어떤 것인지 알겠구나." 그리고 이렇게 덧붙였다. "네가 그분의 도움으로 사람을 얻었어."

"헤벨의 도움도 약간 있었지요."

"그래, 약간." 나는 둘째 아들을 곁눈질로 보며 윙크했다.

르나나가 와서 아이의 이름을 읊조렸다. 그 애는 아기를 품에 안고 "너는 네 아버지의 이름을 이을 거야"라고 말했다. 르나나와 함께 있는 것이 불편해 그만 일어섰는데 그 애의 리드미컬한 음성이 귓속을 파고들었다.

시간은 단조롭게 흘렀다. 르나나는 카인의 집에 들어가 살았는데, 릴라는 개의치 않는 듯했지만 베섹과 시바는 반기는 눈치가 아니었다. 그들은 누나이자 언니인 르나나의 요구 사항에 맞추려고 노력했지만 툭하면 아파서 일을 못하겠다고 하는 르나나를 결국 완전히 무시하기에 이르렀다. 결국 르나나는 그곳을 떠나 헤벨의 집으로 갔다. 헤벨은 제 아버지를 꼭 닮은 온화한 사람이라 누이에게 싫은 소리를 못했지만 아쉬라는 르나나의 뻔뻔스러움을 절대 받아 주지 않았다. 한번은 르나나가 무슨 말인가 했는데 아쉬라가 웃으면서 그 입을 세게 후려치고는 아이들을 돌보고 요리 솜씨가 나아진다면 머물러도 좋다고 했다. 당시 르나나가 무슨 말을 했는지는 둘 다 내게 말하지 않았다.

그 무렵 아담은 집을 자주 비웠다. 씨 뿌리는 철이었다.

그해, 밭에 심은 밀은 크게 자랐고 내가 기억하는 어느 때보다 많은 낟알을 맺었다. 아담과 카인은 매우 기뻐했다. 나는 과일의 수확 시기와 올리브와 아몬드로 기름 짜는 일, 포도 으깨는 일을 간절히 기다렸다. 그러던 어느 날 밤, 이런 생각이 들었다. '이런 것들이 바로 나이 든 여자의 기쁨이구나.'

나는 정말 늙은 기분이 들었고, 닳아서 못 쓰는 숫돌이 된 것 같았다. 수파가 대소변을 가리기 시작하자 나는 기뻐 소리쳤다. 그 무렵 릴라는 아이들에게 배변 훈련을 시키는 전문가였다. 릴라는 아무리 조악한 것이라도, 자신이 만든 옷감이 기저귀로 쓰이는 것을 마땅치 않아 했다. 시바의 음식 솜씨는 내 실력을 훌쩍 뛰어넘었다. 나는 시바를 칭찬해 주었다. 카인에게는 조용한 방식으로 사랑을 전했고, 헤벨에게는 그가 허락하면 포옹했다. 베섹과 라하트에게 사랑을 보여 주려 노력했고 아쉬라의 아이들을 볼 때마다 예뻐해 주었다.

그러나 나는 피곤했다.

곡식 수확을 앞둔 어느 날 밤, 시바와 베섹이 건너와 우리와 저녁을 먹고 자리에 누웠다. 둘 다 포도주에 취해 있었다. 냄새로 알 수 있었다. 나도 자리에 누웠지만 잠이 오지 않았고 자고 싶은 마음도 없었다. 시바와 베섹의 코 고는 소리에도 수파가 깨지 않는 것에 안심한 나는 자리에서 일어나 망토와 샌들을 챙겨 밖으로 나갔다.

바깥에선 강 안개가 피어오르고 있었다. 나는 눈을 감고 숨을 깊이 들이쉬었다. 공기는 그리 차갑지 않고 상쾌했다. 마음만 먹으면 금세 몸을 덥힐 수 있을 것 같았다. 망토를 집 밖에 두고 과수원과 그 너머 밭으로 이어지는 길을 따라 걸었다.

과수원 안에서 걸음을 멈추고 나무 사이로 보이는 하늘을 살폈다. 이런 곳에서 그분이 내게 찾아 오셨지. 지금과 같은 밤에, 약속된 자손이 태어났지.

나는 갑자기 양팔을 쫙 펼치고 달리기 시작했다. 죽 늘어선 살구나무들을 지나 달려갔다. 사랑스럽고 건방진 딸 르나나가 예전에 그랬던 것처럼 내 이름을 읊조렸다. 그때 나는 그 애가 내 이름을 부르는 소리가 좋았다고 말해 주지 않았다.

'하와!' 생명의 호흡, 생명 자체의 진동에 이와 입술로 뿜어 나온 날숨. 나는 그 이름을 크게 소리 내어 불렀다. 아이들이 이런 내 모습을 본다면 엄마가 미쳤다고 생각할 것이었다. 아담의 이름도 강하게, 짧고 날카롭게 읊조렸다. "땅의 아담, 붉은 황토처럼 불그레하네"라고 르나나는 말한 적이 있다. 그 기억을 떠올리자 르나나로 인해 기분이 좋아졌다. 몇 년 만에 처음 있는 일이었다.

그러다 자두나무들 사이에서 멈추었다. 르나나가 그분께는 이름을 부여하지 않았다는 것을 안 것이다.

그분. 전에도 계셨고 지금도 계시며 앞으로도 계실 분.
그분의 이름은 바람, 내 혀에 닿는
호흡.
내 잠자는 영혼에 다가오는 속삭임.

"당신을 참으로 갈망합니다." 나는 어두운 공중을 향해 부드럽게 말했다. 그 어깨의 곡선을 본 뒤 시간이 얼마나 지났을까? 내게 다가오시던 그분을 느낀 뒤 시간이 얼마나 흘렀을까. 밤하늘을 향해 속삭였다. "아도나이, 아도나이." 그리고 다시 불렀다. "아도나이! 나를 보세요! 내가 달리는 걸 지켜보세요!"

지켜보는 어른이 있으면 무조건 달리고, 웃어 주는 관객이 있으면 바로 공중제비를 넘는 우리 막내처럼, 나는 탁 트인 밭쪽으로 과수원을 내달렸다. 다리가 쭉쭉 뻗는 느낌이 참 좋았다. 두 다리는 한 철 감아 둔 밧줄처럼 뻣뻣했지만 한창 달리던 때의 감각을 기억해 냈다. 귀를 울리는 공기와 땋은 것이 풀려 뒤쪽으로 나풀대는 머리카락을 느끼며 내 다리가 깨어났다. 거침없고 낭랑한 내 웃음소리가 허공을 울렸다.

밭에 이르러, 무릎까지 자라 익어 가는 밀밭에서 속도를 줄였다. 손가락으로 밀 끝을 스치며 지나가니 가슴에서 심장이 방망이질 쳤다. 살아 있었다! 동그랗게 빛나는 달 아래 너무나 생생하게 살아 있었다. 안개에서 빠져나와 그렇듯 밝은 곳에 있으니 마치 황혼녘 같았다.

"아도나이!" 나는 소리쳤다. 그것은 환희였다. 대답 대신 침묵만 흐르자 이번엔 부르짖었다. "아도나이여! 당신의 딸을 잊으시렵니까? 제 아들이 머리를 상하게 한다는 뱀은 어디 있습니까? 그자를 제게 데려와 주소서! 당신 앞에서 일어서는 것을 제가 보았던 그자는 어디 있습니까? 그자를 보내 주소서. 제 아들이 무찌를 겁니다!" 그것은 으르렁거림, 약속, 간청이었다. 나는 달빛을 향해 두 팔을 쭉 뻗고 고개를 뒤로 젖혔다.

'저는 당신과 더불어 자궁에서 생명을 창조했고 저의 폐로 아이들의 폐에 생명을 전했습니다. 저는 당신을 줄곧 기억했습니다. 당신은 저를 기억하십니까? 제 얼굴을 보십니까? 얼마나 오랫동안 외면하실 겁니까? 당신이 만들어 주신 자손에게도 하실 말씀이 없습니까?'

나는 밀 사이로 쓰러졌다. 그곳이라면 그분의 발자국 소리를 들을 수 있을 듯했다. 그분이 오실 때까지 기다릴 작정이었다. 부모라면 우는 아이를 모른 체할 수 없으니까.

그러나 밤은 그대로 멈추었고 달빛은 온기를 주지 않았다. 얼마 후, 나는 두 팔로 어깨를 감싸고 몸을 떨었다. 망토가 아쉬웠다.

침묵 속에서 나는 멍하게 있었다. 공중에 마구 흩날린 꽃잎처럼 나를 덮었던 기쁨은 사라지고 없었다. 나는 일어나 터벅터벅 걸었다. 발이 진흙덩이처럼 묵직했고, 차갑고, 감각이 없었다. 한참을 걸어 밭을 빠져나온 뒤 밭 둘레를 빙 둘러 과수원으로 향하는데 몸이 떨렸다. 코끝으로 눈물이 떨어지기 시작했다. 눈물은 입술로 미끄러져 그 사이의 틈으로 흘러들었다.

그분은 어디 계실까? 이런 상태가 얼마나 오래 이어질까? 나는 이 생활, 계절의 변화와 수확과 다시 심기, 심지어 쾌락과 출산까지도 지긋지긋했다. 화덕도, 아침의 태양도 밤의 달도 넌더리가 났다. 이만큼 시간이 흐르면 골짜기로 돌아가게 될 줄 알았다. 그래서 아담과 주고받은 거친 말들의 추악함도, 그보다 더 나쁜 침묵도 지나간 일로 넘기게 될 줄 알았다.

그곳에서 아담과 카인의 불화가 해소되고 카인의 마음도 안식을 얻게 되리라. 어쩌면 그곳에선 따귀를 갈기고 싶은 충동에서 벗어나 르나나의 사랑스러움을 알아볼 수 있지 않을까. 릴라는 미간에 자리 잡은 심각함을 지우고 미소 짓지 않을까. 내 아이들과 그 아이들의 아이들에게 그 장소를 알게 해주고 싶은 마음이 간절했다.

그러나 내가 진정 원하는 일, 무엇보다 원하는 일은 그분과 아담에게 돌아가는 것이었다. 이쉬와 이샤로 돌아가는 것. 나는 두 손으로 얼굴을 가리고 눈물을 흘렸다. 죄인의 눈물이었다. 자녀들의 기쁨 외의 다른 것을 갈망하는 자신을 꾸짖는 어미의 눈물이었다. 그러나 그런 마음이 드는 걸 어쩌겠는가.

나는 너무 비참하고 추워서 어디로 가고 있는지도 알지 못했다. 안개는 더 짙어졌고 나는 비탈길 옆으로 미끄러져 다리와 손가락을 긁혔다.

정말, 엉망진창이었다. 아이처럼 안개 속에서 길을 잃고 진흙탕을 헤매다니! 이리저리 두리번거리면서도, 돌멩이 하나, 나무 한 그루, 튀어나온 나무뿌리까지 샅샅이 아는 동네에서 이 무슨 우스운 꼴인가 싶었다. 어쨌거나 계속 가다 보면 아는 지형지물을 만나게 되리라고 생각하며 한 방향으로 걸었다. 그러나 시간이 흘러도 아무것도 알아볼 수 없었고 몸은 점점 추워졌다.

마침내 나는 차가운 땅에 쪼그리고 앉았다. 부들부들 떨면서 두 팔로 몸을 감쌌다. 안개 속에서 흐느낌이 피어올랐다.

"저를 그렇게 쉽사리 잊으시렵니까?" 나는 울부짖었다. 자녀를 많이 거느린 대모가 아니라 아버지, 어머니, 하나님을 잃어버린 아이 같았다.

그 상태로 얼마나 오래 있었는지 모르겠다. 감정이 북받쳐 올라 울음이 멈추지 않았다. 그 긴 세월, 그동안 이루어진 출산, 집 안에서 보낸 날과 달, 곡식 찧기, 또 찧기, 또 찧기, 요리, 항아리와 바구니 만들기, 물 나르기, 젖은 기저귀를 갈고 강물에서 빨래하기로 채워진 그 모든 세월에 내가 닳아버린 듯했다. 물에 바위가 닳듯.

나는 그런 삶을 원한 게 아니었다. 나는 그런 삶에 갇힐 존재가 아니었다. 희망 속에서 기쁨을 발견했건만, 내 희망은 안개처럼 떠돌았다.

마침내 안개가 걷히기 시작했다. 구름 사이로 은색 달빛이 비쳤다. 춥고 녹초가 된 나는 덜덜 떨면서 집으로 갔다.

며칠 뒤, 아쉬라, 릴라, 시바와 나는 멜론들을 틀 삼아 빚어 낸 새 항아리들을 구우려고 가마에 불을 붙였다. 그리고 그날 누가 불을 지켜볼지 상의했다. 그 무렵, 라하트가 밭에서 돌아왔다.

"호, 이건 뭐야, 도자기 굽는 날인가?" 그렇게 말하고 몸을 굽혀 가마 속을 들여다보았다. 바로 그때, 그 안에서 고막을 찢을 듯한 소리가 들려왔다. 특별한 일은 아니었다. 항아리를 구울 때마다 으레 몇 개는 깨어졌으니까. 운이 없는 날에는 다 깨지는 경우도 가끔 있었다. 라하트는 가마 입구에서 뒤로 비틀비틀 물러났는데 얼굴을 가린 손가락 사이로 피가 흘러내렸다. 시바가 비명을 질렀다.

우리 모두 달라붙고서야 간신히 그를 붙들고 계란의 내용물 같은 게 흘러나오는 눈에서 뜨거운 파편을 빼낼 수 있었다. 릴라가 깨끗한 아마포로 라하트의 눈을 감쌌고 시바는 가장 독한 포도주를 가져왔다.

그날 밤, 라하트는 동틀 녘까지 몸을 뒤척이며 신음했다. 나는 그의 눈에서 더러운 액체를 빨아들인 아마포를 새 것으로 갈아

주며 죄책감에 시달렸다. 이 생활, 이 장소, 나의 행동들이 아니었다면, 내 아들이 한 눈을 잃지 않았을 텐데, 그런 생각이 불쑥불쑥 찾아왔다. 그날 밤, 아담은 몇 주 만에 처음으로 나를 안아 주었다.

"어떤 일들은 저절로 벌어지는 거야." 그가 말했다.

나는 그 말을 그대로 받아들일 수 없었다. 거부했다.

나는 그분에게 간청했다. '제발, 그의 눈을 돌려주소서.' 그러나 그분은 내 말에 귀를 기울이시지 않았다.

그로부터 한 달도 채 지나지 않았을 때였다. 아쉬라가 밭을 가로질러 달려왔다. 팔뚝 위로 축 처진 부대를 안고 있었다. 나는 헤벨이 방금 잡은 짐승인가 했다. 헤벨, 카인, 베섹은 이제 숙련된 사냥꾼이었다. 사실 르나나도 사냥을 잘했지만 남자들이 좀처럼 끼워 주지 않았다. 어쨌건, 우리는 가죽이나 새로운 방광, 힘줄, 동물 기름이 필요한 상황은 아니었다. 고기를 먹는다는 생각도 아직은 역겨웠다. 그래도 나이 든 르우트와 새끼들이 실컷 먹는 것은 봐주었다. 그분도 제단에서 고기를 드셨다고 헤벨이 지적한 바 있지만 우리가 돌제단 위에 마지막 희생제물을 바친 것은 아주 오래전의 일이었다.

그러나 아쉬라가 가까이 다가오자 나는 그 애가 들고 오는 것이 동물이 아니며, 발걸음이 사냥꾼 부인의 자랑스러운 모양새도 아님을 알았다. 아쉬라는 빠른 걸음으로, 미친 듯이 서두르고 있었다. 표정은 굳어 있었고 호흡은 입술 사이로 거칠게 새어나왔다. 그제야 자세히 보니 정신이 혼미한 카니트가 어미의 팔에서 흔들리고 있는 것이었다. 카인이 큰 낫을 떨어뜨리고 아쉬라에게 달려갔지만 먼저 도착한 것은 나였다.

"검은 베리를 먹었어요." 아쉬라가 울부짖었다. 공포에 사로잡혀 토끼처럼 헐떡이며 나를 바라보는 아이의 눈동자는 검은 공처럼 부풀어 있었다. "카인, 물을 떠와라." 내가 명령했다. 아담이 거기 있었고 아이를 품에 안아 서둘러 집으로 갔다.

우리는 아이의 입에 물을 쏟아 부어 토하게 했고, 빵과 포도주를 먹였다. 아침이 되자 마침내 아이의 얼굴에 혈색이 돌아왔다.

"제가 카니트를 발견하지 못했다면 어떻게 되었을까요?" 아쉬라가 눈을 동그랗게 뜨고 속삭였다.

나는 솔직히 인정했다. "모르겠구나. 하지만 회복되고 있잖니. 그게 중요한 거야."

"계속 그런 상태로 살게 되었을까요? 한 눈으로 지내는 라하트처럼?"

동물들의 죽음과 움직이지 않는 시체들을 생각했다. 식물의 독이 사람을 죽일 수 있을까? 한때는 땅에서 자라는 모든 것이 우리의 먹을거리였다. 그러나 그날 이후 우리는 매끼 식사를 위해 오랫동안 힘들게 일해야 했다. 이젠 땅이 우리를 완전히 거부하는 걸까?

그날 밤 나는 집 밖으로 나와 말없이 하늘을 쳐다보았다.

나는 속으로 말했다. '얼마나 더입니까? 얼마나 더 기다리실 겁니까? 우리를 충분히 벌하신 것 아닙니까? 아담과 제 사랑이 얼마나 훼손되었는지 보십시오. 한때 맑게 흘렀던 물이 진흙탕이 된 것처럼 뿌옇습니다. 제 아들을 보십시오. 눈 하나로 살고 있습니다! 제 아이의 아이를 보십시오. 밤새 꼼짝도 못하고 누워 있었습니다! 어떤 벌을 더 준비하고 계시다면, 지금 내려 주십시오. 간청합니다!'

나는 종종 그때를 회상하며 그 기도를 하지 않았다면 얼마나 좋았을까 생각한다. 그런 생각을 하지 않았다면 얼마나 좋았을까. 내가 그런 생각을 하기 전에 내 아이나 아담이 머리통을 후려쳐 줬다면 얼마나 좋았을까.

23

"수확이 끝나고 나면 제물을 바쳐야 해요." 다음 날 나는 하루 일과를 마치고 씻으러 강에 간 아담을 찾아가 말했다. 그의 이맛살이 금세 찌푸려졌다.

"환상을 봤어, 아내?"

나는 주저했다. 아이들이 뻔뻔하게 거짓말을 하는 모습에 흥분해 거의 정신을 잃을 때까지 때린 적이 몇 번 있었다. 나는 거짓은 도무지 참지 못했다. 하지만 사실을 다 말하지 않는 방식의 거짓말은 나도 헤아릴 수 없을 만큼 많이 했다. 그러나 어느 쪽이건 아담의 면전에 대고 거짓말을 할 수는 없었다. 우리 사이에 쌓인 앙금이 많고 너무나 중요한 일들을 앞둔 그때였지만, 아담에게 거짓말을 하는 것은 나 자신을 속이는 일과 같았고 그도 금방 알아챌 게 분명했다.

일부러 목소리를 가볍고 경쾌하게 띄웠다. "밭과 과수원에 풍성하게 자란 작물이면 충분해요. 그건 번영의 생생한 환상이잖아요. 제일 좋은 과육까지 우리가 모조리 먹어 치운다면, 탐욕을 부리는 독수리와 다를 게 없어요."

나는 그 비유를 곧 후회했지만 너무 늦어 버렸다.

그는 내 말을 생각하며 하늘을 바라보았다. 나는 어느새 숨을 죽이고 있었고, 헤벨을 따라 목초지로 가도 되느냐, 강 하류로 수영을 가도 되느냐, 일일이 물어보고 허락을 기다리는 아이들처럼 그렇게 서 있어야 한다는 사실이 화가 났다.

"생각해 볼게." 그는 튜닉을 벗으면서 물속으로 걸어 들어갔다. 나는 그의 등을 빤히 바라보았다.

"내가 방금 말했잖아요. 때가 되었다고."

"하지만 아무 징조가 없어. 그 아이를 향한 당신의 사랑이 전부야. 땅 위의 처음이자 마지막 사람이라도 되는 것처럼 당신이 목매는 아이 말이야. 난 말했어. 생각해 보겠다고."

내 안에서 분노가 솟구쳐 올랐다. "내가 언덕으로 달려가도 되느냐고 허락을 구하는 아이예요? 때가 되었다는 말을 듣고도 내 조언을 버릴 거냐구요?"

그가 철벅거리며 몸을 돌렸다. "오, 그래, 당신은 때가 되었다고 말하지. 하지만 난 그렇다는 확신이 없거든!" 그의 눈에선 열기가, 입에선 침이 튀었다. 그의 갑작스럽고 격렬한 반응이 낯설어 나는 눈을 깜빡였다. 저런 얼굴을 하고 있는 남자가 누구인가 싶었다. 땅에서 일하느라 뛰어난 지력 대신 육체적인 힘을 주로

쓰다 보니 사람이 천해진 게 아닌가 하는 생각이 그때 처음 든 것
은 아니었다. 떡갈나무의 나이테에 저장된 시간의 달력처럼 근육
속에 저장된 감정들이 그를 더 좌우하는 것 같았다.

"왜 나를 의심해요, 남편?" 떨리는 내 목소리가 싫었다.

그는 고개를 돌렸지만 나는 그가 낮은 소리로 하는 말을 똑똑
히 들었다. "그만해, 하와. 이제 그만하는 게 어때? 곧 내 대답
을 말해 줄게."

"아뇨, 그만하지 않을 거예요. 당신에겐 확신이 없어요? 그럼
우리 함께 상의해 봐요. 이게 뭐예요, 내 생각을 검토해 달라고
당신에게 오다니. 골짜기에서 나와 함께 달렸던 남자는 어디 있
어요?"

"그는 아내의 손이 주는 대로 받아먹었지."

차라리 그가 주먹으로 나를 치는 게 나았을 것이다. 땅바닥에
때려눕히거나, 물속에 빠뜨리고 나오지 못하게 하는 게 나았을
것이다. 벗어 놓은 옷 옆에 놓인 괭이로 나를 치거나 둘로 갈라
버리는 게 나았을 것이다.

차라리 그쪽이 더 견디기 쉬웠을 것이다.

사과의 뜻인지 참회의 뜻인지, 아담은 내가 들을 만한 거리에
있을 때 헤벨에게 제단에 바칠 만한 어린 양을 하나 고르라고 했
다. 아들은 아버지와 나를 쳐다보고 나서 이렇게 말했다. "예, 아
버지. 생각해 둔 놈이 있어요."

나는 안도했지만 강가에서 나눈 대화로 쓰라린 마음은 여전했다. 잠자리에 누워서도 그를 외면했고 아침에는 그보다 먼저 일어났다.

나의 중재자, 하나님은 어디 계실까? 이런 상황을 아무 말씀 없이 그냥 내버려 두실 건가? 아이들에게는 형제 사이를 지혜롭게 중재하는 카인이 있었다. 그러나 아담과 나 사이에는 누가 있을까?

저녁에 집과 화덕에서 벗어나 혼자 걸었다. 아담이 제사에 동의했다는 사실을 애써 떠올렸다. 중요한 것은 그것뿐이었다. 모든 일이 바라는 대로 된다면, 나는 떠다니는 구름 아래서 이렇게 거닐게 되리라. 그날이 오면 고통도 수치심도 상처도 분노도 잊게 되리라. 꿈에서 깨어난 사람이 꿈의 내용을 다 잊어버리듯, 독처럼 내 마음에 스며든 그의 눈빛과 비난하는 목소리도 잊게 되리라.

그러나 바로 다음 순간, 분노해야 마땅한 이유들이 남김없이 다시 떠올랐다. 그는 옛 골짜기에서 우리에게 닥쳤던 일의 실상을 나 못지않게 잘 알고 있었다! 그때 그는 내 손을 제지하지 않았고, 나는 그에게 먹으라고 강요하지 않았으며 그를 속이지도 않았다. 우리는 한뜻이었고 그 뜻은 자유로운 것이었다.

그런데 이제 와서 감히 나를 탓한단 말인가?

그 생각을 하자 다시 화가 났다.

우리가 서로에게 준 상처들. 나는 덤불에 달린 가시. 피부 밑에서 보이지 않게 뻗어 가는 쐐기풀.

그날 저녁 헤벨이 내게 왔다. 그 애가 나를 찾아왔다는 사실에 깜짝 놀랐다. 하지만 놀랄 일은 아니었다. 그 애는 관찰력이 뛰어났고, 양들 사이에서 나타나는 미묘한 변화를 형제 중 누구보다 잘 파악했으며, 양 떼를 온전하게 보존하기 위해 사라진 양을 찾아 나서는 목동이 아니던가.

헤벨이 이야기를 나눠야 할 대상은 내가 아니라 제 아버지라고 생각하면서도, 그 애와 함께 있으니 야단맞는 기분이 들면서 마음이 겸허해졌다.

헤벨은 해가 넘어가 버린 지평선을 바라보며 조용히 말했다. "언젠가 세상이 달라질 날이 올 것 같아요. 그날이 오면 더 이상 말이 필요 없을 거고, 적당한 말을 찾느라 애쓰지 않아도 될 거예요. 말이 전혀 필요하지 않게 될지도 모르겠어요."

'아! 너무나 지혜롭구나, 내 어린 숫양! 네가 알기만 한다면.' 나는 고개를 돌렸다. 그 애 앞에서 눈물을 보일 순 없었다. 요즘 나는 내내 울기만 한 것 같았다.

"어머니, 그거 아세요? 가끔 아쉬라를 보면 무슨 생각을 하는지 알 수 있거든요. 입술을 깨무는 모습이나 관자놀이를 누르는 것을 보면 어떤 상태인지 알 수 있어요."

"헤벨, 넌 좋은 아이야." 하지만 아이가 아니라 아버지가 된 지

벌써 여러 해 된 성인이었다.

"가끔 어머니를 볼 때도 그래요. 이마를 찡그리시는 모습이나 입 모양을 보면 마음이 어디로 향하는지 알 수 있어요." 헤벨은 잠시 말을 멈췄다가 다시 이었다. "아버지도 마찬가지예요."

나는 아무 말도 하지 않았다.

"아버지의 눈길이 비스듬히, 어떤 것에도 고정되지 않을 때가 있어요. 그때 아버지가 지난 일을 생각하신다는 거, 저는 알아요. 아버지는 두 분이 함께 나오신 그곳을 자주 생각하세요. 제 기억 으로는, 아버지 얼굴에 그 표정이 어리는 것을 하루도 빠짐없이 보았어요. 그때 아버지가 어머니 생각을 한다는 거, 저는 알아요. 가끔 그러다 미소를 지으시거든요. 아주 약간요."

나는 두 손으로 얼굴을 가렸다.

그때 알았어야 했다. 헤벨의 성품과 위로의 말로 깨달았어야 했다. 그 애의 존재는 불 덴 자리를 진정시키는 물과 같았음을. 내게 볼 눈이 있었다면 그때 알 수 있었을 것이다. 그러나 내 눈 은 닫혀 있었다.

헤벨은 한 팔을 내게 두르고 내 어깨에 기대었다. 그는 키가 나 정도밖에 되지 않았다. "형이 해야 하는 일이 무엇인지 전 몰 라요. 하지만 형이 바로잡아야 하는 일이 무엇이건, 아버지는 본 인이 그 일을 할 수 없다는 사실 때문에 고통스러워하세요. 어 쩌면 아버지와 형의 마찰도 그것 때문일 거예요. 그리고 두 사 람 다 어머니가 편안해지고 행복해하는 모습을 보려고 무슨 일이든 할 거예요."

"난 아주 늙은 느낌이야." 그 말은 내가 생각하고 있던 게 아니었다. 나는 헤벨이 들려 준 말로 마음이 어지러웠다. 나도 알았다. 그의 말은 사실이었다.

"뭐요, 어머니가? 늙어요?" 헤벨이 미소를 지었다. "어머니는 소녀예요. 어머니가 과수원 사이로 달려가시는 모습을 제가 못 봤을 것 같아요?"

그날 밤, 잠자리에 누웠을 때, 나는 남편의 몸 위로 한쪽 팔을 올렸다. 내 일부는 그러는 자신이 미웠다. 내 자존심 창고에서 너무 많은 것을 꺼내 주는 것 같았다. 그러나 나의 또 다른 일부는 어떤 값을 치르더라도 그와 가까이 있고 싶어 했다.

그는 움직이지 않았다. 그러나 내가 그 쪽으로 몸을 구부리고 그의 등에 바짝 몸을 붙이자 그의 손이 내 손을 덮었다.

늦여름 무렵, 나는 다시 임신했다. 두 주밖에 안 되었지만 알 수 있었다. 아담과 나는 다시 가까워졌고, 나는 아들이 태어나면 (사내아이일 것 같았다) '아사'라고 불러야겠다고 마음먹었다. 그 아이는 상처를 치유해 주는 고약과 같았기 때문이다.

릴라는 나의 임신을 나만큼이나 빨리 알아챘다. 그쪽으로는 신기한 재주가 있었다. 나의 임신 사실이 알려지자 카인이 집을 비우는 경우가 잦아졌다.

'제사 준비를 하고 있구나.' 나는 그렇게 생각했다. 카인이 그렇게 열심히 일한 적은 일찍이 없었다. 모든 것이 그에게 달려 있었다. 누구도 그 얘기를 하지 않았고 나도 그 사실을 설명한 적이 없었지만, 헤벨의 말로 미루어 볼 때 다들 안다고 짐작할 수 있었다.

힘든 노동을 하면서도 카인은 잠을 잘 못 잤다. 몸을 이리저리 뒤척였고, 자다가도 앞뒤가 안 맞는 소리를 지르며 깨어나 다른 사람들까지 잠을 깨는 일이 벌어지기 시작했다. 아담과 나는 카인에게 그 얘기를 하지 않았고, 그가 눈앞의 일에 전념할 수 있도록 잘 먹이는 데 힘을 쏟았다.

왠지 나는 꿈에서 뱀을 만나게 될 것 같았다. 동틀 녘, 동쪽 언덕에서 오른 빛이 지붕의 틈과 벽돌 틈새로 비쳐들 때, 나는 윤기가 흐르는 그놈의 비늘을 상상했다.

그러던 어느 아침, 라하트가 뾰족한 막대기로 점토판 위에 그린 그림을 보았다. 그 순간 피가 멎는 것 같았다. 그 애는 사고 이후 별다른 일을 하지 않다가 최근에야 주위 물건들에 다시 관심을 갖기 시작했다. 무엇보다 도자기에 관심을 보였다.

"보세요."

"멋있구나." 곡물 한 바구니를 나르고 있던 나는 무심코 그렇게 말했다. 그러나 아이 그림을 보고는 들고 있던 걸 몽땅 쏟을 뻔했다. 점토판에는 날개와 긴 꼬리가 달린 용 같은 피조물이 있었다. 발톱은 과장되어 있었고 비늘은 꼼꼼하고 자세히 그려져 있었다. 그러나 내 심장을 참새 심장처럼 콩닥콩닥 뛰게 만든 것은 그놈의 머리였다. 그것은 사람의 머리였다. 내가 알았던 뱀이 인간의 머리를 가진 것은 아니었지만, 나는 그자가 그분 앞에서 커지던 광경을 잊지 못했다. 그자의 날개는 자꾸만 자꾸만 돋아났고 두 발로 일어섰으며, 앞발 두 개는 길어져 팔만 한 크기가 되었고…… 한 얼굴로는 그분을 올려다보고…… 다른 얼굴로는 나를 내려다봤다.

"그건 뭐, 뭐냐?" 내가 따지듯 물었다.

"그냥 제가 지어낸 동물이에요. 마음에 드세요?"

나는 차분하게 대답했다. "그것 잘 놔뒀다가 아버지에게 보여드려라."

그날 밤, 아담이 나를 한쪽으로 데려갔다. "라하트에게 무슨 이야기를 했기에 아이가 점토판에 그 뱀을 그린 거야? 그 그림은 물론, 그 비슷한 어떤 그림도 허락할 수 없어. 아니, 이 땅 어디에도 발붙이지 못하게 할 거야!"

"난 아무 얘기도 안 했어요! 하지만 보세요. 지금이 적당한 때라는 증거가 더 필요할까요? 뱀은 지금까지 거둔 승리로 충분하지 않다는 듯 분명 돌아와 공격을 시도할 거고 이번에는 카인이 그자를 죽일 거예요. 시간이 되었다구요! 그럼, 어쩌면……". 나는 더 이상 말을 하지 못했다. 내 희망은 거의 미신에 가까웠다. 다음 날 하루 종일 아담은 내게 거의 말을 걸지 않았고, 내가 볼 때마다 약간 인상을 찡그린 채 생각에 빠져 있었다.

상관없었다.

우리는 라하트에게 그의 그림에 대해 가타부타 말하지 않았다. 그저 동물에게 인간의 머리를 부여하는 것은 적절치 않은 것 같다고만 했다.

"넌 이제 다 컸어. 공상에 빠질 나이가 아니구나." 내 말을 듣고 라하트의 눈매가 처졌다. 하지만 반박하지는 않았다. 다시 그런 그림을 그리지도 않았다.

카인은 혼자 있는 시간이 점점 많아졌고, 과수원 저편 자기 집에 머물기 시작하기까지 했다. 나는 그가 밤에 뒤척여 우리를 깨울까 봐 염려하는 것이려니 생각했다. 그러다 내가 집에 들어갈 때마다 때맞춘 듯 집을 나가는 모습을 보고서야 카인이 나를 피하고 있음을 알았다.

"아들!" 어느 날 내가 집 안으로 들어온 걸 보고 일어설 준비를 하는 카인에게 말했다. "벌써 가는 거냐? 어미에게 전할 사랑의 말이 없니?" 나는 그의 볼에 손을 댔다. 그는 불에 데기라도 한 듯 움찔했다.

"왜 그러니? 어디 아프냐?" 그는 고개를 돌렸다가 다시 내 쪽을 보고는 내 얼굴을 뚫어지게 바라보았다.

"아뇨, 어머니. 아프지 않습니다."

"그럼 왜 혼자만 있는 거냐? 혹 내게 할 말이 있는 건 아니니?" 그러자 그는 시선을 낮추어 내 배를 똑바로 쳐다보았다. 그러나 말은 하지 않았다. 내 마음과 얼굴이 부드러워졌다. "뭐냐, 네 아들이 있었으면 좋겠다고 질투하는 거냐?"

"아뇨, 어머니." 그가 갑자기 격앙되어 말했다. "아니, 그래요, 그분의 뜻이라면요. 아버지가 어머니에게 얼마나 악독한 말들을 했는지 다 아는데, 아버지의 씨가 어머니의 몸을 채우다니, 그 생각만 하면 견딜 수가 없어서 그런 것뿐이에요." 그 말을 내뱉는 그의 입이 뒤틀렸다. "제가 그것을 어떻게 바라보겠어요? 아버지가 어머니에게 얼마나 상처를 줬는지 알면서. 제가 어머니를 훨씬 더 사랑했는데……."

"그만!" 노골적인 그의 고백에 충격을 받았다. "그분은 네 아버지시고 내 남편이야. 이 무슨 주제넘은 소리냐? 이 아이는 복된 징조야! 그걸 잊지 마!" 나는 부들부들 떨고 있었고 어느새 손이 올라가 있었다.

"다시 때리실 건가요, 어머니? 그럼 때리세요. 전 어머니를 너무나 사랑하니까요." 카인의 눈에 눈물이 가득했다. "때리세요. 하지만 제가 본 것처럼 아버지에게 고통을 당하지는 마세요. 저는 아버지에게 갈 어머니의 사랑을 일부 훔친 것으로 족해요. 그걸 아버지가 어떻게 생각하시는지 알아요. 아버지가 일하는 땅에서 한몫을 차지하고 일해야 하는 것으로 족하다고요. 아버지는 제가 고랑을 파는 자리가 땅이 아니라 아버지의 피부라도 되는 것처럼 저를 보세요. 제가 하는 일마다 사사건건 트집을 잡고 경계하세요. 제가 하는 일은 어떤 것도 눈에 차지 않는 것 같아요! 하지만 그런 건 다 참을 수 있어요. 무엇이 되었건 제가 그 일을 해서 그분의 요구를 감당하게만 된다면 기꺼이 참을 수 있어요.

그 일이 어머니의 마음을 달래 줄 테니까요. 하지만 제가 하는 모든 일에 어김없이 유감을 품는 아버지가 뿌려 놓은 그 씨앗을 사랑으로 바라보라는 요구는 하지 마세요."

나는 몰랐다. 부자간의 적개심이 그 정도인 줄은. 처음으로 나는 그 사실을 알았고 카인을 향한 연민이 밀려왔다. 하지만 카인은 그것을 감당해야 했다. 나는 형제가 아니라 어머니였다. 카인은 그것을 감당해야 했고, 그것도 잘 감당해야 했다. 우리 모두를 위해.

"나는 네 어미다. 어머니에게 그렇게 말해서는 안 된다. 그런 말은 듣지 않겠다. 상대가 네 아버지란 걸 잊지 마라. 무슨 일을 하건 아버지를 따라야 해. 너도 네 아버지와 내 자궁의 씨앗이다. 그리고 너도 네 씨앗을 뿌리는 일에 유념해야 할 게다. 릴라는 내 아이들만 품에 안고 있잖아. 내 아이를 쳐다보지 않을 생각이라면, 네 씨앗을 얻는 일에 신경을 쓰도록 해라."

그 자리를 떠나면서 나는 알았다. 아담이 그동안 카인에게 준 어떤 상처보다 큰 상처를 내가 방금 그 애에게 주었다는 것을. 그러나 이전까지 내가 그 애를 대할 때마다 그랬듯, 그것은 사랑 때문이었다.

적어도 나 자신에게는 그렇게 말했다.

여름이 흘러갔다. 보리 줄기는 황금빛으로 변했다. 시바와 르나나 사이에 말다툼이 벌어져 베섹이 종종걸음을 치며 집으로 왔다. 르나나가 고개를 쳐들수록 베섹의 고개가 숙여지곤 했지만, 그렇게 고개를 떨어뜨린 모습은 처음이었다. 언제나처럼 우리가 자리를 마련해 주자 베섹은 집 근처에서 일했다. 시바와 르나나가 이런저런 구실을 대며 집으로 찾아올 때면 둘 모두를 피했다.

"그 계집애가 못된 짓을 꾸미고 있어." 어느 날 내가 릴라에게 말했다. 하지만 아담에게 그 애 얘기를 할 마음은 없었다. 자존심이 허락하지 않았다. 릴라는 고개만 끄덕일 뿐, 하던 일을 계속했고 아무 말이 없었다. 릴라에게 아는 내용을 말해 보라고 강요할 수 없어 그 정도에서 만족해야 했다. 릴라는 언제나 아는 내용을 다 말하지 않았고, 내 아이들 중에서 가장 말이 없었다. 그 애의 마음이 상했음을 보여 주는 것은 맹렬하게 오가는 베틀의 북뿐이었다.

나는 아이들끼리 알아서 그 문제를 해결하도록 내버려 두었고 평소처럼 행동했다. 그런데 결국 그 싸움에 개입한 사람은 내 예상과 달리 카인이 아니라 헤벨이었다. 그가 베섹에게 무슨 말을 했는지는 몰라도, 이틀 후 베섹이 카인의 집으로 돌아갔다. 르나나는 헤벨과 아쉬라의 집에 머물렀고 나는 여러 날 동안 르나나를 보지 못했다.

어쨌거나 그 무렵에는 카인에게 중재를 요청할 수도 없었을 것이다. 카인은 하루 종일 일했고 밤에 느린 걸음으로 돌아와 밥만 먹고 일어서거나, 가끔 조금 더 머물 때는 수파와 놀아 주거나 큰 낮의 날을 교체했다. 이제는 내 화덕 옆에 머물지 않았고 제 집에 가서 쉬었다.

그때 알아차렸어야 했다. 지켜보고 있는 누군가를 의식하는, 습관에 따라 조심스럽고 우아하게 걷는 그 아이의 계산된 걸음걸이를. 최고의 모습, 최고의 작품만을 다른 사람에게 보여 주는 사람 특유의, 속내를 드러내지 않고 계산된 말만 하는 모습을 알아봤어야 했다.

헤벨에 대해서도 눈치 챘어야 했다. 걱정거리가 있어 눈가에 주름이 생기는데도 고개를 가로저으며 여동생들을 향해 웃어 주는 모습을 알아봤어야 했다. 누구의 인정도 구하지 않고, 내용에 구애받지 않고 할 말을 하는 모습에서, 팔을 벌리고 암양의 출산을 돕는 모습에서, 자신의 가장 좋은 동물들을 형제들에게 아낌없이 주는 모습에서 그 아이의 성품을 보았어야 했다. 그에 비해 카인은 무엇인가 줄 때 늘 심사숙고했고, 말은 안 했지만 자신의 노고에 대한 감사의 미소를 꼭 받고 싶어 했다.

카인이 얼마나 사람들의 호감을 사고 싶어 했던가. 그래야만 한다는 생각이 얼마나 절실했던가. 반면, 헤벨은 그의 편안한 웃음 뒤에 숨어 참으로 조용하게 살았다. 헤벨이 햇빛에 반짝이는 수면 아래로 얕은 곳과 깊은 곳이 모두 있는 강 같은 존재임을 아는 사람은 어릴 때부터 그 애를 보아 온 몇몇 뿐이었다.

제사를 앞둔 어느 날, 나는 꿈을 꾸었다.

나는 옛 골짜기로 들어가는 산의 어귀 앞에 서 있었다. 앞에는 양쪽으로 불기둥이 있었다. 나는 그 열기를 느꼈고 데일 것 같아 뒤로 물러서긴 했지만 아무래도 눈을 뗄 수 없었다. 불기둥을 응시하고 있으니 금빛 불꽃 안에 있는 형체가 보이기 시작했다. 사람의 모습이었다. 각 사람은 창 같은 물건을 쥐고 있는데, 창은 아니고 나무로 만든 것도 아니었다. 바위에서 볼 수 있는 금속으로 이루어진 그것은 긴 칼 같은 모양이었고 끝이 하늘로 솟아 있었다. 불기둥 안의 사람들은 하늘에서 막 내려온 것처럼 보였고, 어깨에서 돋아난 두 쌍의 날개가 치켜 올라가 소녀의 긴 머리카락처럼 휘날렸다. 그 모습이 너무나 휘황찬란하여 나는 팔을 들어 얼굴을 가렸지만 눈을 뗄 수 없었다. 아, 놀라움이 가득한 그들의 얼굴은 너무나 아름다웠다! 그 불덩이 한복판에서 그들의 아름다운 볼에 눈물이 흘러내리는 것을 본 듯했다. 그들의 얼굴이 아래에 있는 나를 쳐다볼 때도 뒤통수는 하늘을 향해 들려 있었다. 뱀이 그랬던 것처럼! 그러나 그들은 그 뱀이 아니었다. 둘은 서로 한뜻을 공유하여 완전히 똑같았지만, 그보다 아름답고 특별했던 뱀에게는 자신의 뜻밖에 없었다.

나는 불붙은 자들에게 소리쳤다. "나를 지나가게 해주실 건가요?"

"그분과 사람의 딸이여." 그들은 합창하듯 많은 사람의 목소리로 말했다. 그들의 입은 한 사람의 것처럼 동시에 움직였다. "너는 이 문을 통과하지 못한다."

내가 물었다. "뱀은 어디 있나요? 여러분과 너무도 닮은 그 자

말이에요?"

"우리에게 뱀이 무엇인가? 뱀은 그저 들판의 한 마리 동물에 불과하지 않은가."

"하지만 그자는 여러분처럼 날개가 있었고 한 얼굴로 나를 쳐다보면서 다른 얼굴로는 하나님을 올려다봤어요. 그자가 당신들과 같았다는 거 아실 거예요!"

그들의 입이 동시에 움직였다. "이건 너보다 큰 문제들이다. 너와 네 자궁의 자손이 복되다."

나는 잠에서 깨어났다. 가마 속 공기를 들이마신 것처럼 목이 탔다.

다음 날 아침, 헤벨이 나를 찾아왔다. 며칠 동안 잠을 못잔 것처럼 눈이 피곤해 보였다.

"아이들 때문에 밤에 잠을 못 자니?" 내가 물었다. 그는 지친 듯 고개를 가로저었다. "아뇨, 그런 거 아니에요. 꿈 때문이에요, 어머니. 꿈의 의미를 알고 싶어 어머니께 왔어요."

그의 말을 들으며 나는 속으로 뒷걸음질 쳤다. "어머니의 골짜기에 서 있는 꿈을 꿨어요. 어머니께 들은 말씀을 바탕으로 그곳이 어머니의 골짜기라는 걸 알았어요. 다른 곳일 리가 없어요." 그는 한 손으로 머리를 빗어 올렸다.

"아름다웠니?" 내가 물었다.

내 목소리에 갈망이 담겨 있었을까? 희망이 있었을까?

"아름다웠어요. 그랬을 거예요. 강이 있었던 게 분명해요. 눈으로 본 건 아닌데 뒤에서 강물 소리가 들렸거든요. 저는 버드나무 동굴처럼 보이는 곳 안에 있었어요."

나는 움찔거리는 몸을 억지로 다잡으며 헤벨을 빤히 쳐다보았다.

"그곳은 어두웠어요. 거기서 나와서 환한 빈터에 섰는데, 이전에 본 적이 없는 두 형체가 있었어요. 제사를 위해 벌여 놓은 동물들이었어요." 그는 내게 가까이 다가와 한 손을 내 팔에 얹었다. "그러니 말해 주세요." 헤벨이 그렇게 격앙되어 말하는 모습은 처음이었다. "제 꿈이 사실인가요?"

좁은 벼랑 끝에서 휘청대고 있는 기분이었다. 그 애가 꿈에서 무엇을 더 보았는지 나는 몰랐다. 벌거벗은 부모가 그분 앞에서 떨고 있는 모습도 보았을까?

"네 마음은 네게 뭐라고 그러니, 아들?"

그의 눈빛이 어지러웠다. "그때 상황이 그랬고, 어머니가 그 장면을 보셨고, 일이 그렇게 된 건가요?"

나는 그 빈터를 다시 보듯 헤벨 너머를 바라보았다. 그러나 기억 속에서라도 그곳을 다시 보고 싶은 마음은 전혀 없었다.

"그래." 내가 속삭였다.

헤벨은 매우 당황스러운 듯 보였지만, 왜 그러느냐고 묻는 내게 이유를 말해 주지 않았다. 자기가 본 환상이 사실이라는 것을 알았으니 생각을 해봐야겠다고만 했다.

며칠 뒤, 아담과 베섹은 제단을 보수하기 시작했다. 릴라는 내가 그동안 보관해 둔, 내게는 신성하면서도 혐오스러운 나무 그릇을 닦고 기름칠을 했다.

아이들은 축제를 맞는 것처럼 준비했다. 그들에게 모든 수확은 크게 축하하는 시간으로 자리를 잡았다. 그들은 밤늦게까지 집 밖에서 먹고 마셨으며 불 주위에서 자기도 했다. 릴라는 수파와 라하트를 위해 새로 만든 튜닉 몇 벌을 선보였다. 아쉬라는 많은 양의 치즈를 만들어 시바의 향긋한 빵에 곁들였다. 아담은 한 팔로 나를 안고 배 속의 아기 위에 손을 얹었다. 카인은 한낮의 뜨거운 열기를 피하지 않고 해 아래서 쉬지 않고 일했다.

나는 그들과 함께 잔치 기분을 냈다. 수확 때문도 아니고 제사 때문도 아니었다. 얼마 후면 그 산 어귀 앞에 서게 될 거라는 확신 때문이었다.

헤벨은 제사 전날 어린 양을 집으로 데려왔다. 헤벨이 양 앞에서 몸을 낮추고 북슬북슬한 머리를 말없이 쓰다듬고 목을 긁어 주는 광경을 지켜보았다. 우리가 오래 전에 잊어버린 방식으로 그가 동물들과 대화하는 게 아닌가 하는 생각이 얼핏 들었다.

그때 물어봤으면 좋았을 것을.

나는 헤벨을 지켜보면서 소년 시절의 모습과 너무나 비슷하다는 생각을 했다. 아이들은 카인을 숭배하다시피 했고, 그 애가 무거운 망토처럼 어깨에 짊어지고 있는 그 무엇에 경외심을 느끼며

반 발짝 거리를 두었지만, 헤벨에 대해서는 경외감도 부담도 없었다. 자신을 찾아오는 모든 이를 사랑하는 남자, 어린 동생들과 자녀들이 무릎에서 꼬물거릴 시간을 내어 주는 사람, 누구든 부탁하는 사람에게 음식을 나눠 주고, 가진 물건은 물론 힘과 수고까지 인내와 사랑으로 베풀었다.

"헤벨, 네가 제단에 바치도록 내어 놓은 첫 번째 어린 양, 기억하니?" 내가 물었다.

헤벨은 희미하게 미소를 지었다. "예. 저는 그 후로 사흘 동안 울었어요."

"그런 식으로 어린 양을 빼앗아 가는 우리가 잔인하다고 생각했겠구나. 어린 양을 잡을 때 넌 그 광경을 외면하고 내 다리만 쳐다봤지."

헤벨은 가볍게 고개를 저었다. "그걸 차마 볼 수 없었어요. 하지만 녀석이 그분에게 간다는 것은 알았어요. 한 번도 말씀드린 적은 없지만, 희미하게나마 그 나이에도 그 안의 신비를 알았고 녀석을 약간 부러워하기도 했어요." 그 애 얼굴에 희미한 경외감이 어리며 눈이 빛났다.

"아, 내 착한 아들." 나는 부드럽게 웃으며 집 안으로 들어갔다.

긴장 가운데 웃음, 틈 앞에서의 미소.
우리는 폭풍 앞의 새순,
홍수 앞의 피신처.

우리는 동틀 녘에 출발했다. 늘 그 시간에 제사를 드린 것은 아니었다. 우리에게 정해진 시간이다 싶은 때, 최선이다 싶은 방식으로 했다.

다들 제단 주위에 모였다. 카인이 한 손에는 곱게 빻은 밀가루 바구니를, 다른 손에는 기름병을 들었다. 뒤로는 여동생들이 섰다. 릴라는 밀과 보리를, 아쉬라는 아마를, 시바는 많은 채소를 들고 있었다. 카인은 첫 열매를 수확하지 않았고 그것들이 가장 크고 아름답게 자랄 때까지 기다렸다. 그때까지 내가 본 것 중 최고의 열매들이 분명했다.

카인의 어깨가 얼마나 긴장했고, 바구니를 내려놓는 손이 어떻게 떨렸는지는 나만 알았다.

그 동틀 녘에, 카인은 허리에 두른 아마포 외에 아무것도 걸치지 않았다. 너무나 마른 몸과, 힘줄이 죄다 드러난 근육에 나는 충격을 받았다. 그 애는 너무나 멋졌다! 제 아버지 말고 그보다 잘생긴 남자가 있었던가?

카인은 바구니들을 돌 제단 위에 놓고 아름답게 쌓은 뒤 기름을 가져다 부었다. 그것이 그분을 즐겁게 해드리는 향기가 되기를, 그분에게 옛 골짜기의 모든 기쁨을 상기시켜 드리기를, 그분이 그곳에서 다시 우리와 걷고 싶으신 마음이 들게 되기를, 나는 속으로 빌었다.

카인이 돌아섰을 때 나는 아담의 표정을 보았다. 자부심이었다. 카인은 아버지 앞에 있는 모든 순간을 싫어했지만, 얼굴이 그렇게 환해지는 것을 나는 몇 년 만에 처음으로 보았다.

아담이 카인을 바라보고 인정한다면, 그분이 어떻게 거부하실 수 있겠는가?

그다음 카인은 나를 쳐다보았다. 그것을 알면서도 나는 단호하게 제단에만 눈길을 주었다.

그때 내가 몇 마디라도 친절한 말을 건넸다면 얼마나 좋았을까. 내 옆으로 오라고 손짓해 주었다면 얼마나 좋았을까. 그러나 나는 그렇게 하지 않았다. 그때도 나에겐 카인을 불쌍히 여기는 마음이 조금도 없었다. 모든 사람은 그분 앞에 홀로 서야 한다고 되뇔 뿐이었다.

하지만 마음속으로는 사랑을 기름처럼 쏟아 부었다.

헤벨은 어린 양을 직접 잡지 않고 아담에게 넘겨주었다. 헤벨은 언제나 뒤로 물러나 얼굴을 가렸다. 눈물을 머금고는 제단 앞에 나아가려 하지 않았다. 아담이 어린 양의 목을 땄다. 나는 그릇을 내밀었다.

처음으로 나는 그 그릇으로 흘러드는 피를 환영했다. 그리고 어린 양의 가죽을 벗기면서 내 소망을 하늘로 올려 보냈다.

아담이 희생제물을 제단 위에 벌여 놓았고, 나는 피가 담긴 그릇을 놓았다. 그 순간, 내가 잘못 본 걸까? 껍질이 벗겨진 동물들의 희미한 형태가 내 앞에 펼쳐지는 듯했다.

피와 기름. 곡물과 밀가루. 그것으로 우리는 우리의 모든 희망을 펼쳐 놓았다.

어린 양이 놓인 제단에서 불길이 솟아올랐다. 나는 그 불기둥을, 하늘 위로 펼쳐진 금빛 날개가 불꽃 같은 칼을 가리는 모습을 다시 보는 듯했다.

나는 아담의 손을 꼭 쥐었다. 그렇게 함으로써 한 몸이었던 이전의 상태로 돌아갈 수 있을 것처럼.

곧.

나는 고개를 떨어뜨렸다. 그분이 가까이 계실 때마다 나를 엄습했던 바로 그 느낌이 들었다. 동녘의 빛이 드리워진 여기에서 그 저녁의 미풍을, 이른 아침 치고는 너무 밝은 태양의 광채를 기대하게 될 정도였다. 나는 눈을 떴고 제단 불 너머, 그 불길에 전혀 위축되지 않는 밝은 샛별을 보았다.

'오소서, 위대한 창시자시여, 처음이자 나중이시여.' 주위에 아이들이 있었지만, 그 순간 그 자리엔 아담과 나뿐이었다. 우리가 선 땅은 평야나 산기슭의 작은 언덕…… 아니, 비옥한 골짜기처럼 느껴졌다. 그 모두가 거룩했다. 그 모두가 좋았다. 모두가 하나님이 만드신 것들이었기 때문이다.

터져 나오다 끊긴 울부짖음에 나는 순식간에 현실로 돌아왔다. 카인이 휘청대며 제단으로 다가갔다가 불의 열기 때문에 뒤로 물러났다. 아담은 내 손을 놓고 그를 붙잡아 끌어내기 시작했다. 카인은 근처에 놓인 마른 골풀 더미 하나를 움켜쥐었다. 카인은 아버지를 뿌리치고 횃불에 불을 붙이듯 거룩한 불에 골풀을 내밀었다. 그제야 나는 상황을 파악했다. 제단 한쪽에는 큰 불이 붙어 활활 타고 있었지만, 다른 쪽은 전혀 불이 붙지 않았던 것이다. 거기서 고약한 악취가 풍겨 나와 이른 아침 하늘로 퍼졌다. 그 역한 냄새에 비하면 불타는 동물이 깨끗하고 향기롭게 느껴질 정도였다.

"그분의 불에 끼어들지 마라!" 아담이 명령하며 그를 뒤로 끌어당겼다.

아쉬라의 아들 나베가 손가락을 가리켰다. "어, 다른 쪽에는 전혀 불이 붙지 않았어요." 아쉬라가 그의 손가락을 내리고 입을 가려 조용히 시켰다. 카인이 소리를 지르며 마지막으로 발악하듯 제단을 향해 달려가려 했지만 아담이 힘껏 붙잡았다. 그 무렵에는 어쨌거나 너무 늦어 버렸다. 헤벨의 어린 양을 태우던 불은 점점 잦아들어 마침내 불 붙은 손의 깜빡거리는 손가락 같은 불씨만 남았다. 그리고 사체, 아니 그 흔적은 완전히 타버린 나무처럼 한번 빛났다……

불이 꺼졌다. 동물의 형체는 허물어져 재만 남았다.

헤벨은 머리를 숙인 채 몸을 흔들어 댔다. 아무 말도 하지 않았고 누구도 쳐다보지 않았다. 입술이 움직였지만 소리는 나오지 않았다.

어린 양은 완전히 불타 사라졌다. 깜부기불도 꺼졌고 재는 바람에 흩날렸다.

그러나 제단 다른 쪽에 바쳐진 잔칫상은 망가진 채로 그을음을 피워 올렸고 연기는 지독하게 역했다.

카인은 아담의 품에서 축 늘어졌다. 그런데도 아버지가 계속 꽉 붙들고 있자 거칠게 그를 밀쳐냈다. 아담은 비틀거리며 뒤로 물러났다.

"그분은 자신의 뜻대로 하신다." 아담이 말했다. 그러나 나조차도 그 제물, 그 선물은 완벽했다고 외치고 싶었다. 평소 그토록 내성적이던 릴라가 눈을 가리고 크게 울부짖었지만, 아쉬라는 이런 말로 언니를 조용히 시켰다. "쉿. 그분이 그분 뜻대로 하신 거야. 그뿐이야."

그 말에 카인이 아쉬라를 쏘아보았고, 독기 어린 눈길에 질린 아쉬라는 휘청거리며 한 걸음 물러섰다. 나는 서둘러 아들에게 달려가 제단을 애써 외면하며 그 팔을 잡았다. "가자. 저건 내버려 두고."

그는 내게서 확 떨어지더니 울부짖으며 제단을 향해 돌진했다. 냄새나고 연기 나는 채소들을 어린 양의 재에 밀어 넣었다. 그러나 채소들은 어린 양이 불에 살라진 곳에 그대로 있을 뿐, 여전히 불은 붙지 않았다. 아담이 두 번째로 그를 부드럽게 끌어당기자 카인은 뒤로 물러나면서 좌우를 두리번거렸다. 그는 커다란 신음소리를 내며 머리를 쥐어뜯더니 뒤도 안 돌아보고 비틀대며 그 자리를 떠났다.

"이게 무슨 뜻이지?" 시바가 나지막이 속삭였다. 아쉬라는 자기 아이들을 데리고 물러나와 헤벨의 팔에 부드럽게 손을 얹었다. 헤벨은 몸은 땅 위에 있었지만 다른 장소에 갔다 온 듯했다.

고개를 든 헤벨의 표정을 보고 나는 숨이 턱 막혔다. 기쁨으로 가득한 얼굴이었다. 내 마음은 혼란으로 요동쳤다.

'어떻게 이럴 수가!'

'오, 하나님!' 나는 무릎을 꿇었다.

내 마음은 카인으로 인한 절망만큼이나 헤벨 때문에 벅차올랐어야 했다. 그러나 당시에는 한 가지 생각밖에 나지 않았다. '이렇게 되는 게 아닌데.'

헤벨은 여전히 멍한 얼굴로 돌아섰다. 르나나가 카인이 사라진 쪽으로 걷기 시작했는데, 릴라가 막아섰다. "오빠에게 계집애의 수다스런 위로가 필요할 것 같아?"

"내가 카인을 따라가 보마." 아담이 말했다. 서글픈 마음 위에 이런 생각이 겹쳤다. '저이도 그분을 갈망하고 있구나. 나만 그런 게 아니야.'

헤벨이 몽상에서 깨어나듯 느리게 말했다. "아뇨, 제가 갈게요."

아담이 내게 손을 뻗었다. 나는 그의 손을 꼭 쥐었다. 카인과 아담은 그렇지 않아도 사이가 너무 안 좋았다. 카인은 자기 제물에 불을 붙이려던 시도를 가로막은 아버지를 용서하지 않으리라.

헤벨은 아쉬라의 이마에 키스하고 형을 뒤좇아 갔다.

24

동트기 직전 바깥에서 바스락거리는 소리가 났다. 나는 눈을 떴고, 어미의 예민한 감각으로 금세 정신을 차렸다. 일어나 앉는데 심장이 빠르게 뛰었다. 아들들이 돌아온 듯했다. 오, 헤벨에게 묻고 싶은 것들이 많았다! 카인을 위로하고 싶은 마음도 간절했다.

카인이 문 사이로 살며시 들어왔을 때, 나는 크게 안도했다. 비밀을 숨긴 아이처럼 몰래 들어오는 그를 보자 웃음이 나오려 했다. 내가 입을 벌리려는 순간, 그는 나를 보고 미친 듯이 손짓했다. 그제야 그의 헝클어진 머리, 얼굴에 묻은 흙이 눈에 들어왔다. 방 저쪽에서 릴라가 몸을 뒤척였고, 카인은 뒷걸음질 치더니 문밖으로 사라졌다. 내가 일어나 옷을 입는 동안 릴라도 불안한 눈으로 일어나 앉았다.

내가 말했다. "괜찮다. 조금 더 자려무나." 나는 샌들을 신었다. 밖으로 나가 보았지만 카인이 보이지 않았다. 집 옆으로 돌아가니 거기 카인이 있었다. 카인은 아픈 사람처럼 몸을 굽히고 있었고 얼굴은 뒤틀려 있었다. 그 애는 머리를 쥐어뜯더니 내게 안기려다 갑자기 물러섰다.

"이리 와라, 내 아들." 나는 팔로 부드럽게 카인을 감쌌다. 나는 그 애를 부당하게 대했었다. 너무나 부당하게! 카인 때문에 마음이 너무나 아팠다. "저 멀리 나가서 이야기를 하자. 지금 헤벨은 어디 있니?"

그는 귀에 거슬리는 이상한 웃음소리를 냈다. "또 그거군요. '네 동생 어디 있니?' 어머닌 나를 찾아오라고 헤벨을 보내곤 하셨어요! 지금 제가 목자의 목자가 되어야 하나요? 오, 하나님!" 웃음은 깊은 흐느낌이 되었다. 그가 땅바닥에 몸을 던져 내 발을 붙들었다. 그 바람에 나는 균형을 잃을 뻔했다.

"무슨 짓이냐? 당장 그만해라." 나는 카인이 소란을 일으켜 온 집안사람을 다 깨우기 전에 일으켜 세우려 했다. 카인에게서 포도주 냄새가 났다. 많이 마신 모양이었다. 그러나 그걸 탓할 순 없었다. 상심이 컸을 테니까. 우리는 그 애에게 너무 많은 기대를 걸었고, 완벽한 겉모습을 가장하도록 부추겼다. 그는 불 속에 너무 오래 있었던 항아리처럼 금이 가버린 것이었다. 탓할 사람은 나뿐이었다. 이젠 이 애에게 아낌없이 사랑을 쏟아야지!

나는 집에서 떨어진 곳으로 카인을 데리고 갔다. 제 아버지와 마주치지 않기를 간절히 바랐다. 아직은 때가 아니었다. "좀 떨어진 곳으로 가자." 헤벨이 형의 생각을 바로잡아 주었을까? 나는 헤벨이 전날 아침부터 형과 있으면서 둘 사이의 문제를 풀어 낼 거라는, 실은 많은 것을 매끄럽게 만들 거라는 기대를 갖고 있었다.

"저를 용서해 주세요." 카인은 내가 잡아끄는 곳으로 가면서 아이처럼 울었다. 콧물이 흘러내려 어릴 때처럼 더러운 얼굴에 미끄러운 자국을 남겼다. 몸에서는 흙과 포도주와 연기가 섞인 지독한 냄새가 났다. 불탄 곡물과 그을린 기름 냄새. 그뿐 아니라 검댕이 손과 팔뚝까지 덕지덕지 붙어 있었다. 얼굴에도 묻어 있었다.

갑자기 그가 내게서 몸을 떼더니 소리를 질렀다. "제 얼굴 보지 마세요! 어머니 얼굴을 볼 수가 없어요!"

"카인! 무슨 말이냐?"

"어머니, 어머니. 제게서 사랑을 거두지 마세요! 어머니 사랑을 거두지 말아 주세요!"

속이 점점 더 불편해졌다. "그럴 리가 있니! 그분이 원하는 사람을 선택하신 것은 네가 뭘 어떻게 해서가 아니……."

나는 말을 마치지 못했다. 나를 빤히 쳐다보는 카인의 얼굴에 공포가 가득했다. 얼굴에 묻은 검은 피 때문에 눈이 아주 하얗게 보였다.

"카인." 이유를 설명할 수는 없지만 손이 떨리기 시작했다. "네 동생 어디 있느냐?"

그 말에 그 애는 사납게 울부짖으며 바닥에 쓰러지더니 제 가슴과 얼굴과 어깨를 쳤다. 카인의 목소리는 내가 알던 것과 달랐다. 원초적인 짐승의 소리였다. 가슴이 서늘해졌다. 나는 몸을 낮추어 그 애 어깨를 잡으며 말했다. "카인! 헤벨은 어디 있느냐? 네 동생 어디 있어?" 그러나 그는 계속 자기 몸을 때리고 얼굴과 머리카락을 쥐어뜯을 뿐이었다. 나는 그 애를 힘껏 흔들었다. 나에게 그런 힘이 있는지 미처 몰랐을 정도로 강하게 흔들어 대어 그 애 눈에서 흰자위가 드러났다. 나는 악을 썼다. "헤벨 어디 있냐구?"

갑자기 카인이 움직임을 멈추었다.

"오세요, 어머니." 카인은 아주 작은 목소리로 말하고 팔뚝으로 얼굴을 닦았다. 우리 뒤쪽에서 소리가 들렸다. 릴라가 초췌한 얼굴로 집 밖으로 나오자 카인은 깜짝 놀랐다. 아담인 듯한 형체가 집 안에서 서둘러 옷을 입는 움직임이 보였다.

"릴라가 절 보지 못하게 해주세요! 제게 다가오지 않게 해주세요!" 부르짖는 카인의 목소리는 밤새 소리를 친 듯 쉬어 있었다.

나는 그 애를 끌어당겨 일으킨 후 서둘러 마당을 지나갔다. 속이 불편했다. 몸을 움직이자 정신이 좀 돌아온 듯 카인이 말했다. "제발, 저를 향한 사랑을 끊지 않겠다고 말해 주세요. 제발, 어머니의 사랑을 거두지 마세요. 그건 견딜 수 없어요. 견딜 수 없어요. 도저히 살아갈 수가……."

두려움이 끈처럼 폐를 조여 왔다. "말해라. 무슨 일이 있었는지 말해!"

그대로 뒀다면 다시 쓰러졌겠지만 나는 그 애를 붙잡고 또 한 번 흔들었다. 카인이 말했다. "그분의 음성을 들었어요."

나는 당황한 나머지 머뭇거렸다.

"뭐?"

"그분의 음성을 들었어요, 어머니." 그 애 얼굴이 일그러졌다.

"뭐라고, 그분이 뭐라고 하셨는데?" 그토록 오랫동안 바라던 말이건만, 왜 이렇게 뭔가 끔찍하게 잘못되었다는 느낌이 들까?

"어머니가 방금 하신 말씀과 같아요."

"뭐?"

"그분은 죄가 문 앞에 도사리고 앉는다고 하셨어요." 조금 전 카인이 문 앞에 쪼그리고 앉았던 게 생각났다.

"그게 무슨 수수께끼 같은 소리냐?" 검댕으로 덮인 채 내 앞에 있는 아들, 그토록 오랜 세월 숨어 계시다가 정작 카인이 바친 제물을 외면하신 후 그에게 나타나 말씀하신 그분……, 헤벨의 행방. 어느 것도 말이 되지 않았다. 하나님의 총애를 받는, 카인의 동생은 어디 있을까?

멀리 있던 밭이 가까워졌다. 나는 주저했지만, 카인은 뻣뻣한 걸음걸이로 계속 걸었다.

여러 해 전, 내게 달려와 "어머니, 빨리 와보세요!"라고 말하던 어린 헤벨의 모습이 갑자기 떠올랐다.

그럴 리가 없지만, 내 생각을 읽은 것처럼 카인이 말했다. "어머니는 모르셨어요. 어머니는 모르셨어요. 그날 언덕에서 제가 죽인 자칼, 기억하세요? 처음에 저는 그놈에게 죽을 뻔했어요. 그놈이 갑자기 저를 덮쳤거든요. 헤벨이 돌을 던져 기절시키지 않았다면 꼼짝없이 당하고 말았을 거예요. 저는 지독한 겁쟁이였어요, 어머니! '죽여, 형!' 헤벨이 제게 소리쳤어요. 저는 후들거리는 다리로 자칼에게 갔어요. 놈이 머리를 들고 다시 일어서기 시작할 때 겨우 창을 던져 그놈을 죽였어요."

내가 속삭였다. "그 얘기를 왜 하는 거냐?"

"헤벨이 끝장낼 수도 있었어요. 하지만 제가 헤벨에게 물러서라고 했어요. 헤벨이 걱정되었던 것도 사실이지만 헤벨이 자칼을 죽이게 해놓고 어머니에게 갈 수는 없었어요. 그건 제 몫이었어요. 그건 언제나 제 몫이었어요. 헤벨이 제 목숨을 건져 주고 어머니에게 가는 것을 참을 수가 없었어요. 그래서 헤벨에게 맹세를 시켰어요. 말하지 않겠다는……." 목소리가 갈라진 카인은 팔로 입을 가리고 다시 소리 없이 흐느끼기 시작했다. 나는 마음이 불편했다.

"제발 절 미워하지 마세요, 어머니. 아버지의 증오라면 참을 수 있어요. 아버지는 어차피 제가 어머니의 사랑을 나눠 갖는 것을 싫어하시니까요. 아, 할 수만 있다면 어머니의 마음에서, 바로 이 땅에서 사라져 버리고 싶어요."

나는 걸음을 멈추고 그 애 몸을 돌려 나를 똑바로 보게 했다. "카인, 헤벨 어디 있니?" 그 애가 고뇌에 찬 눈으로 나를 빤히 바라보았다. 나는 악을 썼다. "헤벨 어디 있어! 헤벨 어디 있어? 그 애에게 무슨 짓을 한 거야?" 카인은 울부짖기 시작했고 나는 그 애의 얼굴을 힘껏 때렸다. 나는 주체할 수 없이 흐느끼고 있었는데 그 이유는 알지 못했다.

카인은 내게 맞은 일이 없다는 듯 멍한 얼굴로 말했다. "헤벨은 늘 떨어져 있기를 좋아했어요. 그동안 죽 그분과 대화를 나누고 있었나 봐요." 카인은 내 곁을 떠나 얼이 빠진 사람처럼 걸어갔다.

밭 가장자리에 이르렀을 때, 나는 더 이상 참을 수 없어서 후들거리는 다리를 끌고 카인을 앞서 달려갔다. "헤벨!" 나는 소리쳤다. "헤벨!"

카인은 거기서 멈추더니 더 이상 앞으로 가려 하지 않았다. "뭐냐? 뭐야?" 나는 주위를 이리저리 두리번거렸다. 그는 흔들리는 손을 들어 가까운 도랑 쪽을 가리켰다. 그는 그곳에서 낮은 담을 쌓을 돌을 옮기는 작업을 했었다. 처음에는 안개의 막에 가려 그 너머로 보이는 들판밖에 못 보았지만, 어느 순간 땅에서 어두운 형체를 본 것 같았다.

나는 달렸다. 아무리 달려도 끝나지 않을 것 같았다. 발은 내 것이 아닌 듯 감각이 없었고 통나무처럼 무거웠다. 폐에서 거친 숨이 나왔지만 소리는 들리지 않았다. 어떤 동물의 소리도, 나 자신의 울부짖음도 들리지 않았다. 나는 땅에 벌어져 있는 어두운 형체 앞에 주저앉았다. 괴상한 형체들이 사방으로 날아갔다.

헤벨.

나는 헤벨을 품에 안고 부르짖었다. "헤벨, 헤벨! 내 아들! 깨어나라!" 그는 흙투성이였고 흙과 피 냄새가 났다. 피. 새벽 빛 아래 보니 피가 사방에 있었다. '제단 앞의 어린 양처럼.' 그 애는 미끈거렸고 뒤통수는 너무 부드러웠다. 나는 그 애의 더러운 볼을 쳤다. "헤벨! 헤벨!" 울부짖으며 흔들고 흔들었다.

카인이 내 옆에 와서 나를 안으려 했지만 나는 그가 썩은 고기를 찾아온 새인 것처럼 거칠게 떨쳐 냈다.

두 손으로 아들의 몸을 더듬자 이내 다른 상처들이 눈에 들어왔다. 독수리들이 저질러 놓은 짓도 알아볼 수 있었다. 늘 너무나 아름다웠던 입술은 놈들에게 쪼여 너덜너덜해졌고 피가 말라붙었으며 한쪽은 이가 다 드러나게 찡그리고 있었다. '암석 아래서 노려보던 늑대처럼.' 나는 비명을 지르고 또 지르며 그 애를 흔들었다.

헤벨은 꿈쩍도 하지 않았다.

이 엄청난 오류, 이 끔찍한 오해를 이해할 수 없었다. "무슨, 무슨 일이 벌어진 거냐? 무슨 짓을 한 거야?" 나는 카인에게 소리를 질렀다.

카인은 울부짖었고 그 울음소리에 나는 소름이 끼쳤다. 카인은 동생의 시체 위에 쓰러져 신음하다 토하기 시작했다. 붉은 것. 그는 붉은 것을 토했다. 포도주의 악취가 났지만 피 색깔이었다.

아침 해에 불타 사라지듯 안개가 걷히고 있었다.

어떻게 아침이 올 수 있지? 해가 어떻게 얼굴을 드러낼 수 있지?

햇빛이 비치니 사방에 붉은 것이 보였다. 검붉은 핏자국이 내 팔에도, 헤벨의 튜닉에도, 카인의 튜닉과 팔과 허벅지에도 있었다. 아담의 고향이었던 땅처럼 붉었다. 그 순간, 초췌한 상태로 내가 품에 안은 남자는 아담이었을 수도 있었다.

나는 헤벨 위로 몸을 굽혀 양손으로 카인을 계속 때렸다. "너희 둘은 같은 자궁에서 나왔다! 같은 가슴에서 젖을 빨았어!"

카인은 신음소리만 낼 뿐, 손을 들어 나를 막지 않았다. 나는 헤벨을 다시 품에 안고 부드럽게 흔들었다. 그렇게 해서 그 손발을 다시 살려낼 수 있을 것처럼.

카인이 울부짖었다. "헤벨은 희생제물로 쓸 어린 양을 한 마리 주겠다고 했어요. 선물로 주겠다고. 저는 그냥 갖고 있으라고 했어요! 내겐 내 손으로 일한 소산이 있다고. 그것을 받았으면 얼마나 좋았을까!"

그때 다른 이들의 소리가 들려왔다. 그전까지 못 듣고 있었는데 바로 근처에서 나고 있었다. 내 마음은 속에서 말라 재가 되어 버렸지만 나는 말했다. "달아나. 달아나! 아담이 널 보기 전에. 가. 너희 둘 다 잃을 수는 없다!"

카인은 휘청거리며 일어났다. 한동안 나는 그가 가지 않을 거라고, 아담이 그를 붙잡을 거라고 생각했다. 그러나 카인은 한순간 나를 슬쩍 보더니 몇 발짝 비틀비틀 걷다가 마구 내달리기 시작했다.

나는 헤벨을 꼭 끌어안았다. 뒤늦게 도착한 아담이 무릎을 꿇고 울부짖었다. 그 소리는 내 품에 안긴, 생명을 잃은 몸만큼이나 끔찍했다.

25

가족들이 나를 붙들어 집으로 데려갈 때도 나는 헤벨을 놓으려 하지 않았다. 나는 임신한 배에다 죽은 아들을 꼭 대고 하늘을 향해 소리쳤고, 스스로 계신 분을 저주하며 아들을 돌려달라고 요구했다. 다 나중에 들은 얘기다.

우리는 헤벨을 붉은 땅에 묻었다. 릴라는 아쉬라에게 붉은 황토를 주면서 그것이 헤벨의 몸에서 빠져나간 피를 대신할 거라고 했다. 눈이 퉁퉁 부은 아쉬라는 아무 말이 없었다. 그러나 헤벨의 깨끗한 손바닥에 붉은 황토를 칠할 때는 이제 카인의 손에서 피를 돌려받게 될 거라고, 오빠의 근원인 아버지의 붉은 흙이라고 중얼거렸다. 그 말을 들은 나는 마음속으로 부르짖었다. '그 애의 근원은 나란 말이다!' 그러나 소리 내어 말할 수 없었다. 우리는 헤벨의 시신 위에 제사 때 바쳤던 어린 양의 양털을 덮고 아직 그 애를 받아들일 준비가 되지 않은 땅으로 그 애를 돌려보냈다.

아담은 말이 없었다. 카인의 행방을 묻지도 않았고, 자신이 도착했을 때 그 애가 달아난 까닭도 묻지 않았다.

나는 꿈을 꾸었다. 어떤 마음도 감당할 수 없는 꿈이었다. 형제들이 서로에게 무기를 겨누는 꿈, 돌과 창이 사람을 죽이고 땅위로 피가 흘러넘치는 꿈이었다. '지금 나는 그 늑대처럼 흔들리고 있구나.' 제 무덤이 될 암석 아래 쪼그리고 있던 드바시가 떠올랐다.

나는 깨어나 헤벨의 이름을 불렀다. 이것도 들은 이야기다.

잠에서 깨면 그 애가 죽었다는 사실을 알면서도, 눈을 뜨고 올려다보면 그 애가 내 옆에 무릎 꿇고 있는 모습이 보일 것 같았다. 살아 있을 적 모습이 하나하나 생생하고 자세히 되살아나 너무나 고통스러웠다. 베틀로 아장아장 걸어 들어오던 아기 헤벨, 카인이 없을 때 형의 창을 이리저리 끌고 다니던 아이, 많이 웃어 눈가에 주름이 생긴 남자, 하늘을 향해 고개를 들고 제단 앞에 서 있던 사람.

그러다 보면 잠도, 환상도, 핼쑥하고 창백한 릴라의 얼굴도, 아이들을 데려와 시바에게 맡기고 헤벨의 무덤가에 앉아 있는 아쉬라의 얼굴까지 더 이상 참을 수 없어지는 순간이 오곤 했다. 그럴때면 나는 일어나 들로 나가 딸 옆에 앉았다. 공허하게 하늘을 응시하던 헤벨을 마지막으로 본 지 닷새가 지났다.

아쉬라는 내 무릎을 베고 누웠고 나는 옛날처럼 부드럽게 노래를 불러 주었다. 하지만 그때와 달리 노래는 아쉬라를 위로하지 못했다. 나는 죽어 가는 헤벨을 위로하지도 못했고, 살아남은 카인도 위로하지 못했다. 이루 말할 수 없는 슬픔만 쏟아낼 뿐이었다.

나는 죽은 아들로 인해 슬퍼했다. 살아 있으나 망가진 아들로 인해 슬퍼했다. 폐허만 남은 내 희망을 슬퍼했다. 그것은 과일이 푹 익어 터지듯 머리가 으깨진 헤벨의 다정한 얼굴처럼 공허했다.

아쉬라가 가고 난 그날 오후, 나는 새 흙이 덮인 무덤 근처 풀 위에 누워 있었다. 하늘은 그지없이 파랬고 구름은 아래의 슬픔을 전혀 이해하지 못한 채 무심히 흘러갔다. 아무 일도 없다는 듯 바람이 내 볼을 쓰다듬었다. 처음 눈을 뜨던 날 골짜기에서 그랬던 것처럼. 한때 이 세상의 소리들은 신비로웠고 기묘했다. 아들의 무덤 곁에 누운 나는 세상이 한때 내던 그 소리들을 내야 한다고 말했다.

다른 소리를 알지 못하는 나무들이 내 머리 위에서 탄식했다.

해 지기 얼마 전, 카인이 다가왔다. 수척한 얼굴에 머리는 희끗희끗했고 창을 하나 들고 있었다. 옷은 얼룩투성이였지만 빨아서 입은 듯했고 몸도 씻은 것 같았다. 풀린 머리카락이 내려와 이마를 덮었다. 카인은 침착한 동작으로 말없이 내 옆에 앉았다. 그리고 입을 열었다. "그분이 제게 하신 말씀을 알려 드려야겠어요."

심장이 오그라들었다.

카인이 고개를 숙이고는 말했다. "제단을 떠난 후 저는 밭을 이리저리 배회했어요. 하늘을 향해 소리질렀어요. 그리고 흐느꼈어요. 헤벨이 저를 찾아왔을 때 저는 그 밭으로 가자고 했어요. 제가 제사를 준비하며 따로 구별한 영역을 보여 주고 싶었어요. 내가 얼마나 상심했고 얼마나 쓰라린 패배를 맛보았는지 알려 주고 싶었어요. 보여 주고 싶었어요. 헤벨이 따라왔고 우리는 함께 술을 마셨어요. 그는 내게 어깨동무를 하고 말했어요. '형, 형이 짊어진 짐이 어떤 건지는 모르겠어. 하지만 하나님이 내 제사를 받으신 걸 보면 그게 형이 짊어질 필요가 없는 것이었는지도 모른다 싶어. 그 생각을 하면 마음이 되게 안 좋아. 지난 세월 형이 겪은 아픔도 그렇고." 카인이 거친 숨을 골랐다. "그 말을 참을 수가 없었어요! 헤벨의 입에서 흘러나오는 그 말이 옳다는 걸 알았거든요."

나는 고개를 돌려 얼굴을 가렸다. 햇빛을 가리려고 머리에 두르고 있던 아마포를 내려 눈을 덮었다. 아무것도 보고 싶지 않았다. 내가 가릴 수 있는 부분만이라도 가리고 싶었다.

"거기서 끝났다면 그냥 참을 수 있었을지도 몰라요. 안도감이든 것도 사실이었거든요. 하지만 그다음, 헤벨은 떠날 거라고 했어요. 양 떼가 풀을 뜯을 곳은 세상 어디에나 있을 테니 어디로든 가겠다고. 자기가 떠나야 내가 상처를 안 받을 거라고. 헤벨이 제 곁을 떠나고 저 때문에 어머니를 떠난다고 생각하니 참을 수 없었어요. 무엇보다 헤벨은 그분이 자기와 함께하신다고 생각했어요. 비록 어머니와 아버지의 사랑을 얻기 위해서였지만 제가 그토록 열심히 추구했던 그분이 헤벨을 따라가신다고 생각하니 도저히 참을 수가 없었어요." 카인의 목소리가 잠겼다. 카인은 고개를 돌렸다.

마음을 가라앉힌 다음 카인은 다시 말을 이었다. "저는 헤벨에게 달려들어 욕하고 소리를 질렀어요. 부모님이 기다려 온 것을 네가 빼앗을 수는 없다고, 아무리 부담스러워도 머물러야 한다고 소리쳤어요. 저는 너무나 화가 났어요. 너무나 마음이 상했어요. 그 애를 해치고 싶었어요. 헤벨은 코에서 피가 나는데도 반격하지 않았어요. 헤벨이 언제나 저보다 더 강했는데. 맞서지 않았어요! 왜 그랬는지 모르겠지만, 저항하지 않았어요." 카인은 울고 있었고, 나도 울었다.

"헤벨이 저항했다면 지금도 살아 있을 거예요. 나보다 강한 애였으니까. 그 애의 무릿매는 늘 제 창보다 정확하게 목표물을 맞혔어요. 그날, 필요했다면 헤벨은 저를 보호하기 위해 맨손으로 자칼에게 달려들었을 거예요, 전 알아요." 카인은 말을 멈추고 소리 없이 흐느꼈다.

카인을 위로하고 싶기도 하고 피하고 싶기도 했다. 안아 주고 싶기도 하고 패주고 싶기도 했다. 하지만 나는 어느 쪽도 하지 못한 채 얼어붙은 듯 앉아 있었다.

잠시 후, 카인이 말했다. "밤새 걸어 다녔어요. 어딜 다녔는지는 모르겠어요. 동트기 전, 저는 어머니께서 지난 세월 동안 원하셨던 그 소리를 들었어요. '네 동생 헤벨이 어디 있느냐?' 한 번도 꾼 적이 없는 꿈속의 목소리 같았어요. 저는 '모릅니다'라고 대답했어요. 오만한 태도였어요. 그 순간엔 그 소리와 소리의 주인이 싫었거든요. 평생 동안 그 목소리를 추구했는데 이제야, 이런 식으로 찾아오다니! 하지만 한편으로는 헤벨이 어디로 갔는지 모른다는 뜻이기도 했어요. 헤벨이 어두운 하늘을 응시하고 있었다는 것만 알 뿐이었으니까." 카인의 목소리가 잠겼다. "혹시, 제가 헤벨을 그분의 손에도 닿지 않는 곳으로 보내 버린 건가요? 그래서 동생이 어디 있느냐고 그분이 물으신 건가요?" 카인은 두 손으로 얼굴을 가리고 고개를 흔들었다. "아세요, 어머니? 제가 그런 건가요?"

"모르겠다." 나는 딱딱한 어조로 말했다. 그 생각을 하다 보면 미쳐 버릴 것 같았다. 그리고 순전히 나 자신을 위로하기 위해 "하나님의 손이 닿지 않는 곳은 없다"고 말했다.

"그리고, 너무나 끔찍하게도, 그분은 어머니와 똑같은 질문을 하셨어요. '네가 무슨 일을 저질렀느냐? 네 아우의 피가 땅에서 나에게 울부짖는다.' 아! 너무나 엄청나고, 너무나 끔찍해요! 이제 저는 저주를 받았어요! 동생의 피를 받은 땅에서 저주를 받았어요! 땅은 더 이상 제게 수확물을 내지 않을 거예요. 그래서 저는 머물 수가 없어요. 시도해 봤는데 아무리 해도 겨자씨 하나 나지 않았어요! 사흘이 되어도 죽은 것처럼 그냥 땅속에 있었어요."

그때 나는 얼굴을 들고 가렸던 손을 내렸다. 이미 아담은 땅에서 수고롭게 일해야 하는 저주를 받았다. 그런데 카인은 거기서 또 저주를 받아 유배의 땅에서 다시 유배당한 것인가? 그 애에게 무엇이 있을 수 있다는 말인가? 아담은 땅에서 풍성한 수확을 얻고자 수고했지만, 이제 카인은 아무리 수고해도 열매를 얻지 못할 터였다. 자신의 노고로 거둔 최고의 열매들이면 충분할 줄 알고 자랑스럽게 제단에 올렸던 애였다! 나는 꿈에서 바로 이 사건을 본 것이었다. 그래서 카인을 밭으로 내보냈던 것이다! 그렇다면 이 일에서 내 책임은 도대체 얼마나 큰 것일까?

나는 카인을 끌어당겨 품에 안았고 그 애는 내 가슴으로 파고들었다. 카인은 내게 매달렸고 나는 힘껏 안아 주었다. 꿈에서 봤던 것처럼 이제 곧 그 애를 잃게 되리라는 걸 알았기 때문이다.

그 애가 이곳에 남아 있을 도리는 없었다.

그렇게 아주 오랜 시간이 지난 것 같았다. 등이 아프고 다리엔 감각이 없었다. 하도 울어서 얼굴이 부어 있었다. 내가 울지 않은 때가 언제였던가? 마침내 카인이 고개를 들었다. 그제야 나는 그 애 이마에서 이상한 것을 보았다. "그건 뭐냐?" 나는 그의 머리카락을 옆으로 쓸어내리며 물었다. 그 애가 내 손을 잡았다. "그러지 마세요."

"하지만 그게 뭐냐? 그 모양은 마치……." 거기엔 정말, 동그라미와 직선이 있었다. 헤벨이 자기 양 떼에 그려 넣은 표였다! 카인이 그것을 다시 가렸다.

"저는 떠날 거예요. 제가 여기 머물 수 없다는 거 알아요. 그분은 제가 끊임없이 방황하게 될 거라고 말씀하셨어요. 저는 방랑의 땅으로 갈 거예요."

"그 땅이 어떤 곳이냐? 뭘 할 거냐?" 나는 모든 것을 잃게 되는 걸까?

"제가 어디를 가건, 그곳이 바로 제 땅이 될 거라는 말이지요." 그는 엷은 미소를 지었는데 후회가 가득 담겨 있었다. 그 미소를 보자 며칠 전만 해도 참으로 사랑스러웠던 그 애의 모습이 생각났다. 그러나 지금 내 앞에 있는 이 초췌한 이방인은 얼굴도 알아보기 힘들었다. "할 일은 분명해요. 땅을 갈기 전에 제가 양치기였던 거, 기억하세요? 한때는 제가 헤벨과 몇 마리 안 되는 양떼를 거느리고 이 언덕들을 누볐던 거?"

"그럼 제일 좋은 양을 가져가고……."

그가 부드럽게 말했다. "아뇨, 아니에요, 어머니. 언덕에는 양들이 있고 여기서 동쪽으로 가면 비옥한 땅이 있어요. 전에 헤벨과 함께 멀리까지 나갔다가 그 땅이 시작되는 장소를 봤어요. 그리로 갈 생각이에요."

"혼자?"

카인이 고개를 숙였다. "릴라가 같이 가고 싶어 하지 않을 거예요. 강에서 목욕 중인 릴라에게 갔는데, 나를 없는 사람 보듯 했어요. 나를 보려 하지 않아요."

나는 둘 모두를 생각하며 슬퍼했다.

"그리고 어머니, 더 있어요."

내가 울부짖었다. "뭐가 또 있단 말이냐? 지금도 너무 많아!"

그 애 얼굴에 쓰라린 표정이 어렸다. "저는 그분께 견딜 수 없다고 말씀드렸어요. 이 땅에서 쫓겨나 그분의 얼굴을 볼 수 없게 되었으니까요. 부모님이 같은 일을 당하셨다는 거, 이제는 알겠어요. 어머니를 떠나야 하는 것도 감당하기 너무 버거워요. 게다가, 언젠가 이 평지에서 산으로 수많은 형제들이 퍼져 나갈 텐데, 그중 하나가 저를 찾아와 제가 헤벨에게 저지른 것과 같은 일을 하지 말라는 법이 없구요."

"안 돼! 누구도 감히 그렇게 못할 거다!"

"아무도 못할 거예요. 그분이 제게 어머니가 보신 그 표를 새겨 주셨거든요." 카인의 목소리가 떨렸다. "잔잔한 연못 안을 들여다보고 그것이 무엇인지 알았어요. 아, 어머니, 이건 너무 엄청나요!"

나는 카인의 머리카락을 옆으로 쓸어 올렸다. 이번에는 카인이 막지 않았다. 정말 헤벨의 표였다. 가족이 몇 안 되던 때부터 헤벨의 양들에게 그려져 있던 표시였다. 헤벨이 말하고 다녀서 다들 그 표를 알고 있었다. 그런데 내가 그것을 들여다보고 있는 동안 뭔가 이상한 일이 벌어졌다. 그의 이마에 있는 표가 흔들리는 듯했다. 피부 위로 잔물결이 이는 것 같았다. 갑자기, 내 눈에는 아들의 얼굴이 아니라 그 열매 쪽으로 뻗은 내 손이 보였다. 열매도, 내 손도 얼마나 사랑스럽고, 아름다웠는지! 그러나 다음 순간, 나는 수치심에 사로잡혀 불에 덴 것처럼 손을 움츠렸다.

카인이 구슬픈 목소리로 말했다. "어머니 눈에 뭐가 보이는지 모르겠지만, 제가 연못에 비친 그 표를 보면 동생을 치려고 들어 올린 제 손이 보여요. 그래서 어머니가 방금 그러신 것처럼 고개를 돌리게 되죠. 이건 잔인한 자비예요. 다른 사람들의 수치심을 볼모로 한 잔인한 보호책이지요. 언젠가는 이것이 없어지길 바라고 있어요. 그날이 오면 다른 손이 제 목숨을 끝내게 되겠지요. 저는 정말 그렇게 당해도 싸거든요."

"그런 말 하지 마라!" 나는 그렇게 말했다. 카인은 머리카락으로 다시 이마를 가렸다. 나는 머리에 썼던 아마포 두건을 말없이 그 애에게 건넸다. 카인은 거친 손으로 그것을 받았다.

그때도 나는 그를 여전히 사랑했다. 그때에도, 그 애를 위해 상처투성이 과거를 원상태로 돌리고 싶었다. 헤벨을 다시 낳을 수 있게 되길 바랐다. 두 번째 기회가 주어진다면 카인이 동생에게 분개하지 않을 것임을 알았기에. 그분이 우리가 이해할 수 없는 이유로 여전히 그 애를 거부하실 수도 있겠지만, 우리는 그분이 기쁘신 뜻대로 행하심을 알고 그 상황을 그대로 받아들일 수 있을 것이었다.

"언제 떠날 거냐?"

"금방요. 오늘밤에." 너무 일렀다! 너무 일렀다! 그러나 오늘이 아니라 내일이라 해도, 너무 이르기는 마찬가지일 터였다.

나는 카인을 데리고 함께 집으로 돌아왔다. 팔을 붙들자 그 애의 몸이 떨리는 것을 느꼈다. 한 손으로는 두건을 꼭 쥐고 있었는데, 그 천 때문이 아니라 그것을 만든 사람 때문임을 나는 알 수 있었다.

최근 도공으로 능숙한 솜씨를 발휘하게 된 라하트가 집 밖에서 항아리를 만들고 있다가 우리를 보고 그대로 굳어 버렸다. 근처에서 놀고 있던 수파는 "카인 오빠! 카인 오빠!" 하며 큰소리로 외치고 그의 품으로 부리나케 달려갔다. 카인은 머리를 숙여 동생을 들어 올리고는 집까지 안고 갔다.

다른 방향에서 아담이 왔다.

"카인!" 그가 소리쳤다. 그 이름의 울림이 끔찍했다.

내 아들이 멈춰 섰다. 나는 그 애가 제 아버지를 대면하도록 잡았던 손을 놓았다.

아담의 얼굴은 어두웠다. 깊게 패인 주름살은 슬픔을 말해 주고 있었다. 슬픔과 사랑.

나는 아담이 돌아설 거라고 생각했다. 그가 자리를 떠날 거라고 생각했다. 그런 아버지를 참으며 또 한 번 상처받을 카인이 안쓰러웠다. 그러나 아담은 그대로 서 있었고, 카인은 앞으로 달려가 그 앞에 쓰러졌다.

"아버지!"

아담은 뻣뻣하게 서 있었고, 떨리는 손을 그 검은 머리 위에 얹었다. 나는 내 오빠, 내 남편, 내 아버지의 일그러진 얼굴이 하늘로 향하는 것을 보았다. 어떤 해답을 찾는 듯 그렇게 한참을 있었다. 나는 내가 수많은 밤과 아침에 그랬던 것처럼 그가 그분에게 부르짖을 거라 생각했다. 나는 입을 가렸다. 동물들의 이름을 짓고, 나 때문에 소리를 지른 사람, 지친 가운데도 믿음으로 불평 없이 땅을 경작한 사람, 어머니나 아버지가 없어 그들의 무릎도 머리도 벨 수 없고 그들에게 조언을 구하거나 슬픔을 털어놓을 수도 없었던 사람이 거기 있었다.

마침내 아담이 말했다. "너는 그분의 형상을 쳤다." 그렇듯 심각한 결과를 맞진 않았지만 나 역시 그와 똑같은 짓을 한 적이 있었다.

집 옆쪽에서 르나나가 달려 나오더니 마당에 있는 아버지와 오빠를 보고 그대로 멈추었다. 릴라는 집 안에 있을 게 분명했지만 밖으로 나오지 않았다. 아쉬라만 출입구에 서 있었는데, 창백한 얼굴이 돌처럼 굳어 있었다.

카인이 고개를 들었다. "가겠습니다, 아버지. 아버지의 축복을 구하지 않겠습니다. 아버지의 사랑을 청하지도 않겠습니다."

아담은 아무 말도 하지 않았다. 말을 할 수 없었을 것이다. 카인이 일어서자 머리카락이 뒤로 넘어가면서 아담이 카인의 얼굴을 들여다보았다. 그의 눈이 약간 커졌다. 그러다 번갯불을 피하듯 거친 비명을 지르며 고개를 돌렸다.

"갑니다." 카인이 속삭이듯 그 말을 반복했다. 그는 아마포를 머리에 둘러 이마의 표시를 가렸다.

"필요한 것들을 가져가거라. 식량. 도구들." 아담이 카인을 똑바로 쳐다보지 못하고 단호하게 말했다. 그러나 카인은 고개를 가로저었다. "아무것도 가져가지 않겠습니다. 그분이 제가 떠돌 거라고 하셨으니, 정말 계속 살아남을 거라면 먹을 방도를 찾아낼 겁니다." 카인은 천천히 몸을 돌리고 집 쪽으로 뻣뻣하게 걸어갔다. 라하트가 걱정스러운 듯 그를 힘껏 껴안고 몇 가지 묻는 듯했지만 나에게는 들리지 않았다. 내 눈은 아쉬라에게 고정되어 있었는데, 그 애는 하이에나를 보듯 카인을 쳐다보았다. 아쉬라는 다가가는 카인에게 침을 뱉었다.

"아무것도 가져갈 생각 마. 아무것도 가져가지 마. 가. 가서 하나님이 자비를 베푸시는지 보라고. 가." 그녀는 몸을 구부렸고, 카인이 자기 쪽으로 몸을 굽히려 하자 날카로운 소리를 지르고 손톱을 번득이며 할퀴려 들었다. 집 안에 있던 카니트가 밖으로 나오려 했지만, 아쉬라는 곰이 새끼를 보호하듯 아이를 제지했다.

카인은 집을 바라보며 한 걸음 뒤로 물러나더니 살짝 고개를 숙이고는 떠나려고 몸을 돌렸다. 바로 그때, 르나나가 등에 바구니를 하나 지고 튼튼한 샌들을 신은 채 마당으로 달려 나왔다.

"르나나, 뭐하는 거야?" 아쉬라가 소리쳤고 내 마음도 같았다. 아담이 르나나 쪽으로 빠른 걸음을 옮겼고 그 애는 카인 쪽으로 한 걸음 물러섰다.

"오빠와 함께 갈래요. 릴라 언니는 오빠를 따라가기는커녕 쳐다보지도 않잖아요. 언니 대신 제가 가게 해주세요. 제가 언니 이름으로 아이들을 낳을 게요. 언니는 평생 다른 남자를 찾지 않을 거니까요. 언니가 제게 그렇게 말했어요. 정말이에요." 르나나는

내게 오더니 내 손을 꼭 쥐고 손에다 키스했다. 그 애의 얼굴에는
전에 한 번도 본적이 없는 진지함과 애절한 희망이 담겨 있었다.
아담 쪽으로는 고개만 살짝 숙이고 카인에게 돌아갔다. 당황한
카인은 르나나를 보다가 다른 식구들을 쳐다봤다.

두 사람은 나란히 걸어 우리가 사는 곳을 영원히 떠나갔다.

나는 그 애들의 모습을 지켜보았다. 내 발은 납덩이 같았고 속
에선 심장이 무지근했다. 등 뒤로 넘어간 감지 않은 머리카락처
럼 양팔이 양옆으로 축 늘어졌다. 이렇게 될 일이었던 것인가. 우
리는 부족한 대로 우리의 운명을 만들어 왔으나 모두 그분의 손
바닥 안에 있었다.

나는 뒤에서 소리를 질렀다. "너희 발에 복을 빈다! 너희가 밟
는 땅에도! 너희 삶을 만들어 나가는 눈과 손에도!" 그 애들은
돌아보지 않았다.

나는 알맹이를 잃어버린 꼬투리, 어디로 가는지 모른 채
바람에 날려간다.

자
손
들

26

어느 봄날 저녁, 베섹이 집으로 들어오더니 암양 몇 마리가 새
끼를 낳을 것 같다며 밖에서 자야겠다고 했다. 우리는 헤벨이 죽
은 해에 집을 넓혔다. 나는 그걸 원했고 아이들이 곁에 있길 바랐
다. 그래서 베섹과 시바가 다시 들어와 우리와 살게 되었다. 하지
만 아쉬라는 한사코 떨어져 지냈다. 베섹은 헤벨의 가축 떼를 세
심하게 보살폈고, 그 무리에서 태어난 새끼 양과 새끼 염소에는
표시를 했다. 헤벨의 가축 떼가 얼마나 번성했는지 언젠가 보고
라도 해야 할 것처럼. 그 애가 왜 그렇게 하는지 알 수 없었지만
우리는 묻지 않았다. 카인의 이마에 있는 헤벨의 상징도 거론하
지 않았다. 우리가 그것을 통해 보았던 것들을 공개하고 싶지 않
았다. 최악의 모습이 알려지게 되는 것이 두려웠다. 그래서 우리
는 아무 말도 하지 않고 어린 아이들에게는 그것이 우리 가족의
상징이니 언제나 존중해야 한다고만 설명했다.

릴라는 카니트에게 기술을 가르치기 시작했다. 먼저 아마 섬유를 찢어 실로 꼬는 법을 보여 주었다. 릴라의 기술은 매우 정교하여 카니트가 절반 남짓 따라오는 데만도 몇 년이 걸렸다. 하지만 릴라는 예전처럼 열정적으로 베 짜기에 임하는 것 같지 않았다. 그보다는 거울 같은 연못을 들여다보듯 불을 응시하거나, 미래가 적혀 있기라도 한 듯 베틀의 실을 쳐다보고 있을 때가 많았다. 릴라는 가끔 아담을 곰곰이 들여다보기도 했다. 그 나이 또래의 아이들이 자주 그랬다. 아담과 헤벨은 너무 닮아서, 아담을 보고 있으면 헤벨이 살아 있었다면 어떤 모습일지 궁금해지곤 했다. 세월이 흘렀지만 가끔 나는 여전히 헤벨이 언덕 목초지에서 양 떼를 거느리고 돌아와 배고파 죽겠다고, 먹을 것 좀 달라고 동생들을 귀찮게 할 것만 같았다.

아담은 점점 말수가 줄었다. 어쩌다 입을 열어도 정원이나 동물들, 집 얘기뿐이었다. 그는 강에서 물을 끌어올 요량으로 작은 도랑을 파기 시작했는데, 그와 라하트에게는 큰 실험이었다. 둘이 함께 있는 모습을 보면서 나는 이런 생각을 했다. '그이에게는 나이 차가 좀 적은 아들이 있어야 해. 라하트는 아직 어리고 눈도 성하지 않잖아.' 하지만 라하트는 설계와 제작에 감각이 있었다. 물이나 흙, 땅, 그가 사랑하게 된 도기에 대해서도 그랬다.

한때 너무나 밝고 활력이 넘치던 아쉬라는 슬픔과 무기력함을 떨쳐 내지 못했다. 카인이 떠난 후 그녀는 헤벨의 이름을 한 번도 입에 담지 않았다. 생기를 되찾는 경우는 출산을 도울 때뿐이었다. 아쉬라가 태어난 아기의 얼굴을 찬찬히 살펴보는 것을 나는 지켜보았다. 마치 그 안에서 뭔가 알아볼 만한 흔적을 찾는 것처럼. 혹시 헤벨이 어떤 식으로건 돌아와 첫눈에 자기를 알아보기를 기다리는 게 아닌가 싶었다. 내가 볼 때는 있을 수 없는 일이었다. 원래 우리는 죽을 존재가 아니었다. 죽었다가 되돌아와 또 죽을 거라고 생각하지는 않았지만, 나는 아무 말도 하지 않았다. 그 희망의 빛이 그 끔찍한 날 이후 내가 그 애의 얼굴에서 찾을 수 있는 유일한 기쁨이었으니까.

수파, 내 몸을 찢고 태어난 신경질적인 그 아이를 나는 좀처럼 이해할 수 없었다. 나는 아이들을 다 사랑했지만, 그 중에서도 큰 딸들을 더 잘 이해했고 더 사랑하는 것 같기도 했다. 그런 면에서 볼 때, 그분께서도 카인을 사랑하신 게 분명하며 다르게 사랑하신 것뿐이라고 스스로를 다독였다.

그러나 더 마음이 가는 아이가 있다는 걸 나는 알고 있었다.

"왜 그분은 카인 형이 헤벨 형을 죽이도록 허락하셨을까요?" 아사가 형의 죽음과 다른 형의 유배에 대해 우리에게 듣고서 내게 물었다.

나는 어떻게 대답해야 할지 몰랐다. 그분이 우리의 행동에 개입하신다는 생각을 해본 적이 없었다. 우리는 언제나 뜻대로 행동했고, 스스로 선택을 내렸다.

"왜냐하면 말이다. 네가 달리 행동할 수 없도록 내가 상황을 만들어 놓는다면, 네가 순종하기로 스스로 선택한 것인지 어떻게 알 수 있겠니?" 내가 한 평생을 거치며 이해하게 된 사실, 선택 없이는 도덕도 없다는 것을 어떻게 설명할 수 있을까?

"알 수 없을 거예요. 그런데 첫 번째 나쁜 일이 나타나기 이전의 시기가 있었나요?"

"사람은 누구나 잘못을 저지른다. 하지만 우리는 올바른 일을 할 때 가장 고결한 거야. 자, 저기 아버지 오신다. 물을 가져가서 아버지 발 씻으시는 거 도와드려라."

그 대화는 나를 흔들어 놓았다. 내 아이들 중 그런 질문을 던지거나 진실에 그토록 근접한 경우는 없었다. 우리는 그 나무, 그 이전에 벌어졌던 일, 그 나무 때문에 일어난 일을 누구에게도 이야기하지 않았다. 어쩌면 헤벨은 어느 정도 감을 잡았을지 모른다. 카인은 내용을 파악했을 것이다. 그러나 우리는 그 이야기를 한 적이 없다. 부모의 잘못으로 그들의 마음에 결함이 생겼다는 말을 어떻게 한단 말인가?

한편으로, 나는 약속의 자손에 대한 꿈 때문에 슬퍼했다. 지난 구 년 사이, 나는 두 아이를 낳았다. 내 딸들은 장성한 여인들이 되었고 그들의 긴 머리는 등 아래까지 내려왔으며 그들의 자녀들은 젖을 물거나 불가에 있었다. 아쉬라의 맏딸이 곧 남자를 취할 참이었다. 머지않아 나는 첫 번째 증손자를 안게 될 것이었다.

그 생각을 하자 등이 아팠다. 동산에서 나온 지 사십 년이 넘게 지났다. 그러나 그 모든 세월 동안 내가 거둬들인 것이라곤 대답 없는 질문들뿐이었다.

　그해 여름, 밭에 있는 아담에게로 갔다. "어젯밤에 꿈을 꿨어요, 남편." 우리의 눈이 마주쳤고, 나는 그의 경계 어린 눈빛을 놓치지 않았다. "걱정 말아요. 제사를 요청하는 게 아니니까!" 의도했던 것보다 말투가 날카롭게 나갔다. 헤벨의 죽음 이후 그는 양 떼 가운데서 빼낸 동물만 제물로 드렸다. 나는 그것이 헤벨을 기념한 조치임을 알고 있었지만, 그는 그분이 어린 양을 더 좋아하시는 것 같아서라고 말했다. 아담은 그런 문제들을 나와 상의하지 않았고 결정된 내용만 알려주었다. 하지만 나는 평화를 갈망했고, 그것은 침묵 가운데서만 찾아왔다. 말이 적을수록 좋았다. 그래서 나는 말하지 않는 법을 배웠다. 대화로 회복할 수 없는 것을 침묵으로 회복하길 바랐다.
　"어떤 꿈인데?"
　"카인과 르나나를 봤어요." 그 애들의 이름이 나오자 그의 몸이 굳었다.
　"정말?"
　"가죽 천막 안에 있었어요. 세 아이에게 둘러싸인 채로."
　그는 뻣뻣하게 고개를 끄덕였고 나는 그를 남겨 두고 자리를 떴다. 그는 눈치 채지 못했지만, 나는 그가 밭 가장자리에 괭이를 내려놓고 하늘을 쳐다보는 모습을 지켜보았다. 카인이 떠난 날 이후 처음 보는 모습이었다. 그는 아이들의 질문에 대답하는 경우 외에는 그분에 대한 이야기를 하지 않았다. 그 동산 이야기도 하지 않았다. 그분에 대해 말하는 빈도가 점점 줄어들더니 결국 하나님이라는 말도 꺼내지 않게 되었다.

내가 지켜보는 동안 그의 어깨가 앞으로 구부러졌다. 턱이 내려가더니 땅을 쳐다보았다. 그다음 그는 괭이를 내려놓고 한 손으로 눈을 가린 채 그 자리를 벗어났다.

냄비를 문질러 닦듯 머릿속에서 그 장면을 씻어 내려 해봤지만, 아무리 해도 그것을 완전히 지울 수 없었다.

그날 밤 나는 시바가 구운 최고의 빵을 그에게 권했다. 자리에 누웠을 때는 한 팔로 그를 안았다. 평화를 위해 우리 둘 다 입에 올리지 않는 얘기가 많았다. 아담은 당나귀처럼 고집이 셌지만, 그만큼 든든한 존재이기도 했다. 그는 해야 할 일을 해냈고, 그것도 한결같은 태도로 믿음직하게 해냈다. 그런데 그날 낮에 본 그의 모습은 내 마음에 새로운 두려움이 깃들게 했다.

나는 그의 귀 가까이 대고 속삭였다. "당신 내게 그렇게 말한 적 있죠. 날 떠나지 말라고." 그는 누운 채로 움직이지 않았다. 말은 없었지만 깨어 있었다. "이제 내가 당신에게 말할 게요. 절대 날 떠나지 말아요. 언젠가 우리는 돌아갈 거예요. 언젠가. 그것을 결코 잊지 말아요. 나 자신에게 약속한 것처럼, 당신에게 약속할 게요. 당신은 그곳을 다시 보기 전에는 죽지 않을 거예요. 내 손에서 열매를 먹었던 것처럼, 내 손에 이끌려 그곳을 보게 될 거예요. 내가 맹세할게요." 나는 그가 몇 번 자신의 행동을 내 탓으로 돌렸던 일에 거부감을 느꼈었지만, 카인의 표에서 봤던 것처럼 그 열매를 향해 내밀던 손을 잊지 못했다.

그가 아무 대답이 없자 나는 그를 부드럽게 눌렀다. "남편, 할 말 없어요?"

"아이들이 듣겠어. 자리로 가서 자."

그해 내 평생 처음으로 비쩍 마른 몸에 살이 올랐다. 하루는 아쉬라가 말했다. "어머니, 보기 좋으세요. 땅이 먹을 것을 풍족하게 공급했어요."

"그분이 먹을 것을 풍족하게 공급하신 거지." 내가 부드럽게 바로잡아 주었다.

아쉬라가 공손한 미소를 지었다. "그 말씀이 옳아요, 어머니."

그러나 우리의 말은 성급했다. 다음 해에 가뭄이 찾아왔다. 라하트와 아담은 땅을 긁어 홈을 냈고 우리는 며칠에 걸쳐 그 홈을 계속 파내어 빈약한 고랑을 만들었다. 어떻게든 밭으로 물을 들이려는 시도였다. 우리는 항아리에 강물을 퍼 날랐다. 그만큼 절박했다. 그러나 오래지 않아 강물도 거의 말라 버렸다. 그나마 늦은 비가 한번 내린 덕에 정원이나 과수원의 작물은 살렸지만, 수확이 너무 보잘것없어 먹을 것을 찾아 언덕을 누벼야 했다. 결국 우리는 순전히 배고픔 때문에 물고기를 잡아먹게 되었다. 그해 말에는 양 떼 가운데 어린 양 두 마리가 사라졌다. 녀석들이 어떻게 되었는지 아무도 묻지 않았다.

다음 해 봄, 시바가 다섯째 아이를 가졌을 때, 강물이 강둑까지 그득해졌다. 전해의 가뭄으로 인한 흉작을 보충해 주는 봄이었다. 오후에는 비가 내렸고 동틀 녘에는 이슬이 잔뜩 맺혔다. 나무와 관목들은 어느 때보다 무성하게 자라났다. 우리는 하늘을 바라보며 그분이 우리를 잊지 않으셨다고 감사를 드렸다.

자두가 줄기에 주렁주렁 달릴 무렵의 어느 날, 어린 아들 마소르가 집으로 달려왔다.

"어머니, 태양을 이상한 그림자가 덮고 있어요!"

"폭풍이 오려나 보다. 물건들을 안에 들여놓아라."

"먹구름이 아니에요, 어머니. 이쪽으로 검은 그림자가 빠르게 오고 있어요!"

릴라가 노기 어린 한숨을 내쉬며 일어섰지만 문간에 이르자 멈추어 서서 소리를 질렀다. "이상한 조짐이에요!"

"바보 같은 소리 마라." 내가 쏘아붙였다. 헤벨이 살해된 해에 죽은 암양의 창자가 꼬여 있었던 것으로 밝혀진 후, 미신적인 아쉬라는 불길한 징후에 대한 이야기를 형제들에게 퍼뜨렸다. 그러나 곧 나는 맏딸의 뒤에서 멈춰 선 채 놀라 그 애의 어깨를 움켜쥐었다.

"마소르, 형들을 불러라." 내 말에 따라 아이는 밭을 향해 뛰어가며 소리쳤고, 릴라와 나는 햇볕에 말리던 포도를 들여 놓았다. 우리가 그 일을 마쳤을 무렵에도, 아담과 라하트는 여전히 밭에 있었다. 나는 쏜살같이 달려가 그들을 찾았다. 그들은 거기서 작물을 보호할 각오로 하늘을 바라보고 있었다. 하지만 어떻게 보호하겠다는 건지 알 수 없었다.

"무슨 뜻일까요?" 이제, 공중으로 날아오는 수천 마리, 아니 수십만 마리의 그것이 보였다.

아담이 말했다. "뛰어! 아니, 그 집 말고. 거긴 너무 멀어. 카인의 집으로." 나는 그가 카인의 이름을 말하는 것을 듣고 깜짝 놀랐지만 본인은 자신이 그랬다는 것을 몰랐다. 그는 라하트와 나를 밀어 앞장서게 했다. 우리가 거기 도착했을 때 하늘이 내려와 메뚜기가 비처럼 쏟아졌다.

우리가 집에서 나왔을 때는 다른 세상이 펼쳐져 있었다. 나무들은 골격만 겨우 남아 있었다. 온전하게 남은 나무가 여기저기 한그루씩 겨우 눈에 띄었다.

늑대들, 르우트의 후손들이 남은 그 나무들에 달려들어 탐욕스럽게 우적우적 씹어 먹었다.

다음 해 봄, 우리는 씨앗 저장고를 샅샅이 뒤졌지만 가뭄 이후라 거의 비어 있었다. 그해도 흉작이었다. 봄철 내내 우리는 먹을 것을 열심히 찾아다녔고, 푸른 약초와 풀이 멀쩡하게 남아 있는 먼 목초지까지 가축 떼를 데려갔다. 양과 염소의 젖에 많이 의지했고, 나중에는 고기도 먹었다.

그해 여름, 베섹과 라하트는 몇 주에 걸쳐 아버지 심부름을 떠났다. 돌아온 뒤, 그들은 오후 내내 아버지와 함께 있었고 다음 날, 아담은 이사 갈 준비를 할 거라고 했다.

"남쪽 땅은 비옥하고, 홍수에 쓸려 온 흙이 가득하다. 그곳은 강둑이 낮으니 수로를 더 크게 파서 밭에 물을 댈 수 있을 거다."

"우리를 먹여 주실 그분을 믿을 수 없다는 말처럼 들리는군요." 나는 항의했다. 이사하고 싶지 않았다. 우리가 이사를 가버리면 카인이 설령 이 길로 돌아온다 해도 어떻게 알고 우리를 찾아올 수 있겠는가?

입 밖에 내지는 않았지만 내가 이사를 주저하는 이유는 또 있었다. 우리는 이미 그 골짜기의 문들에서 멀리 떠나왔지 않은가. 더 멀리 가고 싶지 않았다. 그러나 둘만 있는 자리에서 그 얘기를 했을 때 아담이 땅이 꺼질 듯 무거운 한숨을 내쉬는 걸 보며 나는 그 말을 다시는 꺼내지 않았다.

나중에, 혼자 있는 그를 찾아가 이렇게 말했다. "그래도 말이에요. 정착하지 못하고 멀리 떠도는 일과 우리가 비를 통제할 수 있는 것처럼 작물에 필요한 물을 직접 마련하겠다는 생각이 과연 옳을까요?"

믿음보다는 두려움에서, 우리는 제일 좋은 어린 양을 제단에 바쳤다. 우리에게 필요한 것들을 그분이 기억하시길 바라며. 그것이 여의치 않다면, 적어도 그분을 진정시킬 수는 있으리라 기대하며. 아담이 동물의 피를 내고 가죽을 벗기고 제단 위에 올려놓은 뒤, 나는 불현듯 밀려오는 두려움을 느꼈다. 불이 안 내려오면 어떡하지?

그러나 불은 제물을 살랐다. 소리 없이.

어떤 소리도 없이.

매년 어린 양을 바쳐야 할까 봐요, 릴라가 말했다. 우리는 언제나 때가 찼다는 징후에 따라 움직였었다. 그러나 우리는 두려워졌고 미신적이 되어 버렸다.

다음 해 내내 모든 작물의 순과 씨앗을 모았다. 초목이 전혀 없는 곳으로 가는 것처럼, 우리 자신이 땅의 식물을 새로 심는 창조주라도 되는 것처럼. 우리는 감사와 청원의 뜻으로 양 떼 중에서 골라 희생제물을 바쳤다.

"우리가 그분께 자주, 많이 바치면 그분의 마음이 움직여 풍성하게 주시지 않을까요?" 베섹이 말했다. 나의 일부는 그분의 땅에서 나온 것들로 그분을 매수할 수 있다는 이 사고방식에 저항했다. 그러나 나의 또 다른 일부, 두려움을 아는 부분이 가로막아 반대의 말을 하지 못했다.

그해 가을, 우리는 바구니를 꽉꽉 채우고 남쪽으로 떠날 준비를 마쳤다. 라하트와 아담은 이미 두 번이나 그곳에 가서 우리의 거주지와 과수원과 밭을 구획해 놓았다. 그들은 신이 나서 빨리 떠나고 싶어 했다. 하지만 나는 썩 내키지 않았다. 이곳은 내 아이들이 태어난 곳이다. 내 아들이 묻힌 곳이다. 라하트는 잘 구워 낸 점토판 지도 하나를 집에 남겨 둘 테니 카인이 오더라도 우리를 찾을 수 있을 거라고 했다. 그런데 떠날 시간이 되자, 아쉬라가 짐 싸기를 거부했다. 아쉬라는 자기 집 출입구에 서서 말했다. "딸아이를 데려가세요. 하지만 전 오빠 곁을 떠나지 않을 거예요. 여기 머물래요."

문득 두려움이 솟구쳤다. 내 아이를 또 잃을 수는 없었다! "바보 같은 소리 마라." 나는 제 아버지의 말을 그대로 반복하면서, 적어도 한 가지 문제에서만은 그와 생각이 같다는 걸 느끼고 조금이나마 안도했다. "먹을 것은 어떻게 구할 거냐? 우리가 함께 감당했던 많은 일들을 너 혼자서 어떻게 해낸단 말이냐? 둘 중 한 사람에게 무슨 일이라도 생기면 어떡하게?"

아담이 입을 굳게 다문 채 집 안으로 들어가 이야기를 나눴지만 한 시간 후 고개를 가로 저으며 나왔다.

"아쉬라! 딸아! 제발 이러지 마라." 나는 아쉬라의 집 안에 서서 그 애 손을 잡고 그 위에 눈물을 쏟았다. "아이들이 태어날 때 누가 받아 준단 말이냐? 거꾸로 들어선 아기를 누가 바로잡아 준단 말이냐? 네 곁에 누가 있느냐? 이젠 이 땅을 거닐지 않는 한 남자의 기억이 전부 아니냐? 헤벨이 네가 황무지에서, 기억 속에서 살기를 원했을 것 같으냐? 헤벨이 과거에 연연하며 사는 거 봤느냐?"

아쉬라가 맥없이 주저앉았지만 나는 그 애를 붙들어 줄 수 없었다. 헤벨이 죽고 몇 년이나 지난 그제야, 그 애의 슬픔이 터져 봄철 홍수로 불어난 강물처럼 감정의 둑을 넘쳐흘렀다. 아쉬라는 먹지도 않고 쉴 새 없이 하루를 꼬박 울었다. 울음을 그치자, 우리는 그 애의 물건을 쌌다. 다음 날 아침, 옛날 밭에 드리워진 안개가 걷히기 전에 우리는 짐을 짊어지고 당나귀 등에 얹었다.

우리는 밭 가장자리에서 한 번 멈춰 헤벨이 묻힌 곳을 바라보았다. 풀이 웃자라 있었지만, 돌덩이가 깨어져 속에 있는 많은 수정이 드러난 채 그곳의 위치를 알려 주고 있었다. 그러나 우리 중 누구도 그곳을 잊을 수는 없을 것이었다. 아쉬라는 선 채로 아무 말 없이 그 땅을 오랫동안 바라보았다. 그리고 우리는 남쪽으로 여행을 시작했다.

　제때 새로운 밭들을 정리해서 그해 봄에 씨앗을 뿌릴 수 있었
다. 베섹은 형의 일을 이어받아 가축 떼를 데리고 먼 언덕으로 나
갔다. 혼자 일하는 것이 더 편한 듯했지만, 가끔은 아사나 맏아
들을 데리고 가기도 했다. 그 세 사람은 헤벨의 무릿매를 헤벨처
럼 능숙하게 다루었고, 르우트의 자손들을 진작부터 훈련시켜 데
리고 다녔다. 르우트는 벌써 여러 해 전에 죽었는데, 죽으면 어디
로 가는지 몰라도 르우트가 헤벨보다 먼저 그곳에 가 있었을 거
라 생각하면 늘 위안이 되었다.

　쓸 수 있는 땅이 전보다 넓다 보니, 새 밭을 갈고 씨앗을 뿌리
는 데 거의 세 해가 걸렸다. 어린 남자애들이 릴라가 짠 그물을
가지고 강에서 물고기를 잡아왔다. 이제 우리는 물고기를 불에
굽거나 국에 넣어 일상적으로 먹었다.

　아담과 내가 이야기를 나눌 때 화제는 늘 아이들이나 정원, 계

절, 개량된 밀 같은 것이었다. 한번은, 포도밭 배치에 대해 내 의견을 묻지 않았다는 점을 지적하자 그가 대뜸 받아쳤다. "당신은 여기 없었잖아. 그래서 라하트와 둘이서 결정했어."

"내 생각을 물어볼 수도 있었잖아요."

"시간이 없었어."

"그럼 내가 원하는 곳에 새 포도밭을 만들 수는 있겠네요. 라하트가 배치를 정하고 베섹과 당신이 하루 정도만 도와주면 새 포도밭을 준비할 수 있겠죠?"

그는 뭔가 간신히 참는 듯한 눈빛으로 나를 바라봤다. 아이들이 인내심을 너무 오래 시험할 때 지을 법한 눈빛이었다. "하와, 난 이제 그렇게 안 할 거야."

그 눈빛을 보는 순간 짜증이 격렬한 분노로 바뀌었다. "예전에 당신은 내 제안과 욕구에 귀를 기울였어요. 그럴 만한 이유가 있다고 봤기 때문이잖아요."

"오, 그렇고말고. 당신이 내게 그걸 먹일 때 내가 당신 손에 관심을 기울였던 것처럼 말이지."

뜨겁게 녹아내린 분노가 혈관을 타고 퍼져 나갔다. "당신은 그러고 싶지 않았다고 시치미 떼지 말아요! 당신도 그것을 원했어요. 도대체 언제쯤 인정할 거예요? 아니면 너무 나약해서 자기 여자 하나 설득하지 못한 거예요? 그런 주장을 언제까지 되풀이할 거냐구요?"

그때 그가 나를 때렸다. 너무 빨리, 너무 뜻밖에 벌어진 일이라

나는 비틀거리며 물러섰다. 그러나 크게 놀라진 않았다. 내 생각을 말하면 그가 늘 꾹꾹 누르고 있던 분노가 터져 나오리란 걸 나는 알고 있었으니까. 하지만 분노가 아드레날린처럼 내 혈관을 뜨겁게 달구었다. "하나님의 형상을 때리다니! 그건 작별을 고하러 온 아들에게 당신이 했던 말 아닌가요?"

"그분의 형상으로 만들어진 건 나야!" 그가 고함을 질렀다. 얼굴이 어두웠고 목의 핏줄이 튀어나왔다.

"나도 그래요!"

"당신은 내 형상으로 만들어졌어, 나를 위해!"

"오, 당신을 위해? 이제야 그 자만심의 실체가 드러나는군요! 나를 살 중의 살이라고 부른 것이 시적이라고 생각했었는데, 이제 보니 그것도 순전히 허영이었네! 그럼 내 아이들, 그분의 신비를 안고 내 몸에서 만들어진 아이들, 그 아이들도 당신 형상으로 만들어졌나요? 당신의 살 중의 살? 모든 것의 중심이 당신이에요, 남편? 당신의 맏아들 카인은 헤벨만큼 당신의 형상인가요, 아니면 내 형상인가요?"

"그놈이 누구 아들인지는 몰라. 그놈 아버지가 나라고 정말 확신해?"

나는 달려들어 주먹으로 그를 쳤다. "하나님이 홀로 만드신 아이 말고 누가 있었단 말이에요? 그렇다면 그 아이는 당신의 아들이 아니라 하나님의 아들이겠네!"

"그 아인 뱀의 아들이 아니었나? 당신과 몰래 그렇게 대화가 잘되던 놈 말이야."

나는 입을 열었지만 할 말을 찾지 못했다. 카인이 내 속에 자리를 잡을 때 꾸었던 꿈. 그 꿈 얘길 꺼내다니. 논리로 밝혀지진 않았지만, 마음 한구석에선 그 아이가 뱀이었다가 모습을 드러낸 그 존재의 산물일지도 모른다는 생각을 얼마나 많이 했던가?

아담이 몸을 똑바로 세우고 입술을 삐죽거리며 말했다. "뱀이 분명해. 당신의 그 아이 말이야. 내 형상을 닮은 동생을 죽이는 것으로 그 사실을 잘 드러냈잖아. 아주 적절하잖아, 하와."

나는 그를 응시했으나 죽은 사람처럼 아무것도 보이지 않았다. 내가 이 사람을 알았던가? 저 어깨의 형체, 튼튼한 손가락, 눈은 알아볼 수 있었다. 너무나 잘 알았었다. 눈에서 흘러내리는 눈물이 느껴졌다. 눈물이 싫었고 눈물을 흘리는 내가 미웠다. 나는 애도했다. 한때 알았지만 이제는 내 마음속에서 헤벨처럼 죽어 버린 사람을 위해. 이 작자는 결코 그가 아니었기 때문이다. 그가 나를 쳤을 때 찢어진 입술을 닦았다.

"내 눈에 보이는 뱀은 당신뿐이에요. 그 뱀도, 나도, 자신의 행동을 다른 사람 탓으로 돌리며 하나님 앞에서 책임을 회피하지는 않아요. 아니, 겁쟁이 아이처럼 여동생에게 책임을 떠넘기는 것보다는 자기 행동을 온전히 인정하는 데 더 큰 용기가 필요하겠네요. 오, 그래요, 다시 나를 때릴 작정이군요. 좋아요, 때려요! 그것도 누가 당신에게 시킨 일이 되는 건가요? 이번에는 누구의 속임수고 누구의 탓인가요?"

그는 나를 때리지 않으려고 애쓰느라 부들부들 떨었다. 나는 그 자리에 서서 맞을 각오를 하고 그를 부추겼다. 알면서 일부러 자극했다. 그분이 기뻐하시지 않을 방식으로. 솔직히 말해 당장 감정을 쏟아낸다는 것 말고는 내게도 달갑지 않은 일이었다.

어쨌든 나는 그의 관심을 끌었다.

"카인에 대한 증오가 당신의 마음을 오염시켰어요." 내 말에 그가 움찔했다. 좋아! 급소를 잡았어. 가능하면 자주 그곳을 공격해야지. 그래야 그가 살아 있다는 거라도 알 것 아닌가. 그의 안에도 나처럼 상처받고 나처럼 슬퍼하는 사람이 숨어 있다는 것을 알 것 아닌가. 내 눈은 헤아릴 수도 없을 만큼 많은 눈물을 흘리지 않았던가.

"내 앞에서 꺼져." 그가 낮은 음성으로 말했다. 그는 자리를 떠나가고 있었고, 분노에 사로잡힌 나는 그 뒤를 쫓아갔다. 하루 종일이라도 그를 괴롭힐 수 있었다. 그때, 그가 몸을 홱 돌리더니 내 얼굴을 똑바로 들여다보며 말했다. "꺼져. 내게 말 걸지 마. 당신의 농간에 우리는 이미 너무 많은 것을 잃었어. 낙원에서 내 자리를 잃은 건 그렇다고 쳐. 하지만 내가 아들을 잃고 아이들이 형제를 잃는다는 건, 그것도 하나가 아니라 둘씩 잃는 것은 전혀 다른 문제라구. 다시는 카인을 쳐다볼 일 없을 거니까. 날 내버려 둬."

나는 그가 멀어져 가는 것을 지켜보았다. 그리고 뒤에서 그를 불렀다. 목소리가 떨렸다. 내 오랜 상처가 다시 벌어졌다. 그 순간 내가 무엇보다 원한 것은 그가 나를 품에 안아주는 일이었다. 그래서 너무나 자존심이 상했지만 그래도 외쳤다. "이게 다 내가 한 짓이에요? 내게 온 세상을 좌우할 힘이라도 있다는 말이에요? 차라리 당신 혼자였으면 좋았겠네요. 혼자였다면 더 행복했겠어요. 아니면, 내가 먼저 창조되었던가. 그랬다면 더 좋았겠네요!"

그는 돌아보지 않았다.

아담과 내가 말없이 지낸 경우는 이전에도 여러 번 있었다. 우리는 분노가 가장 충실한 동반자인 것처럼 그것을 품고 자리에 누웠고 침묵 속에서 일어났었다. 그러나 그 모든 침묵들과 분노도 이번 것에 비하면 아무것도 아니었다. 그 시간이 불에 제대로 구워지지 않은 도자기처럼 금이 가고 깨어진 나날들이었다면, 이번은 수프를 걸쭉하게 졸이듯 상처를 펄펄 끓여 농축하는 시간이었다.

아담은 집에 돌아오지 않고 베섹과 시바를 위해 지은 작은 집에 머물렀다. 두 사람은 저들끼리 지내는 걸 원했겠지만 말없이 나를 지켜보고 곁눈질할 뿐이었다. 아버지가 며칠 밤 계속 그곳에서 쉬어도 아무 말하지 않았다.

나는 라하트와 아사에게 내 포도밭을 만들게 했다. 아담이 어떻게 할 건데? 하지 마라고? 그것을 금지시켜? 나는 그를 비웃어 줄 참이었다. 내키는 대로 할 참이었다.

밤이 되어도 그가 아쉽지 않았다. 그저 그를 외면하고 등을 돌리지 못하는 것이 아쉬울 뿐이었다. 우리 사이에는 얼마나 많은 적개심이 쌓였는지! 그가 옆자리에 없으니 나는 죽은 사람처럼 푹 잤고 꿈도 약간 꾸었다. 꿈속에서 카인을 보았다. 바람에 시달려 거칠고 까맣게 된 그는 둔덕 위에 서서 양과 염소와 등에 큰 혹이 달린 동물의 떼를 바라보고 있었다. 멀리 땅바닥에 말뚝으로 박은 천막이 하나 보였다. 어린아이들의 소리가 들렸고 출입구에는 밝은 색으로 짠 깃발들이 햇살에 흔들리고 있었다. 어디선가 르나나의 소리가 들렸다. 사내아이들에게 변소를 이용하고 천막 뒤에서 볼일을 보지 말라고 외치는 소리였다. 꿈속에서 나는 미소를 지었다. 내가 그 말을 얼마나 많이 했던가?

다음 날 나는 강에서 팔과 다리와 얼굴을 씻으며 그들을 생각하고 미소를 지었다. 그러나 내 마음은 곧 큰 고통에 사로잡혔고, 신음하며 몸을 구부렸다. 카인이 너무나 보고 싶었다! 고약하면서도 사랑스럽고 입이 거칠며 짜증스럽기 짝이 없던 딸, 르나나조차도 그리웠다. 꿈결에 한 번밖에 보지 못한 이름 모를 아이들의 얼굴을 보고 그 머리에 손을 얹고 싶은 마음도 간절했다.

그러나 카인이 잘 지내고 있고 그의 가족이 가축 떼처럼 불어났다는 사실만으로도 충분하다고 스스로에게 말했다. 내 축복을 동풍에 실어 보내 달라고 그분께 기도했다. 그의 머리, 그의 눈, 그의 발, 그의 아이들에게 복을 내려 주소서.

마당으로 돌아오는 길에 멀리 작은 언덕에서 사람 형체를 보았다. 색실을 섞어 땋은 긴 머리와 망토를 어깨에 걸친 모양새로 보아 릴라임을 알 수 있었다. 북쪽을 바라보고 있었다. 카인을 생각하는 걸까? 기다리고 있는 걸까? 그분께 말씀드렸을까? 나는 한동안 서서 릴라를 지켜보면서도 돌아서서 나를 볼까 봐 겁이 났다. 모든 것을 알아채는 릴라였기 때문이다. 그러나 릴라는 움직이지 않았다. 야무진 딸에게 내가 얼마나 감탄했는지 모른다. 릴라는 제일 어린 동생들 외에 어떤 남자의 시중도 들지 않았고, 원하는 곳에서 원할 때 자신의 기술을 베풀었다. 흔들림 없이 씨실의 세계로 도피하여 베틀에 앉아 자신만 아는 신비가 스며든 옷감을 한결같이 짜내는, 사랑스러운 내 딸.

"수파!" 아직 아침이었는데 사기피리를 부는 소리를 더 이상 참을 수 없었다. 처음에는 그 소리가 르나나의 북소리를 생각나게 했기 때문에 계속 불어 보라고 수파를 부추겼었다. 그러나 르나나와 달리, 수파는 그쪽으로 재능이 없었고 곧 나는 그 소리를 견딜 수 없게 되었다.

"하지만 어머니, 들어 보세요." 수파는 예쁜 입술을 삐죽이며 손가락을 구멍 위에 올려놓았다. 천방지축 내 딸은 다른 어떤 형제와도 달랐다. 오빠들이 옆을 지나가면 얼굴이 환해져서 바라보았고, 손에 달콤한 빵을 갖고 있을 때는 그걸로 그들을 유혹해 키스를 받아 냈다. 꿀을 찾을 수 없을 때면 무화과나 대추절임처럼 단 것을 만들어, 주고 싶은 사람에게 나눠 주며 마음을 전했다. 그 애에게 남자 형제 둘이 싸움을 붙이는 특별한 재주가 있는 것도 딱히 이상할 게 없었다. 벌써 다리는 성인 여자처럼 맵시 있고 튼튼했다.

나는 말했다. "됐다. 그 소리 때문에 머리가 아프다."

"또 임신하신 건지 몰라요." 그렇게 말하고 아이는 피리를 호주머니에 넣었다.

"어머니 임신 아니야." 릴라였다. 바로 그때, 시바의 막내가 소리 지르며 집 안으로 뛰어 들어왔다. 나는 정기적으로 울리는 경보에 익숙해져 있었다. 아이들을 키우다 보면 이런저런 일이 끊이지 않았으니까. 하지만 계집아이의 목소리에는 히스테리가 묻어 있었다.

아이는 악을 쓰며 말했다. "마트난! 마트난 오빠가 강물에 들어갔는데 쓸려 갔어요!"

우리는 그 애를 잠시 멍하게 쳐다보다 강으로 전력 질주했다. 나는 정신없이 달렸고 수파가 뒤를 따랐다. 릴라는 강 하류 수색을 도울 사람을 찾으러 갔다. 달리던 나는 문득 깨달았다. 어린 마트난이 벌써 멀리 휩쓸려 갔다면 그 애가 강물에 빠진 지점으로 우르르 달려가는 건 아무 의미가 없었다.

우리는 아이의 이름을 부르면서 강 하류로 뛰어갔다. 내 심장의 고동소리 때문에 바깥의 소리가 거의 들리지 않았다. 아이를 또 잃을 순 없었다. 내 아이건, 내 아이의 아이건. 나는 또 다른 상심을 감당할 수 없었다. 나는 이미 슬픔이 가득 차 흘러넘치는 그릇이었다.

몇 시간 동안 우리는 수색을 계속했다. 릴라, 시바와 함께 강

하류로 더 멀리 내려갔다. 라하트와 아담, 그리고 아쉬라의 아이들이 강물 속으로 들어가 아이의 이름을 소리 높여 불렀다. 수색은 하루 종일 이어졌고, 느린 소용돌이와 변덕스러운 물살을 지나 점점 하류로 내려갔다. 새로 이주한 이곳은 이전 거주지 근처보다 물살이 더 빨랐고, 아담과 라하트가 몇 번씩이나 발을 헛디디며 물에 빠졌다. 성인 남자도 물살을 이기지 못하는 것을 본 시바는 그때마다 신음소리와 비명을 토해 내며 머리를 쥐어뜯었다. 날이 저물어 갈 무렵, 베섹이 언덕에서 늑대들을 거느리고 내려왔을 때, 우리 모두는 지치고 배고프고 멍해 있었다.

황혼이 베일처럼 땅에 드리워졌을 때, 베섹이 얼마 전에 넘어간 먼 강둑에서 외치는 소리가 들렸다. 베섹은 다시 소리 질렀고 나는 그가 갈대 속으로 몸을 굽혀 생명이 빠져나간 작은 몸을 천천히 들어 올리는 광경을 보았다.

내가 울부짖었나? 비명을 질렀나? 나는 시바와 릴라의 통곡과 거친 울부짖음을 들었다. 베섹은 강을 건널 자리를 찾기 위해 상류로 거슬러 올라갔고, 우리는 물살이 느리고 수심이 얕아 그를 만날 만한 지점을 필사적으로 찾았다. 그러나 내가 선 자리에서도 아이의 새파래진 얼굴과 축 처진 팔다리를 볼 수 있었다. 아이의 몸은 베섹이 움직일 때마다 팔다리가 제멋대로 흔들렸다. 마침내 베섹이 녹초가 되어 후들거리는 다리로 아버지와 형을 만났을 때, 나는 아들의 일그러진 얼굴을 보았다.

우리는 숨을 불어넣고 때리고 꼬집고 흔들어 아이를 살려 내려 했다. 그러나 한번 떠난 생명을 되돌릴 수는 없었다. 깜깜한 수렁 같았던 그 시간 동안, 아이의 자그마한 몸과 그 안에서 내가 헤벨에게서 봤던 것과 같은 생명 없는 모습을 보며 나는 생각했다. '한때 아담이 저런 상태였는데 그분이 그의 코에 생명을 불어넣으셨구나.'

마음속으로 나는 그분에게 시바의 아이, 내 아들의 아이, 내 아이의 아이의 코에 다시 생명을 불어넣어 주시기만 한다면 내가 가진 것을 무엇이든 드리겠다고 말했다. 그러나 한 여자가 하나님에게 드릴 수 있는 것이 무엇이겠는가? 눈물과 고통과 두려움과 약속뿐. 그래도 무엇이건, 무엇이건 다 드리겠다고 했다.

하지만 아이의 몸은 가만히 누워 있었다. 눈은 뜬 채 어두운 하늘을 바라보고 있었다.

마트난의 시체를 가져가 씻기고 향기로운 약초를 뿌리며 며칠 동안 시바는 누구도 아이에게 손대지 못하게 했다. 아이의 출산을 도왔던 아쉬라만 겨우 그 손에 붉은 흙을 칠하도록 허락을 받았다. 아이가 피를 잃어버린 건 아니었지만, 그것은 사람을 흙으로 돌려보낼 때 치르는, 우리가 아는 유일한 의식이었다.

몇 주 동안 시바의 오븐은 차갑게 식어 있었다. 이후 몇 달 동안 거기선 쌉쓸하고 납작한 빵만 나왔다. 시바는 태동을 느낀, 다음 해가 되어서야 다시 달콤한 빵을 굽기 시작했다.

그 시간 동안 나는 아담의 위로를 받지 못했고, 그도 나의 위로를 받지 못했다. 우리는 여전히 분리된 채 각자의 슬픔에 사로잡혔다. 각자의 생각과 질문에 빠져 하나님께 폭언을 일삼았다. 우리가 상대방 없이도 존재할 수 있다는 증거가 필요했던가? 그렇다면 나는 그 증거를 확보했다. 우리는 세상의 양쪽 끝에 떨어져 살아도 무방했을 것이다.

시바의 아이가 울음을 터뜨리며 태어났다. 시바는 마트난의 죽음 이후 너무나 빨리 잉태한 행운을 기념해 아이의 이름을 고랄이라 지었고 좀 자라서까지도 잠시도 시야에서 벗어나지 못하게 했다. 시바의 집은 아이들의 소리로 가득 찼다. 이후 시바는 거의 한해 걸러 하나씩 아이를 낳았다. 그러나 매년 봄 어느 날에는 시바의 오븐은 식어 있었고 화덕에는 불기운이 없었다.

28

　매년 지난 해에 비해 많은 아이들이 태어나는 듯 보였다. 자궁
에서 미끄러져 나와 아쉬라의 손에 안긴 아이들은 하나같이 내
게 여전히 신비한 존재였다. 매번 나는 아기들의 눈을 들여다보
며 그들이 방금 전까지 하나님을 바라봤을까 궁금해 했다. 그러
나 그들이 그분에 대한 기억을 갖고 있었다 해도, 말을 할 수 있
을 무렵에는 사라지고 없었다. 수파의 맏딸은 태어난 후 아쉬라
의 품에 안겨 있었던 때가 기억난다고 했는데, 자궁 속의 기억에
그보다 근접한 것은 들어 보지 못했다.

　아쉬라는 마침내 더 이상 어리지 않은 라하트를 자기 집으로
데려갔다. 외눈의 라하트는 아쉬라에게서 온갖 사랑스러운 점들
을 찾아냈고, 아쉬라는 라하트에게서 사랑했던 오빠와 연인의 모
습을 발견했다.

　그 시절엔 곳곳마다 시끄러운 소리로 가득했다. 주거지 가장자

리엔 음악 소리, 일하는 소리, 물건 교환하는 소리로 시끌벅적했다. 아담과 큰 아들들은 밭을 넓히고 창고를 확장했다. 어린아이들은 말다툼을 했고 병이 들었다. 가끔은 높은 데서 떨어지거나 싸우다가 다치곤 했는데, 팔다리가 부러지고 열이 났다. 비슷한 사고로 거의 죽을 뻔했던 카니트는 이후 약초에 대한 지식과 어머니의 산파술을 익혀 점점 불어 가는 우리 가족의 숙련된 의사가 되었다. 치통부터 불임, 악몽에 이르기까지 무슨 일이 생기든 카니트를 찾아가 치료법을 구했다.

아담과 나는 결국 말없이 합쳤다. 놀랍게도, 늙어 가는 내 몸이 계속 아이를 만들어 냈다. 이제 출산은 너무 쉬웠다. 아기는 자궁에서 미끄러지듯 나왔다. 초기에는 얼마나 많은 산고를 치렀던가! 한때는 아이 하나하나를 내가 직접 먹이고 입히고 가르쳐야 했지만, 이제는 내 자손들의 손과 가슴이 그 일을 맡았다. 그래서 아이들에게는 누나와 언니, 형과 오빠, 조카들이 곧 어머니, 아버지였다.

그러나 그런 경탄스러운 몇몇 순간들을 외에는, 삶에서 새로운 깨달음은 점점 적어졌다. 세월이 흘러감에 따라 나는 그분이 정말 우리를 잊으신 게 아닌지 절망하기 시작했다. 그 무렵 우리는 높은 제단을 쌓고 그 위에 제물을 올렸다. 매년 아담은 동물의 피를 다 빼내고 가죽을 벗겼다. 나는 해마다 카인이 자신의 제물 더미에 몸을 던지는 모습을 마음속으로 보았다. 제사가 끝나면 늘 하루 동안 말이 없었던 아쉬라는 회를 거듭할수록 뒤로 물러나는 정도가 조금씩 덜해졌다. 라하트와 살게 된 이후로는 더 좋아졌다. 릴라는 해가 지날수록 말수가 적어졌는데, 제삿날이면 혼자 어디론가 사라졌고 아무도 그 애를 찾을 수 없었다. 그러나 시간이 지나면 릴라는 언제나 돌아왔다. 어린아이들이 어디 갔었느냐고 물으면 바람 소리를 듣고 있었다고만 했다. 별로 신기한 이야기가 아니었기에 아이들은 더 이상 묻지 않았다. 가끔 바람이 뭐라고 말했느냐고 묻는 아이도 있었는데, 릴라는 자기 혼자 알고 있어야 할 비밀 이야기라고 했다.

대부분의 시간, 삶은 회복할 수 없는 것들을 생각하며 보내는 단조로운 일상의 연속이었다. 나는 길고 긴 털실로 옷을 짜고 또 짜면서 아담과 내가 어디서 서로를 잃어버리기 시작했는지 생각했다. 수없이 많은 새 항아리들을 만들고 또 만들면서 우리 희망의 짐을 카인의 어깨에 지우느라 그에게 했던 온갖 말들을 떠올렸다. 수많은 식사를 준비하고 또 준비하면서 헤벨의 몸짓과 표정 하나하나를 기억했다.

그 모든 일상 가운데 그분은 침묵하셨다.

이후 이십 년 동안 우리 거주지는 커질 대로 커져서 뭔가 조치가 필요한 상황에 이르렀다. 우리 사이에서 질병이 너무 쉽게 퍼지기 시작했다. 그해 봄에 벌써 여러 아이가 열병에 걸려 드러누웠다. 그래서 공학에 감각이 있는 라하트가 도로와 하수 설비까지 설계하여 집들의 엉성한 집합체를 도시로 바꿔 놓았다. 그러나 그런 개선 작업도 우리 사이에 발생한 또 다른 질병인 싸움을 해결하지는 못했다. 몇 년 전, 수파는 시바의 두 아들 사이를 오가며 갈등을 조장해 말썽을 일으켰다. 수파가 임신했다고 했을 때, 두 형제는 강가에서 만나 싸움을 벌였다. 헤벨과 카인을 떠올린 우리는 싸움을 멈추라고 했고, 무력으로라도 싸움을 막으려고 남자를 불러냈다. 결국 그들은 다툼을 끝내고 형이 여동생 중 하나를 아내로 삼았다. 그러나 수파는 남은 동생을 거절했고, 아기 아버지가 두 형제 중 누구인지는 밝히지 않았다. 그다음 해 봄에 아쉬라가 받은 수파의 아이는 딸이었다. 수파는 아이의 이름을 추키트라고 지었다. 그해 후반에 우리 정착지는 나뉘었다. 열 가족이 떠났다.

이 년 후, 내 아들 마소르가 시바와 베섹의 큰아들과 함께 아담과 나를 찾아와 떠나고 싶다고 했다. 남쪽으로 내려가 자기들만의 땅을 찾겠다는 것이었다. 그곳으로 여행 갔다가 비옥한 땅을 발견했는데, 남쪽으로 더 내려가면 물고기가 많은 거대한 습지가 있다고 했다.

우리는 그들이 아내를 데리고 우울한 마음으로 떠나는 모습을 지켜보았다. 수파는 마소르가 떠날 때 얼굴을 가렸고, 다시는 그 이름을 입에 올리지 않았다. 나중에 수파는 동생 아사의 아들을 낳았고, 아사는 수파의 집에 들어가 여생을 함께 살았다.

그로부터 팔 년에서 구 년쯤 지난 후, 처음으로 카인의 소식을 들었다. 남자 둘, 여자 둘로 이루어진 작은 무리가 우리를 찾아왔다. 우리가 오래 전 옛 거주지에 남겨 둔 점토판을 발견했던 것이다. 싸움은 보편적인 질병이었던지, 카인의 후손 몇 명이 서로 싸운 이후 남쪽으로 내려가 우리 옛 집을 수리하고 묵은 밭들을 다시 경작했다고 했다. 그들은 카인이 잘 있고 가축 떼도 번성했다고 전했다.

나는 카인의 이마에 있는 표에 대해 묻지 않았고 그들도 그 이야기는 하지 않았다.

내 아이들의 아이들 밑으로 두 세대가 더 태어났을 때 또 한 번 카인의 소식을 들었다. 이번에는 카인의 자녀들과 그 자녀들이 대규모로 우리를 찾아온 것이었다.

"저는 카인의 아들 하노크입니다." 일행 중 가장 나이가 많은 사람이 말했다. 과연 그의 얼굴에는 부모의 모습이 다 있었다. 그는 다른 사람들을 차례로 가리키면서 말했다. "이쪽은 제 누이 시반, 남동생 드단, 그리고 그 누이 아탈랴입니다." 그러고 보니 그들은 누이이자 아내를 '누이'라고 부르는 방식을 고수하고 있었다. 그들 모두 남매였기 때문이다. "이쪽은 제 아들 이랏입니다." 하노크는 함께 있던 세 번째 남자를 가리키며 말했다. 그들 무리 중에는 아이들도 있었다. 하지만 가장 인상적인 기억은 나를 매료시킨 그들의 다양한 피부색과 눈 색깔, 그리고 머리 모양이었다. 한때 나는 새들을 보며 하나님의 엄청난 다양성에 대해 말한 적이 있었지만 내 후손들에게서 그런 다양성을 보게 될 줄은 생각도 못했다.

카인의 아이들은 모두 열여섯, 그 아이들의 아이들이 마흔두

명이었다. 하노크가 카인의 맏아들이라는 것을 알고 나서 나는 아버지의 생활과 어머니의 모습을 기억나는 대로 다 들려 달라고 했다. 하노크는 카인과 그 아들들이 유능한 목자들이어서 가축 떼가 수천 마리를 헤아린다는 얘기와, 르나나가 지은 노래들이 부족 전체의 노래가 되었다는 말을 했다. 그리고 앞으로 동쪽 강변 근처 적당한 곳에 정착해서 카인의 풍부한 농사 지식을 활용해 거대한 정착촌을 이룰 생각이라고 했다. 그는 아버지의 저주를 물려받지 않은 듯했고, 늣에서 떠도는 생활보다는 살기 좋은 곳에 정착해서 살고 싶어 했다.

"지난여름 우리는 두 아이를 열병으로 잃었습니다. 아버지는 곡기도 끊고 몇 달 동안 슬퍼하셨고, 주무시다가도 아버지의 아우 이름을 소리쳐 부르셨습니다." 하노크가 얼굴을 훔쳤다. 나는 그의 얼굴에서 제 아버지 같은 반백의 머리칼과 활 모양의 입술, 그리고 르나나의 눈매를 보았다. "다시는 아이의 죽음을 아버지나 다른 형제에게 알리고 싶지 않습니다."

그들은 우리와 함께 몇 달간 머물렀다. 불 주위에서 이상한 악기로 음악을 연주했는데, 그 노래와 찬트에서 나는 르나나의 북소리를 들었다. 자손들은 르나나의 재능을 물려받았다! 그들의 음악에서는 매미와 개구리와 메뚜기 소리, 산에서 강으로 흘러가는 물소리가 들렸다. 그날 밤 모두 모여 불 옆에서 춤을 추었다. 나는 자녀들을 세상에 내보내는 어머니의 춤과 자기 둔부의 다산과 가슴의 자양분을 아는 여인의 춤을 추었다. 과수원과 포도원의 춤, 줄기에서 흔들리는 밀의 춤을 추었다. 높은 둥지에 알을 낳은 새처럼 한 장소에 희망을 걸었다가 나중에 알이 깨어지고 둥지도 사라져 버렸음을 알게 되는 사람의 춤을 추었다. 나는 모래처럼 방랑하는 카인의 춤을 추었고 헤벨의 춤을 추었다. 그날 밤 헤벨이 사무치게 그리웠다. 그리움이 북받쳐 올라 오후 내내 강둑을 달린 것처럼 숨이 차올랐다. 나는 불가와 음악과 춤추는 사람들과 잠든 아이들을 안고 있는 어머니들로부터 벗어나 버드나무에 기대 울었다. 내 아이들을 위해, 그리고 너무나 부끄럽게도 나 자신을 위해 울었다. 나의 뭔가가 변해 버렸다. 나는 이전 상태, 과거의 상태를 되찾기 위해 현재의 삶을 내놓을 마음이 없다는 걸 깨달았다. 내 아이들은 너무 많았고 나는 다른 삶의 방식을 알지 못했다. 내가 갈망했던 골짜기는 대부분의 나날들엔 기억조차 못하는 한낱 꿈처럼 느껴졌다.

바로 그 자리에서 아담이 나를 발견했다. 그는 아무 말 없이 나를 안았다. 그리고 내 눈물에 키스했다. 눈물이 계속 흘러내려 그의 키스는 내 눈과 얼굴과 볼과 입술과 목과 가슴으로 끝없이 이어졌다. 눈물은 고지대의 심연에서 흘러 언덕을 돌아가는 물처럼 흘러내렸다. 그다음 그는 자신의 튜닉을 펼치고 그 위에 나를 눕혔다.

"난 아직도 그 맛을 느낄 수 있어. 당신 안에서." 감정이 북받쳐 그가 잠긴 목소리로 말했다.

"그게 뭔데요, 내 오빠, 내 사랑?"

"골짜기. 당신에게서 골짜기의 흙 맛이 나. 내 아버지이자 어머니였던 흙, 달콤했던 흙, 싸하고 비옥했던 그 맛이. 난 아직 그 맛을 느낄 수 있어. 당신 안에서."

우리는 하나로 합쳐졌다. 한때 누렸던 진정한 하나는 아니었지만, 골짜기를 나온 이후 그 어느 때보다 하나 된 시간이었다. 녹초가 되어 누워 있으면서 나는 다시 임신했음을 알았다. 과거의 임신들은 뒤늦게 깨닫고 한숨을 쉬며 받아들였지만, 이번에는 배를 감싸고 내 왕관을 올려다보며 하나님의 미소를 기원했다. 더 많은 것을 바라지 않았다. 평생 추구했던 귀환이나 화해는 구하지 않았다. 목적지만 생각하느라 주위의 땅을 늘 놓치고 마는 여행자 생활은 이제 정리하고 싶었다. 나는 축복만 구했다. 그것이면 충분할 것이었다.

하노크가 떠날 채비를 할 때, 내가 그에게 말했다. "카인에게 전해 다오. 아버지와 어머니가 동생을 낳을 거라고." 구체적으로 언급하진 않았지만, 카인은 이해할 것이었다. 오랜 세월이 지났지만 앞으로 태어날 이 아이가 헤벨의 자리를 대신하리라는 것을. 하노크는 미소 지으며 고개를 숙였다. 그다음, 나는 그를 한쪽으로 데려가 은밀하게 말했다.

그는 산문山門이나 골짜기에 대해 아무 말도 하지 않았는데, 나는 묻지 않고 귀만 기울였다. 내가 묻지 않는데 그가 그 얘기를 꺼낸다면 좋은 신호가 될 거라 생각했다. 하지만 짐을 싸는 그를 보면서 더 이상 기다릴 수가 없었던 것이다.

"눗의 동쪽으로 가본 적이 있나, 내 아들?"

"그럼요, 어머니. 이곳저곳 돌아다녔습니다. 아버지는 우리가 돌아다니기를 간절히 원하셨습니다. 마법의 물이라도 찾는 사람처럼 뭔가 찾으시는 듯했습니다."

'너만이라도 알았다면.'

"산길을 지나, 심연의 물들을 내는 거대한 산으로 가보았는가?"

하노크는 인상을 찌푸렸다. "어머니께서 말씀하시는 숨은 뜻은 모르겠습니다만, 우리는 많은 산길을 통과했습니다. 강 사이를 지나 두 강의 수원이 하나로 모이는 곳까지 가보았습니다. 그러나 그 너머로는 가지 않았습니다. 먼 산에서 우렛소리가 우르릉대고 거대한 번개가 불길하게 번득여 감히 지나가지 못했습니다."

피부가 저릿했다. "황금빛 기둥이…… 있더냐? 하늘로 솟은 날개를 단 두 거인이 문 옆에 서 있는 듯한 모습의?" 나는 목소리를 낮췄다. 내 말이 아이들을 즐겁게 해주는 옛날이야기처럼 허황되게 들리리라는 걸 알았기 때문이다. 그의 이마에 주름이 졌다.

"가끔 번개가 칩니다. 때로는 흰색이 아니라 초록색이나 묘한 불 색깔입니다. 그걸 말씀하시는 겁니까?"

"그래." 나는 희망을 품고 말했다. "하지만 그곳에서 다른 것은 보지 못했나? 산길 너머의 골짜기도?"

"못 봤습니다, 어머니. 폭풍이 거세고 번개는 너무 밝았습니다.

그리고 어머니 말씀을 듣고 보니, 산길이 있었는지도 잘 모르겠습니다. 그곳에서 흘러나오는 강밖에 없었습니다. 건너갈 수 없는 강이었지요. 그 너머에 골짜기가 있다고 확신하세요?"

"아니." 내가 말했다. '더 이상은 아니네.'

그날 나는 뒤숭숭한 마음으로 그에게 작별 인사를 했다. 그가 그 골짜기를 발견하고, 그 물속으로 걸어 들어가 나무 열매를 따 먹었다고 했어도 뒤숭숭한 것은 마찬가지였을 것이다. 나는 손자를 향한 질투와 부러움에 사로잡혔을 것이고, 그가 그곳에서 발견한 온갖 즐거움을 시기했을 것이다.

'아냐. 그것이 지금도 존재한다면 우리가 찾아야 해. 그것을 보살피다가 망쳐 놓고 거기서 달아난 건 우리야. 돌아가는 것도 우리여야 해. 언젠가. 그것이 이제 나이 들어 가는 여자의 낡아 버린 소망에 불과하지 않다면.'

다음 해에 셋이 태어났다. 나는 그를 '대신함'이라고 불렀다. 내가 헤벨 때문에 울고 있을 때 아담이 와서 생긴 아이였기 때문이다. 내 몸에서 태어난 많은 아이들을 딸들과 조카딸들에게 맡겨 젖을 물리게 했지만, 이 아이는 내가 직접 젖을 먹였다. 다른 아이들이 몹시 질투한다는 건 예상했던 일이다. 아이는 헤벨처럼 생명에 대한 열정이 남달랐고, 외모는 그가 알지 못하는 형과 전혀 닮지 않았지만 말썽 부리는 것은 똑같았다.

아담이 그를 안을 때는 보기 드문 빛이 눈에 어렸다. 첫 아들들이 태어날 때 볼 수 있었던 눈빛이었다. 그는 일터에서 일찍 돌아와 아들을 보았고, 그에게 새로운 창과 무릿매를 만들어 주었으며, 이야기를 들려주었다. 우리 주위로 점점 늘어 가는 청중을 제외하면 마치 옛 시절로 돌아간 것 같은 기분이 들었다. '다시는 행복할 수 없을 줄 알았어. 그런데 지금 난 행복해.'

우리는 다시 합쳤지만 여전히 아담은 그분 이야기를 하지 않았다. 셋은 아쉬라의 노래나 형제들의 이야기, 그리고 가끔은 나를 통해 우리의 제사와 세상의 시작에 대한 이야기를 들었다. 하지만 나는 아무래도 그 이야기만은 꺼낼 수 없었다. 그때 내 믿음은 내 마음의 마지막 피난처에 조심스럽게 웅크린 작고 약한 불꽃이었고, 나는 그것을 아들에게 들키고 싶지 않았다. 그랬다간 그대로 꺼져 버릴 것만 같았다.

셋이 네 살이 되었을 때, 시바가 염소 내장에서 나쁜 징조를 보았다고 했다. 그리고 그해 봄, 강물이 강둑을 넘어 밭과 거주지까지 들어와 집과 곡식과 저장물들을 엉망으로 만들었다. 그렇게 도처에 생긴 잔잔한 못과 물웅덩이에 모기들이 알을 낳아 참을 수 없을 만큼 많아졌다. 얼마 후에는 많은 사람이 병이 들고 아이 세 명이 죽었다.

그로부터 십 년쯤 후, 북쪽에서 상인들이 내려왔다. 그들은 구리와 옷을 내놓았고, 카인과 하노크가 정착촌을 세웠으며 그곳의 밭이 비옥하다는 소식을 전했다. "젊은이, 자네 선조이자 내 아들인 카인 이야기를 들려주게나."

"정착촌에 오셔도 오래 머무시지는 않습니다." 남자는 카인의 가축 떼가 너무 많고 천막이 모자라 정착촌에 부담이 되기 때문이라고 설명했다. 그는 사십 정도밖에 안 되는 젊은 나이였고 아름다운 머리카락이 물결치듯 어깨까지 내려왔다. 형제 한 사람과 내려왔는데 형인지 동생인지는 알 수 없었다. 두 사람 모두 갈색 눈에 입술이 두꺼운 것이 카인을 많이 닮았다. 가슴에 끌어안고 그 옛날의 이야기들을 들려주고 싶어질 정도였다. 그들은 카인에 대해 이야기하는 것을 조심스러워했다. 뭔가 다른 것, 이상한 불안을 읽을 수 있었다. 카인에게 있는 헤벨의 표를 알고 있는 게 분명했다. 과연, 그들이 내게 내민 선물 중에서 동그라미와 선으로 이루어진 그 표를 찾을 수 있었다. 나는 그것을 보고 눈물을 흘렸고 그들은 아무 말도 하지 않았다.

이후 거의 해마다 하노크 시에서 상인들이 찾아왔다. 그들은 이상한 금속 칼과 도구들, 그리고 새로운 소식을 가져왔다. 그 무렵 이랏은 스무 명이 넘는 자녀를 둔 대가족의 아버지가 되었고 그의 도시는 번창했다. 그날 밤 나는 별들을 응시하며 수많은 자손들의 모습을 동시에 그려 보려 했는데 잘 되지 않았다. 나는 그들 한 사람 한 사람을 다 보지 못한 것이 슬퍼 아담에게 언젠가 기회가 되면 도시가 된 그 정착촌에 가보자고 말했다.

그 무렵 이상한 일이 벌어졌는데, 아주 서서히 이루어진 까닭에 오래전부터 시작된 일을 그제야 눈치 챘다. 그것도 아담이 손가락으로 가리키며 이렇게 말한 다음에야 깨달았다. "그들의 항아리마다 붙어 있는 새의 상징이 보여?" 어느 날 하노크의 새 상인들이 가져온 물건들을 살펴보다가 아담이 한 말이었다. "저걸 보면 왜 당신이 하나님의 상징으로 아사에게 그려 줬던 매가 떠오르지?" 그러고 보니 과연 그것과 닮은 그림이었다. 내가 그들 중 한 사람에게 물어보자, 그는 미소를 머금고 하나님의 전령인 매의 영이라고 했다. 그러나 여러 해가 지난 후, 어린 소녀가 그것에 대한 설명을 들을 때 곁에서 들어 보니 전령이 아니라 그것이 바로 신이라는 게 아닌가. 나는 격분하여 거짓말이라고 소리치고 그 이야기를 한 사람을 향해 거짓말쟁이, 바보 천치, 그 외 몇 가지 욕을 퍼부었다. 그리고 눈앞에 놓인 항아리와 그 밖의 형상들을 닥치는 대로 부숴 버렸다. 그들은 갈비뼈의 여인, 크신 어머니라 불리는 나를 말리지 못했지만, 다른 사람이 그렇게 했다면 가만히 있지 않았을 것이었다.

내가 가장 큰 충격을 받은 것은 정교하게 만든 항아리에서 너무나 친숙한 피조물의 그림을 처음 보았을 때였다. 그것은 새처럼 날개가 있었지만 네 개의 발톱과 꼬리가 있었다. 그리고 깃털은 비늘로 표현되어 있었다.

"이 형상은 어디서 구했는가?" 나는 떨리는 손가락으로 그것을 가리키며 물었다.

"우리 명인이 항아리에 표시하는 상징입니다." 한 세기 만에 처음으로 라하트가 땅에 그렸던 형상이 기억났다. 라하트는 도공 업계의 명인이 되어 벌써 몇십 년 째 다른 정착촌들에 새로운 명인들을 퍼뜨려 왔다. 나는 혐오감을 느끼며 고개를 돌렸다. 그 형상이 나를 조롱하는 것 같았다. 아들에게 배신당한 기분이기도 했다.

'내가 그 애에게 말해야 해. 우리가 말해야 해. 우리가 그들에게 모두 말해야 해. 그들은 자신들이 기념하는 대상을 몰라.' 그러나 그때도 우리는 입을 다물었다. 그저 우리가 다른 장소에서 왔다고, 강을 따라 죽 내려오며 사는 동안 많은 잘못을 저질렀고, 그분에게 제물을 바치고 올바른 행위로 그분을 기쁘게 해드리려고 노력하면서 모든 것이 바로잡힐 날을 기다렸다고만 말했다.

아담과 나, 우리 두 사람이 그들에게 과연 진실을 말할 수 있을지, 나는 더 이상 알 수 없었다.

29

몇 세대가 지나갔다. 한때 이것저것 건드리며 호기심이 발동하고 탐구하고, 장난치다 혼나고 얻어맞던 어린 손가락들이 쟁기와 베틀과 맷돌을 쥔 손이 되어, 새로 태어난 더 어린 손들이 말썽을 부리지 않게 했다. 그리고 그 손들은 결국 무릎에 얹히고 가슴에 놓인 채 불가에서 쉬게 되었고, 그 위로 힘줄이 불거지고 반점들이 생기고 혈관이 푸르게 비쳤다.

나는 예술에 점점 매료되었다. 예술은 여러 가지 형태로 다양하게 나타났다. 처음에는 그것을 즐길 여유가 거의 없었다. 아담이 펜던트를 조각했을 때도, 점토판과 땅에 우리의 위치를 새길 때도, 릴라가 직물에 무늬를 짜넣을 때도, 르나나가 시와 찬트를 읊조리고 아쉬라가 노래를 부를 때도 그랬다. 그러나 시간이 흐르면서 음악의 창의성이 눈부시게 빛나기 시작했고, 악기를 만드는 데도 혁신을 이루어 생가죽 북, 수금, 피리와 딸랑이가 생겨났다.

가끔 상인들이 음악가들을 데리고 오곤 했는데, 특히 북쪽 하노크 시에서 온 이들의 음악이 매우 훌륭했다. 그들의 음악을 듣노라면 그곳의 땅과 하늘과 심지어 벌레들의 모습까지 생생하게 떠올랐다. 나는 그런 밤들을 너무나 좋아했다. 마음만 먹으면 여전히 여느 젊은 사람 못지않게 빨리 뛸 수 있었지만, 그 시절 내 다리는 춤추는 데 더 적합했다. 식사를 마치고 달콤한 포도주를 충분히 마시고 나면, 나는 어김없이 일어섰다. 가끔 아담이 불 건너편에서 나를 지켜보았는데, 여러 가지 변화에도 불구하고 그가 여전히 나를 사랑스럽게 여기는 것을 알 수 있었다.

그러나 이전만큼은 아니었다. 한번은 하노크 시에서 온 상인이 선물한 청동거울을 찬찬히 들여다본 적이 있었다. 나는 거울에 비친 주름진 얼굴을 더듬으며 한때 물속에서 나를 응시하던 소녀를 찾았다. '너무나 아름답군요, 하나님과 사람의 딸.' 진실의 절반만 밝힌 뱀이 한 말이었다. 그 말은 진실이었다. 우리가 죽지 않을 거라던 그자의 말이 진실이었던 것처럼. 적어도 바로 그날 죽지는 않았으니까.

나는 여자들이 몸치장하는 방식을 좋아하지 않았다. 그들은 뼈와 깃털과 금속으로 만든 장식을 달고 머리에는 구슬을 둘렀다. 때로는 구슬을 귀에 매달거나 발목에 걸기도 했다. 그들은 항아리 장식하듯 손과 입과 목에 칠을 했고 이마와 발과 가슴에는 문신을 새겨 넣었다.

그 무렵엔 나도 많은 장신구가 있었다. 철마다 우리 정착지를 방문하는 사람들이 내미는 선물로 내 장신구는 점점 늘었다. 그 중에 괜찮다 싶은 것들을 두르고 나기기도 했다. 그러나 사람들이 나를 보고 감탄하는 까닭은 그런 것들 때문이 아니었다. 내 머리카락은 여전히 검었고, 릴라의 머리와 달리 희끗희끗한 것도 나지 않았다. 내 피부는 온전했고, 내가 낳은 많은 아이들보다 상처가 빨리 잘 나았다. 다리도 튼튼했고 엉덩이도 괜찮았다. 가슴은…….

글쎄.

한때는 그렇게 많은 숫자를 헤아릴 줄도 몰랐는데, 어느덧 나는 육백 살에 가까워졌다. 그 무렵 어느 봄, 살인의 소문이 들려왔다. 반목하던 두 씨족 중 한 쪽이 다른 쪽을 침략해 어른과 아이를 가리지 않고 거의 전멸시켰다는 내용이었다.

아담은 애도의 뜻으로 사흘 간 금식을 선언했다.

내게는 따로 금식 선언이 필요치 않았다. 식욕이 없었으니까. 얼마 후, 아담은 라하트와 아사와 베섹을 불러 놓고는 남쪽 씨족들에게 가서 이야기할 생각이라고 말했다.

나는 그에게 매달렸다. "가지 말아요. 그들은 제정신이 아니에요."

"나를 해치진 않을 거야. 감히 그러지 못할걸. 그랬다간 땅에 남아 있는 모든 손들이 그들을 공격할 테니까."

"그들을 억제할 만한 것이 그것뿐인가요? 죽음에 대한 두려움?"

"그들이 이해하는 유일한 언어야."

"그럼 나도 갈래요." 그러나 그는 고개를 가로저었다. "당신은 여기서 필요해." 골짜기를 나온 직후 그랬던 것처럼 그는 다시 나를 떠나려 하고 있었다! 그러나 나는 그가 말하지 않은 절반의 소리를 들었다. '내게 무슨 일이 생길지도 모르니까.' 진짜 위험이 도사리고 있음을 그때 알았다.

"그럼 그들에게 메시지를 전해 주세요. 나약한 인간의 손으로 미래를 만들어 가려 하지 않는 것이 지혜라고."

우리가 꼭 알아야 할 지혜였다.

아담이 떠난 지 일 년 가까이 지났다. 나는 그가 건강하고 정정하다는 것을 알았다. 그렇지 않다면 금방 느꼈을 테니까.

남쪽 씨족은 속죄의 뜻으로 금식하고 금욕적인 생활을 하기로 다짐했다. 아담이 돌아온 지 얼마 후, 이번에는 북쪽에서 이상한 소식이 전해졌다. 이랏의 증손자가 아내 둘을 얻었다는 것이었다. 이미 나는 한 여자가 남편에게 다른 여자를 주는 것도 보았고, 남자(혹은 수파의 경우처럼 여자)가 기존의 연인을 떠나 다른 사람에게 가야 하는 상황도 보았다. 그러나 그때는 남녀의 결합에 관한 의식과 사회적인 의례가 생기기 시작하던 시기였다. 많은 남녀가 도시의 남녀 원로들에게 조언과 축복을 구했고, 부모와 조

부모, 때로는 형제들까지 대동하고 우리 집을 찾아와 혼인에 대해 이야기했다. 나는 그 문제의 대단한 전문가라도 되는 양 최선을 다해 조언해 주었지만 내가 그런 것에 대해 무엇을 안단 말인가? 아담과 나는 어떤 의식도 치르지 않았다. 우리는 혼인을 망칠 수 있는 온갖 일을 저질렀다! 그 무렵 우리는 그동안 함께 지낼 수 있었던 비결에 대해 제각각 같은 결론에 도달했다. 그것은 오로지 우리가 어디서 왔고, 그전에 어떤 일이 벌어졌는지 다 아는 유일한 존재였기 때문이다.

그러나 아이들은 어느 것도 알지 못했다. 어설픈 선언과 의무감 외에, 수확물이나 가축 떼의 일부를 떼어 받고 독립하는 그들을 묶어 줄 만한 요소가 뭐란 말인가? 게다가 사람들이 점점 많아지면서 남자든 여자든 자신을 구별된 존재로 드러내기가 점점 어려워지고 있지 않은가. 눈을 크게 뜨고 태양빛을 뒤에서 받은 듯 환하게 나를 바라보고 앉은 애송이들이 무엇을 안단 말인가? 마흔, 때로는 사춘기를 갓 벗어난 서른 살의 남녀를 보면서 드는 생각이라곤 그들의 가족은 입을 하나 덜 수 있어서 기쁘겠구나, 아니면 일손이 하나 더해져 기쁘겠구나, 정도였다.

그러나 나는 그들을 축복했다. 다들 내 아이들이라고 할 수 있었기에. 내가 낳은 아이들을 떠올리면서 그들이 먹고 배부름이나 자손의 번성보다 더 큰 행복을 추구하기를 바랐다. 구속救贖의 날이 올 때 그들은 놀라움으로 입을 다물지 못하리라.

그러나 그날은 오지 않았다. 눈에 띄는 자손이 없었고, 내가 본 뱀은 도공의 표로 만들어진 형상뿐이었다. 내 아이들 중에는 남녀를 막론하고 지도자로 제격인 이들이 있었고, 그들의 업적은 인류의 승리라 할 만했으며 평화와 예술과 혁신에 기여했지만…… 그들이 추락할 때는 가장 통탄할 만하고 부패한 모습을 보여 주었다.

그 모든 세월 동안 내 속에는 채워지지 않은 빈자리가 있었다. 말로 표현하지는 않았지만 내 아들을 향한 갈망이었다. 밤이면 나는 카인의 꿈을 꾸었다. 꿈속의 그는 머리가 검고 쟁기질과 괭이질로 손에 굳은살이 박였다.

"하노크에 가고 싶어요." 어느 날 아담에게 말했다. 내 아들과 아들의 아이들 곁에 있고 싶다거나 르나나를 보고 싶다는 얘기는 할 필요가 없었다.

너무 오랜 세월이 지났다.

너희에게 그 여행 이야기를 해줘야 할까? 그 도시의 소리들, 진흙 집들과 성전의 제단 이야기를? 그들의 신이 내가 아는 하나님과 어떻게 달랐는지? 두발카인이라는 장인을 어떻게 만났는지? 직접 만든 금속 도구의 아름다움과 실용성으로 명성을 얻고…… 나중에는 치명적인 금속 무기로 이름을 떨치게 되는 그를?

우리는 여행을 나섰고, 한때 우리 집이었던 정착촌을 방문했다. 그곳에는 팔십 채가 넘는 집들이 있었고 사람들의 목소리로 시끌벅적했다. 곳곳이 아이들로 넘쳤다. 우리는 그곳에서 잠시 머물렀고, 나오는 길에 헤벨이 누워 있는 밭을 찾아보았다. 풀이 웃자란 그곳은 어떤 시신도 묻혀 있는 것 같지 않았다. 그 무렵엔 정말 아무것도 안 남아 한때의 제 아버지처럼 흙이 되었을 거란 생각이 들었다. 그러나 그 근처에 표지가 있었고 선물과 기념물들도 있었다. 그중 하나가 내 눈을 사로잡았다. 헤벨의 무릿매 그림이 그려진 금속판이었다. 그 위에 그의 상징이 새겨져 있었다.

하노크에 도착해서 우리의 이름을 말하자 성문을 지키던 사람이 한 소년을 급히 도시로 보냈다. 잠시 후, 나이 든 여자 하나가 날듯이 거리를 달려왔다. 치마는 소녀의 것처럼 팔랑거렸지만 얼굴은 햇살과 바람과 온갖 어려움과 싸움으로 상해 있었다.

"어머니! 아버지!" 그녀는 부르짖으며 내 품에 안겼다. 나는 그녀와 함께 울었다. 너무 오래 떨어져 지내온 세월이 안타깝기도 했지만, 무엇보다 그녀가 자랑스러웠기 때문이었다.

우리는 르나나를 따라 어느 집에 들어갔고, 오랫동안 보지 못했던 하노크와 이랏이 찾아와 우리와 자리를 같이했다. 나는 르나나에게 물었다. "카인은 어디 있니?" 그녀의 눈 위로 먹구름이 스쳤다. 나는 이런 생각을 했다. '저 애도 싸움이 뭔지 아는구나.'

"다시 떠났어요. 언제 돌아올지는 아무도 몰라요. 제가 이번에는 같이 안 가겠다고 했어요. 저는 지쳤거든요. 너무나 지쳤어요. 뼈마디가 쑤셔요. 저는 더 이상 젊지 않아요. 용서하세요, 어머니. 어머니도 정정하게 살아 계신데. 하지만 지난 세월이 제겐 가혹했어요. 아뇨, 저는 그저 아이들 곁에 있고 싶을 뿐이에요. 염소들과 목동들, 끝없이 들려오는 따분한 바람 소리 말고 도시의 소리를 듣고 싶어요. 카인 오빠에겐 그게 전혀 문제되지 않는 것 같아요. 오빠는 바람 소리에 귀를 기울이고 서 있어요. 거기서 어떤 소식이나 말을 듣는 것처럼 말이죠."

나는 언덕 위에서 기다리며 귀를 기울이는 릴라를 생각했다.

"작년에 이곳에 기근이 들었어요. 몇몇 아이들과 젖먹이를 둔 엄마들이 죽었어요. 이제 어머니 없는 아이들과 아이들 없는 어머니들이 있어요. 하지만 적어도 그들은 서로 위로할 수 있겠지요. 이런 얘기는 그만 할래요. 라하트와 베섹과 아쉬라 언니와 새로운 동생들 얘기를 해주세요."

우리는 그날 하루 종일 이야기를 나눴다. 하노크는 중간에 아담을 데리고 밭으로 나갔고, 나는 근사한 집에서 딸과 이야기를 나누며 내가 모르는 어린아이가 가져다주는 요리를 먹었다.

우리는 그곳에서 일 년 가까이 머물면서 변두리의 밭이며 상점이며 모든 것을 돌아보았다. 나는 특히 두발카인을 만나고 싶었는데, 내가 그의 어머니와 함께 들어서자 그는 머리를 숙이며 말했다. "크신 할머니, 간청합니다, 저를 축복해 주세요." 나는 그의 머리에 두 손을 얹었고, 그는 내게 팔찌와 목걸이와 여러 물건들을 잔뜩 선물했다.

우리가 오래 머문 이유는 또 있었다. 시간이 지나면 카인도 볼 수 있지 않을까 기대했던 것이다. 그러나 몇 년 혹은 몇 달이 지나야 그의 소식을 들을지 알 수 없었고, 우리가 머무는 동안에는 그의 가축 떼를 봤다는 사람이 없었다. 우리가 떠나기 직전에 르나나는 심부름꾼들을 보내 그에 대한 정보를 알아보게 했지만 그들은 고개를 가로저으며 돌아왔다.

그 기간 동안, 도시 중앙의 높은 제단에서는 제사로 자주 불이 타올랐다. 제사가 있을 때면 음악이 들려왔고 나는 몇 번이나 "가서 제사를 보자"고 했다.

그러나 르나나는 우리를 말리면서 이렇게 말하곤 했다. "아뇨! 오늘은 향수 가게에 가요. 제사는 많이 보셨잖아요", "베 짜는 장인들 보러 가요".

나중에야 아담이 내게 그들이 이상한 의식을 거행하고 우리가 알지 못하는 이름으로 그분을 부른다고 말해 주었다.

떠날 무렵이 되자 나는 그곳에 사는 사람들을 많이 만났다. 그리고 그간 다른 어머니들을 보며 경멸했던 일을 한 가지 했다. 여자가 없는 젊은 남자들을 눈여겨보았다가 내 증손녀 고손녀들 자랑을 한 것이다.

그렇다, 나도 안다. 그러나 나이가 들면 입장을 해명하지 않고 생각을 바꿀 자유가 주어진다.

마침내 그곳을 떠났을 때, 나는 서쪽으로 가고 싶었다. 물이 위에서 아래로 떨어지듯 내 몸이 그리로 끌리는 것을 느꼈다.

그러나 나는 아무 말도 하지 않았다. 우선 일행이 너무 많았다. 그리고 한편으론 길을 찾지 못할까 봐 겁이 났다. 내가 가장 두려워하는 일, 그 골짜기가 더 이상 존재하지 않는다는 사실을 확인하게 될까 봐 겁이 났다.

그래서 우리는 남쪽으로 향했다. 강을 따라 언덕에서 평지로 내려가면서 아담과 나는 침묵의 규칙을 지켰다.

우리는 아이들처럼 손을 잡았다. 밤이면 숙소에서 벗어나 물가를 찾아 사랑을 나누었다.

집으로 돌아온 이후, 들에 나간 아담은 가장 젊은 남자들보다 더 잘 움직였고 더 오래 일했다. 그에게 식사를 가져다주는 날이면, 시에서 일하는 모든 남자 중에 그와 같은 사람은 없다는 생각이 들었다. 젊은 소녀들의 눈길이 그에게로 향하는 것을 몇 번이나 보았고, 그럴 때면 그들에게 이렇게 말해 주고 싶었다. '너희들 이런 남자를 찾아야 해. 요즘 여자들이 기르는 응석받이 아기들 말고 말이야.' 참으로 오랜만에 내 가슴은 부풀었고, 이 세상 전부를 유산으로 남기는 일에 그의 동반자라는 사실이 새삼스레 뿌듯했다.

그러면서도 여전히 나는 아이들 중에서 약속된 자손을 찾았다. 어린 소년이 정착촌 안을 뛰어가는 모습을 볼 때면 혹시 저 아이가 아닐까, 하는 생각을 떨치지 못했다. 그러나 회복의 가능성은 눈에 보이지 않았다.

그해, 그 나이에 나는 아이를 잉태했다. 너무나 오랜 세월 동안 아기가 없었던 터라 건강하게 분만까지 버틸 수 있을지 알 수 없었다. 어린 여자 중 몇 명의 경우처럼 중간에 아이가 나와 버릴 수도 있었다. 자궁에 결함이 있어서 아이를 품고 있지 못한 경우였다. 점점 질병이 많아지고 있었다. 피부를 훼손하는 추하고 보기 흉한 자국들, 나이가 들면서 등이 구부러지는 남자, 시력이 약해 사냥을 잘 못하는 젊은 남자들. 내 아이들 중에도 벌써 출산이 모두 끝난 경우가 있었는데, 바다의 파도처럼 주기적으로 찾아오던 생리가 그쳤다.

내 자궁 속의 아이가 빠르고 튼튼하게 자라면서 배가 불룩해지자, 다른 여자들이 놀라움과 부러움 섞인 눈으로 나를 쳐다보았다.

흐음, 볼 테면 보라지.

30

그 시절에 나는 웬만한 일에는 꿈쩍도 하지 않았다. 사람들이 나날이 늘어나고 부패가 가득한 세상, 통탄할 행위들과 악행이 복잡하고 격렬한 색조로 진화한 세상에서는 카인의 행동이 더 이상 두드러지지 않았다.

오히려 내게 충격을 주는 것은 아름다움이었다. 친절함과 사랑이었다. 그것들이 훨씬 희귀했다.

내가 육백 살을 넘어서고 얼마 후, 한 소녀가 와서 내 시중을 들었다. 나의 고손녀쯤 되었을 것이다. 이름은 나리트였다. 그 애는 늘 고개를 숙이고 있었고 내 눈을 똑바로 보지 못했다. 내가 뭔가 원하는 것을 말하면 그 생각을 미리 읽어 내지 못한 것이 잘못이라도 되는 듯 움찔하고 놀랐다. 처음에는 그럴 수 있겠다 싶었지만 그 상태로 계속 내버려둘 수는 없었다. 어느 날, 릴라와 함께 있는 자리에서 그 애에게 내가 말했다. "얘야, 넌 행복하니?

네 짝과 사는 게 행복해?" 그 애는 우리에 갇힌 동물 같은 눈빛으로 나를 쳐다보았다. 언젠가 남편에게 분노의 주먹질을 당하고 살던 여자에게서 본 적이 있는 눈빛이었다. 그런데 남편이 어느 날 갑자기 죽어 나리트를 더 이상 괴롭힐 수 없게 되었고, 그의 음식에 어떻게 독이 들어갔는지는 아무도 몰랐다.

나리트의 몸에 상처는 없었다. 그런데 어느 날 그 애의 집 앞을 지나가는데, 잠시 들러 구리 팔찌를 건네고 싶어졌다. 그 애 기분이 조금이라도 좋아지지 않을까 싶어서였다. 그 애 집으로 다가가는데 남자의 고함소리가 들렸다. "그렇게 어린애처럼 굴지 마. 질문이 왜 그렇게 많아? 왜 질문을 멈출 줄 몰라? 넌 만날 불행한 얼굴로 부루퉁해서 다닌다구. 다들 네 얘기, 네가 힘들어한다는 얘기를 해. 네 생활이 그렇게 안 좋아? 그럼 내가 왜 널 곁에 두고 있어야 하냐?"

나는 집 안으로 들어가 나리트의 팔에 팔찌를 끼워 주었다.

"어머니!" 그는 머리가 땅바닥에 닿을 만큼 깊이 절을 했다.

"자네가 한 말 들었네. 그 애가 자네에게 그렇게 큰 짐이 된다면 내가 데려가 주겠네."

"아닙니다, 아닙니다, 어머니, 부탁입니다. 뭐든 가져가세요. 제가 가진 제일 좋은 것을 가져가세요." 그가 더듬거렸다.

"지금 그러는 거야."

나는 나리트를 거기서 데리고 나왔고, 그 후 나리트는 릴라와 나와 함께 살았다.

다음 해 봄, 진통이 시작되었다. 아쉬라가 그 자리에 있었고 카니트도 함께였다. 그러나 밤이 깊어 가고 산통이 이전의 어느 때보다 길어지자 예전보다 얇아진 아쉬라의 입술이 굳게 다물어졌다.

나는 녹초가 되었다. 배 속의 아이가 내게 남은 활력을 다 빼앗아갈 것 같았다. 그렇게 여섯 시간이 지나자 아이가 내 생명을 앗아가겠구나 하는 확신이 들었다. 지난 오 년간 우리 도시에서도 분만 중에 산모가 숨을 거두는 일이 여러 번 있었다.

나는 비지땀을 흘리며 힘을 주었다. 눈앞에서 등이 깜빡였고 천막 안에서 많은 이들의 얼굴을 본 것 같았다.

내가 힘없이 말했다. "누구세요? 뭘 원하는 거예요?" 그러나 내가 말한 대상은 허깨비들, 알지 못하는 얼굴들이었다.

정신이 혼미해진 나는 아쉬라가 무릎을 꿇고 앉아 피 묻은 팔뚝으로 얼굴을 훔치는 것을 보았다.

다음 번 눈을 떴을 때는 아담이 거기 있었다. 그는 내 손을 잡고 속삭였다. "날 떠나지 마, 이샤. 가야 한다면 아이를 보내. 아이를 그분에게 돌려보내서 헤벨의 품에 안기게 해. 하지만 당신은 안 돼."

이상한 얼굴들, 때로는 인간의 얼굴, 때로는 너무나 아름답고도 무시무시해서 흙처럼 천한 것에서 태어났을 리 없을 듯한 얼굴들이 몇 시간 동안 내 앞에서 어른거렸다. 그리고 마침내, 강한 팔들이 나를 끌어당겨 나는 팔다리가 늘어진 채 쪼그리고 앉은 자세가 되었고, 온 힘을 다 주라고 절박하게 합창하는 딸과 손녀의 목소리가 높아졌다. 골반이 찢겨져 열리는 것이 느껴졌다. 아이가 바닥으로 밀려나왔고 나는 앞으로 고꾸라졌다. 내가 눈을 떴을 때, 그 얼굴들은 사라지고 없었다.

삼 주 후 나는 자리에서 일어날 수 있었고, 엉덩이뼈가 다시 몸을 지탱해 주었다.

엘리어드는 아이 둘을 동시에 먹일 만큼 젖이 충분한 여인에게 맡겨졌다. 나는 젖이 나오지 않았고, 나왔다 해도 아이에게 젖을 물리기엔 몸이 너무 약해져 있었다. 음식 솜씨가 나날이 좋아지는 나리트가 내게 양고기 죽을 먹였다.

이십 일째가 되던 날, 내가 말했다. "내 아들을 안아 보고 싶구나."

나는 육백한 살이었다. 엘리어드는 서른세 번째 아들이었고 쉰여섯 번째 아이였다. 그 후 생리는 돌아오지 않았다.

내 가슴은 가지에서 시든 자두,

내 배는 텅 빈 포도주 부대. 알곡이 빠져나가

이제 햇볕에 말라 가는 껍질.

다음 해에 우리는 큰 타격을 입었다. 메뚜기 떼가 돌아왔다. 그다음 해 봄에는 저장고의 수확물과 종자가 썩었다. 젖을 빨리 뗀 아이들이 병들어 죽었다. 그 무렵 셋의 맏아들 에노스가 병이 들었고, 우리는 아이가 목숨을 잃을까 봐 염려했다. 어느 날 밤, 셋이 나를 찾아와 아이처럼 내 무릎에 몸을 던지고 흐느꼈다.

"어떻게 해야 합니까? 어떻게 하면 그분의 자비를 얻을 수 있을까요? 이 모든 상황 속에서 그분은 어디 계십니까?" 그가 울부짖었다.

나도 똑같이 묻고 싶었다. 똑같이 물어볼 수도 있었을 것이다.

"난 모르겠구나, 내 아들." 나는 그의 얼굴에 흘러내린 머리카락을 뒤로 쓸어 올렸다.

속삭이듯 그가 물었다. "그분이 어떻게 이런 싸움, 이런 상처, 이런 고통을 주실 수 있나요? 왜죠? 무슨 목적으로?"

"고통이 그분이 하시는 일이라 생각하는 거냐? 내 가르침을 하나도 귀 기울여 듣지 않은 거냐? 모든 선한 것은 그분에게서 나온다. 싸움은 우리 마음에서 나온다. 그분이 살인을 창조하셨다고 생각하느냐? 그분이 주신 것 중에 완전하지 않은 것이 있다고 생각하느냐? 그것을 망쳐 놓은 것은 인간의 손이었어!"

"하지만 어떻게 그럴 수 있지요? 누가 그런 어리석은 짓을 저질렀단 말인가요?"

나는 내 손을 내려다보고 아무 말도 하지 않았다.

"내 아들, 언젠가 답을 알게 될 게다."

"하지만 말이 안 되는 일들이 너무 많아요. 불공평한 일들이 너무 많아요. 어머니, 에노스를 잃을 순 없어요. 제 맏이라구요."

나는 한숨을 쉬었다. "네가 그분께 호소해야 한다. 가서 제단에 제물을 바치고 모든 것, 네 아들까지도 그분의 처분에 맡기거라."

그가 충혈된 눈으로 속삭였다. "그리고 만약, 그분이 아이를 데려가셔야 한다면요?"

"사람의 마음은 하나님의 공평함을 알 수 없어. 나는 너를 진정시켜 줄 만한 말을 할 수 없다. 그분이 하실 일을 그분이 아신다고 말할 수 있을 뿐. 그분에게 네 뜻을 강요하려 한다면, 네게 재난이 닥칠 뿐이다."

셋은 내 말대로 했고 제단 앞에 이틀 동안 엎드려 있었다. 셋째 날, 에노스가 깨어나 아버지를 부르고 음식을 찾았다. 셋이 일어섰는데 얼굴이 환했다. 그 모습을 보자 내 가슴이 뛰었다. 혹시 셋이? 하지만 나는 묻지 않았다. 아무 말도 하지 않았다. 그 얼굴에 담긴 것이 안도에 불과할 수도 있었는데, 그걸 확인하고 싶진 않았다.

만약 셋이 그분이 약속하신 자손이라면, 때가 차면 드러날 것이다. 그래도 나는 너무 오래 걸리지 않기를 바랐다. 벌써 아담은 이전보다 움직임이 둔했다. 우리는 너무 많은 이들을 잃었다. 그들에게는 이미 너무 늦어 버렸다.

다음 해 가을, 정착촌에 다시 열병이 돌았다. 나는 에노스가 건강한 것을 보고 셋을 생각하며 안도했다. 그러나 아쉬라가 열병에 걸려 몇 주 동안 자리에 누워 있었고, 그 딸이 나가 산모들의 출산을 도왔다. 아쉬라는 기운을 차리고 다시 산파 일을 시작했지만 몸은 예전 같지 않았다. 그다음 해 겨울, 아쉬라는 또다시 열병에 걸렸고 이번에는 폐에 문제가 생겨 결국 죽고 말았다.

라하트는 슬픔으로 하나뿐인 눈도 멀었고, 그녀가 묻힌 후 사라졌다. 우리 모두 그를 걱정했다. 그는 늘 작고 말랐으며, 사냥꾼이나 농부보다는 생각하는 이에 가까웠다. 라하트는 사흘 뒤 돌아왔다. 희끗희끗한 수염이 웃자라고 진흙투성이 발은 죄다 갈라져 있었다. 손은 여기저기 까지고 머리카락은 쥐어뜯은 흔적이 역력했다. 그는 몸을 씻고 깨끗한 튜닉으로 갈아입었다. 그러고 나서 그 일을 다시는 입에 올리지 않았다. 다른 여자를 아내로 취하지 않았고, 수로를 내고 화덕 만드는 일에만 전념했다. 항아리 만드는 일도 멈추었는데, 나로선 달가운 일이었다.

그 계절, 봄의 첫 번째 폭풍이 비를 몰고 오기 직전에, 릴라가 베틀에서 벌떡 일어섰다. 베틀 몸통에서 나무못들을 거칠게 잡아당겨 빼내더니 문밖으로 하나씩 내동댕이쳤다. 발밑에서 놀고 있던 엘리어드가 울기 시작했지만 릴라는 아이를 달래지도 않았다.

그리고 다시는 옷감을 짜지 않았다.

동틀 녘의 아침이면 나는 릴라가 강 근처에 서 있는 걸 보곤 했다. 가끔은 언덕에 있는 것을 봤다는 사람도 있었다. 그러나 누구도 릴라에게 무엇을 찾느냐고 묻지 않았다. 누구를 기다리는지 알았기 때문에 내 마음은 슬펐다.

그분은 정말 이상하시다. 우리 마음의 부르짖음을 언제나 들으시지만 때로는 전혀 응답하시지 않고, 때로는 우리가 도저히 헤아릴 수 없는 방식으로 응답하신다.

일 년 후, 북쪽에서 작은 여행자 무리가 왔다. 그들의 신을 나타내는 이상한 매의 휘장을 가지고 왔는데 나는 그것이 불쾌했다. 그러나 그들이 내가 평생 기다린 것만 같은 소식을 전했다는 점이 중요했다. 카인이 오고 있었다.

내 마음이 그렇게 가벼워질 수 있는 줄 미처 몰랐다. 그 즈음 더 뻣뻣해진 아담의 발걸음도 가벼워졌다. 지난 몇십 년 만에 처음 보는 모습이었다. 우리는 카인 일행과 동물들이 머물 수 있도록 한 지역을 비우라고 지시했다. 먼저 도착한 이들은 카인 일행이 그리 많지 않다고 했지만 우리는 그의 평소 무리 모두가 묵을 수 있는 공간을 확보했고 잔치를 준비했다. 제물로 바칠 어린 양들과 잡아먹을 어린 양들을 표시해 두었다. 고기를 먹지 않던 시절은 갔다. 가뭄과 기근의 시기에 우리를 지탱해 준 고기는 이후에도 식단에서 떠나지 않았고, 풍요로운 시기에는 우리를 살찌웠다.

남자들은 밭에서 일하거나 사냥을 하거나 가축을 돌보고, 여자들은 옷감을 짜고 요리하는 것을 카인이 이상하게 여기지 않을까 싶었다. 당시엔 모든 공로가 남자들에게 돌아갔다. 남자들은 여자의 의견을 무시하고 계약을 맺었고, 아내를 놓고 그들끼리 거래를 하기도 했다.

카인과 그의 무리가 도착하기 얼마 전, 나는 한 여자가 우물 근처에서 이야기하는 것을 우연히 들었다.

"형은 거만하고 오만했고, 동생은 사랑스럽고 겸손했지. 형은 그분에게 합당한 몫을 바치기 싫어했어. 어린 양의 고기 말이지. 그분은 고기가 있어야 살 수 있거든. 형은 교만해서 자신이 한 일을 뽐내며 제단으로 다가갔어. 하지만 동생은 어린 양을 바쳤지. 그래서 그분이 동생을 편애하고 그의 목소리를 들어주신 거야. 그는 위대한 성인이었고 형은 질투심이 많은……."

나는 일부러 우물을 끼고 그녀 옆으로 지나갔다.

"어머니!" 그녀가 공손하게 말했다.

"카인은 인정받고 싶었을 뿐이다. 그리고 헤벨은 성인이 아니었어. 사람일 뿐이었지."

며칠 동안 나는 들뜬 마음으로 아담이 카인을 마중하러 보낸 젊은이들을 기다렸다. 카인의 무리를 보면 젊은이 중 하나가 먼저 소식을 알려올 것이었다.

그 젊은이가 목소리를 높이며 돌아온 날, 내 심장은 터질 것만 같았다. 가족들이 정착촌 가장자리에 모였을 때, 내 마음을 가득 채운 것은 기대와 불안이었고 용서와 사랑과 희망이었다.

그리고 내 옆에는 아담이 있었다. 그의 눈에는 지평선에서 다가오는 형체들밖에 보이지 않았을 것이다. 그들의 행렬 맨 앞에는 지팡이를 든 노인이 있었다.

그를 보자 아담은 소리를 지르며 아주 빠르게 그들을 향해 걸어가기 시작했다. 그러나 스무 걸음도 내딛기 전에 그의 다리는 달리기 시작했다. 호흡은 고르지 못했고 목소리는 가쁘게 헐떡였다. 나는 안다. 그의 옆에서 함께 달릴 때 나도 다리가 후들거리는 것을 느꼈기 때문이다.

카인 일행과 거리가 좁혀지자, 맨 앞에 있던 인물, 머리와 수염은 헝클어지고 바람을 많이 맞아 얼굴이 상한 사람이 주저하다 거의 멈추는가 싶더니 황급히 몇 걸음을 내디뎌 아버지의 팔에 안겼다.

나는 아담이 그런 흐느낌, 그런 소리를 내는 것을 몇 세기 동안 들어 보지 못했다. 그는 팔로 맏아들의 목을 감고 꼭 껴안았다. 그대로 아들을 번쩍 들어 올리는 게 아닌가 싶을 정도였다. 가까이 다가갔을 때 나는 아담이 웃는지 우는지 알 수 없었다. 나는 두 손으로 입을 막은 채 함께 있는 두 사람을 지켜보았다.

하나님의 집은 참으로 그와 같다.

마침내 아담이 아들을 껴안은 팔을 풀고 카인이 고개를 들었다. 그의 머리는 희끗희끗했고, 바람, 온갖 역경과 상심, 긴 하루하루와 고독의 세월이 새겨진 얼굴은 바위절벽처럼 굴곡이 가득했다. 그의 손은 내가 알던 호리호리하고 아름다운 손이 아니라 울퉁불퉁하고 굽어 있었다. 옷은 호화로웠지만 나무껍질 같은 가죽에 걸어 놓은 것처럼 보였다. 두 사람이 함께 있는 모습을 보면 누구나 카인이 아버지이고 아담이 아들이라고 생각했을 것이다. 나는 울었다. 아들을 본 기쁨 때문이기도 했지만 무엇보다 인생이 그에게 지운 무게 때문이었다.

나를 보자 그의 표정이 부드러워지며 눈가의 주름도 살짝 펴졌다. 그는 내 손을 붙잡고 무릎을 꿇었다.

"어머니."

나는 거침없이 쏟아져 내리는 폭포,
사랑과 생명과 슬픔을 한 번에 끝없이
쏟아내네.

우리 세 사람은 걸어서 돌아왔다. 나는 팔로 아들을 감쌌고 아담은 릴라가 마지막으로 짠 망토를 벗어 아들의 어깨 위에 걸쳐주었다. 나는 그보다 더 행복할 수 없을 것 같았다. 그건 가능하지 않은 일 같았다. 헤벨이 함께했다면 더 기뻤겠지만, 그건 불가능한 일이었다.

카인의 머리는 이마의 표를 가리느라 감싸져 있었다. 그런데도 그를 쳐다보자 수치심이 느껴졌다. 내가 움찔거리며 물러나는 것을 본 그는 체념한 듯 가벼운 한숨을 내쉬었다.

나는 다시는 그런 반응을 보이지 않으리라 다짐했지만 이미 엎질러진 물이었다.

우리는 많은 사람에게 둘러싸여 정착촌으로 돌아왔다. 호리호리한 여자가 우리를 그림자처럼 조용히 맞이했다. 그녀는 출입구에 서 있었다. 그 옛날 카인이 떠나기 전 마지막으로 집에 들렀던 날이 새롭게 떠올랐다. 그때 아쉬라는 그에게 침을 뱉었고, 릴라는 베틀에서 고개를 들지 않았다. 그러나 이제 릴라의 베틀은 사라졌고, 그 기술은 그것을 이어받은 다른 사람들에게로 넘어갔다. 우리가 가까이 다가가자 릴라가 집에서 천천히 걸어 나왔다. '여전히 참 아름답구나.' 머리는 평소와 달리 풀려 있었고 무릎 아래까지 내려왔다. 직접 도안한 소박한 옷을 입고 있었는데, 지상에서 그에 비길 만한 옷은 없었다. 그녀는 맨발이었다. 그녀는 천천히 밖으로 나와 오빠 앞에 서서 얼굴의 주름살, 검게 그을린 피부, 지친 표정을 바라보았다.

"오빠." 그녀의 목소리는 여전히 부드러웠다. 최근엔 거의 듣지 못했던 터라 나는 그 목소리를 거의 잊고 있었다. 그녀 뒤에서 나리트가 엘리어드의 손을 잡고 있었다.

"릴라." 카인의 목소리는 사막처럼 메말랐다.

"오랜 여행을 하셨으니 들어와서 쉬세요." 이번 여행을 두고 한 말이 아님을 알 수 있었다. 릴라는 카인의 팔을 잡고 집 안으로 이끌었고, 어린 엘리어드는 눈을 동그랗게 뜨고 그 광경을 지켜보았다.

나는 우리를 따라 집 안으로 들어온 사람들을 살폈다. 그들의 눈이 카인을 따라다니고 있었다. 그들이 카인을 지켜본 것은 카인이 우리 맏아들이자 전설적인 인물이기 때문이었다. 여기 그 어두운 맏아들, 다툼의 아들이 있었다. 그리고 이제 그는 머리가 희끗희끗한 노인이 되었다.

다른 사람들에게 모든 일을 넘기고, 나는 아들과 함께하는 시간을 소중히 쌓아 갔다. 우리 둘만 강가에 앉아 나리트가 준비해 준 부드러운 빵과 치즈를 먹을 때, 아담은 어떤 비난도 하지 않았다. 그때까지 경험한 그 어떤 것보다 풍성한 만족만이 있었다. 금세 지나가리란 걸 알기에 더욱 풍성했던 만족.

나는 카인을 매장지로 데려갔다. 그곳은 기근이나 사고나 싸움으로 목숨을 잃은 내 아이들의 시신으로 서서히 채워지고 있었다. 그곳에 아쉬라의 시신이 묻혀 있었다. 나는 그가 아쉬라의 무덤 위에 엎드릴 때 쳐다보지 않았다. 그의 울부짖는 소리를 견딜 수 없었다. 그는 소리를 죽이지 않고 부르짖었다. "나를 용서해 다오, 누이야! 날 용서해 다오!"

그는 그날 밤 아주 늦은 시간이 되어서야 초췌한 모습으로 돌아와서는 아무것도 먹지 않고 그대로 누워 잠들었다.

다음 날, 그는 르나나가 집을 떠나고 싶어 하지 않는다고 했다. 카인의 얼굴에서 안도와 체념을 동시에 느끼며 나는 생각했다. '여자로 산다는 건 쉬운 게 아니지. 카인은 나를 보고도 그걸 모르는구나.' 카인의 자녀들은 모두 부유했고 가축뿐 아니라 곡식과 도구와 장신구도 많아서 도시의 장인들이 그들 밑에서 일하고 빵을 벌었다.

"하지만 사람이 많은 곳에는 싸움이 있습니다. 범법자들은 처벌받거나 처형당하기도 해요. 그들 중 상당수는 재판을 받기 전에 달아납니다. 남쪽으로 가서 습지에 숨어 살지요."

너무나 초현실적인 느낌. 카인의 입에서 불화와 깨어짐에 대한 이야기를 듣다니, 너무 이상했다.

아사가 그때 막 들어와 우리와 함께 앉았다. "동생, 네 가축 떼는 잘 있니?" 카인이 그를 바라보고 물었다. 아사는 눈이 휘둥그레진 채 카인을 보았고, 나는 그 애 가슴이 약간 부풀어 오르는 것을 놓치지 않았다.

그다음, 릴라가 도착했다. 카인은 우리에게 양해를 구하고 자리에서 일어나 릴라와 함께 밖으로 나갔다.

31

카인은 평소 함께 다니는 사십 명 가량의 무리 중 열두 명만 데려왔다. 그들의 태도와 움직임에서 바람을 맞고 섰다가 바람과 함께 움직이는 억센 팔다리가 눈에 띄었다. 그들은 거침없이 살면서 어떻게든 행복을 붙잡으려 들고, 어떤 형태로건 쾌락을 추구하는 이들이었다. 다들 호기심을 갖고 그들을 지켜보았다. 때로는 매서운 눈길로, 때로는 부러운 눈길로. 우리 도시의 어떤 사람들은 우리가 지나갈 때마다 자녀들에게 물러서라거나 집 안으로 들어가라고 했다. 우리가 못 듣는 줄 아는 모양이었다. 그런가 하면 카인에게 고개를 숙이고 그를 "형님", "오빠", "아버지"라고 부르는 사람들도 있었다. 그가 그렇게 불리는 것이 이상하긴 했지만, 그 호칭이 옳다고 생각했다.

밤이면 카인의 씨족은 그들의 음악과 포도주를 나눴다. 나는 몇 년 만에 처음으로 술을 마셨고 근엄함을 버렸다. 나는 나이

든 여자였고 하나님 외의 누구에게도 변명할 필요를 느끼지 못했다. 그날 밤, 나는 모닥불의 불길에 따라 몸을 움직였다. 나는 다시 젊어졌다. 술과 축제와 음악이 기운을 돋우기도 했지만, 내 아들, 내 자궁에서 나온 첫째, 아담과 나의 하나 됨이 구현된 존재가 곁에 있으니 몸이 공중으로 붕 떠오르는 듯했다. 나는 옛 과수원을 달리던 소녀의 춤을 추었다. 생명 없는 아들의 몸을 품에 안고 흔들던 어머니의 춤을 추었다.

"어머니?" 억센 팔, 생각했던 것보다 더 억센 팔이 나를 감쌌고 희끗희끗한 머리가 내려와 내게 속삭였다. "어머니? 괜찮으세요? 울고 계시잖아요."

"난 괜찮다. 난 괜찮아. 너무 오랜 세월의 슬픔과 기쁨에 압도된 것뿐이야. 내 아들, 죽기 전에 너를 봐서 행복하구나."

"그런 말씀 마세요! 어머니는 영원히 사실 거예요."

"아니다, 내 아들, 그렇지 않을 거야." 나는 그의 볼을 만지며 부드럽게 말했다. "그러고 싶은 마음도 없어." 이런 모습으로는.

우리는 제단 위에 희생제물을 바쳤다. 카인은 정중하게 서 있을 뿐, 제사의식에 일체 참여하지 않았다. 그의 일행도 마찬가지였는데, 마침내 불이 내려와 어린 양을 살라 버렸다. 제단에서 물러나는 그들의 눈에는 방금 본 장면에 대한 경이감이 어려 있었다. 그들은 조상들의 하나님을 섬기는 이 제사를 전혀 모른단 말인가?

카인의 일행 중에는 이야기꾼 여자가 하나 있었다. 그녀가 말하고 움직이는 모습에서 그녀가 탁월한 이야기 솜씨로 존경받고 있으며 그 때문에 카인의 측근으로 동행하게 되었음을 짐작할 수 있었다. 그들의 이야기들은 그간 내가 들은 어떤 이야기와도 달랐지만, 어느 날 밤 그녀가 들려준 이야기는 내 심장을 빠르게 뛰게 했다. 산문과 그 사이로 핏줄처럼 흐르는 강, 화산의 심연에서 올라오는 물의 이야기였다. 강 옆에는 불, 폭풍, 번개와 지진의 신 같은 자연신들이 살았는데, 그들이 그 문을 지켰고 사람들의 접근을 막았다. 하지만 나는 그들이 자연신이 아니라 그분이 보내신 골짜기의 수호자들임을 알 수 있었다.

"네 이야기꾼이 이야기하는 장소가 어디냐?" 나는 카인을 한쪽으로 데려가서 물었다.

"그건 전설일 뿐이에요, 어머니."

"너도 전설이지만, 여기 이렇게 서 있잖니."

"예, 하지만 저야 사람들이 봤잖아요."

"그녀가 말하는 문들을 본 사람이 분명 있을 거다."

"우레와 지진과 번개의 신들을 믿으시는 거예요, 어머니? 그분의 음성을 분명하게 들으신 어머니께서?" 그의 눈에 비통함이 어리더니 한때 제 아버지를 바라보던 눈빛으로 나를 보았다. "예, 사람들이 저를 보더군요. 사람들이 저를 두려워하는 걸 느낄 수 있어요."

"그런 말 마라."

"정말 그래요, 어머니. 아버지조차도 저를 약간 두려워하세요.

아버지는 언제나 저를 향한 어머니의 사랑과 어머니를 향한 저의 갈망을 질투하셨죠."

"그만해라." 내가 속삭였다.

그가 한숨을 내쉬었다. "지금도요, 어머니? 그럼 우리 유쾌한 대화를 나누기로 하죠. 제 증손자들의 위업을 말씀드릴게요. 상당수 무법자이긴 하죠. 카인의 아들들에게서만 기대할 수 있는 무법자라고 할까요? 그래도 똑똑하고 천재적인 예술가들도 있어요. 우리 그 얘기를 할까요?"

"나를 조롱하지 마라. 오, 아들, 우리 그렇게 얘기하지 말자꾸나!" 나는 한 팔로 그를 안으며 말했다. "말해 다오. 난 그 산문에 대해 알아야 할 이유가 있단다."

그러자 카인은 아주 부드럽게 말했다. "북쪽 땅은 모두 다녀봤어요. 산은 건널 수 없는 곳까지 가봤고 동쪽으로는 바다 앞까지 갔어요. 바다가 얼마나 파란지 아세요, 어머니? 어머니는 꿈속에서 그걸 보셨겠죠. 오래전에 그렇게 말씀하셨잖아요. 서쪽으로는 사막까지 갔는데 길이 많아요. 저는 어머니의 이야기들을 기억하고 어머니가 말씀하신 땅을 오랫동안, 너무나 오랫동안 찾아다녔어요. 그리고 결국 그것이 전설에 불과하다는 결론을 내렸어요. 이 세상에는 존재하지 않는 목소리들, 보이지 않는 목소리들이 어머니에게 전해준 이야기일 거라고."

"그곳은 분명히 존재해!" 나는 부르짖었다. 그러나 한편으로는 과연 그런가 싶기도 했다.

"어머니께서 그렇게 말씀하시니 그런 걸로 해두죠. 그러나 전 어머니의 골짜기를 찾지 못했습니다. 그리고 북쪽 산들에는 언제나 천둥소리가 나고 지진도 잦고, 불같은 번개도 칩니다."

바로 그때, 릴라가 소리 없이 나타났다. 그녀를 바라보는 카인의 눈은 더없이 부드러웠고 고마움으로 가득했다. 두 사람을 남겨 두고 일어서는 내 마음은 편치 않았다.

카인은 도착한 지 한 달도 못 되어 안절부절못했다. 앉아 있을 때도 가만히 있지 못했고 앉아 있다가도 금세 일어났다. 집 안을 왔다 갔다 하고 강으로도 자주 나갔다. 나는 그의 주의를 끌 요량으로 전에 만난 적이 없는 친척들을 데려오기도 하고, 하노크 시에서 온 선물들을 보여 주기도 했다. 그로선 예전에 다 본 물건들일 것이었다. 다만 며칠이라도 더 그를 붙잡아 두려는 안타까운 마음에서, 아담도 그에게 확장이 필요한 벽을 보여 주며 재건축에 대해 이야기했다. 다음 날 카인은 엘리어드를 목초지로 데려갔는데, 나는 그 일이 그의 방랑벽을 가라앉혀 줄 거라 생각했다. 하지만 그날 밤 그는 화덕 앞에서 말이 없었다. 잉걸불이 그의 얼굴에 주황빛을 비춰 눈 밑에 그늘이 졌다. "어머니, 내일 아침에 떠나야겠어요."

나는 꼼짝도 하지 않았다. "그래야만 한다면 그래야지, 아들."

아주 부드러운 목소리. "그래야만 해요."

그러나 나는 그 옆에 무릎을 꿇고 앉았다. "하지만 넌 왜 머물지 못하는 거냐? 무엇이 널 떠미는 거냐? 한 주가 너무 길다

면, 사흘만 더 있으면 안 되겠니?" 그러나 그는 희어진 머리를
흔들었다.

그리고 거칠게 말했다. "저는 쫓겨 다녀요. 귀신들에게. 과거의
유령들과 수치심에게. 거기서 벗어나려면 계속 움직일 수밖에 없
어요. 미친 게 아닌가 싶어요. 하노크 성문에서 미친 사람을 보았
어요. 혼잣말을 하면서 공중에 주먹질을 하고, 무엇보다 뱀에 대
해 뭐라고 중얼거렸어요⋯⋯."

나는 눈을 깜빡였다.

"제가 그 사람과 다르지 않은 것 같아요. 게다가, 다들 저를 어
떻게 쳐다보는지 알거든요. 오래전부터 신경 쓰지 않고 있지만,
그것 때문에 피곤해요. 이마의 표, 그게 화끈거려요, 어머니. 바
람을 맞아야 화끈거리는 게 덜해지지만, 모르는 사람들 앞에서
는 이마를 드러낼 엄두가 나지 않아요. 그들의 얼굴, 무서워서 움
츠러드는 모습을 견딜 수가 없어요. 그런 모습을 너무 많이 봤거
든요. 어떤 사람이 저를 치려고 팔을 치켜든 적이 있었어요. 또
어떤 사람은 살인자라고 외치며 저를 죽이려 했어요. 그의 마을
에 들어가지 못하게 하려고 창을 들었어요. 저는 그저 우물에서
물을 좀 뜨려 했을 뿐인데. 하지만 제가 두건을 벗자 그들은 뒤로
물러났고 불에 덴 것처럼 머리를 감싸 쥐었어요."

마음이 저며 왔다. 할 수만 있었다면 그 표의 부담을 기꺼이
대신 짊어졌을 것이다. 할 수만 있었다면 살인의 죄책감을 내가
짊어졌을 것이다. 그렇게 해서 그 짐을 하루만 벗겨 줄 수 있다

면. 그러나 그 일은 허락되지 않았다. 그분이 그의 이마에 표를 주시지 않았다면 그것이 오히려 자비가 아니었을까 하는 생각을 처음으로 했다. 그랬다면 적어도 그가 그로 인해 고통받지 않아도 되었을 테니.

다음 날, 카인이 우리의 축복을 받으러 왔다. 우리는 기꺼이 축복해 주었다. 릴라는 제일 튼튼한 샌들을 신고 그의 옆에 섰다. 그녀의 베틀은 집 안에 방치되어 있었다.

"네 발이 너를 멀리 데려가긴 하지만, 네 발에 복을 빈다." 나는 눈물을 흘리며 말했다. 릴라에게 잘된 일이라 기뻤지만, 나 자신을 생각하면 슬펐다.

우리는 그들을 정착촌 경계 지역까지 배웅했다. 거기서 멈추어 지평선으로 걸어가는 그들을 바라보았지만, 내 마음은 그들을 뒤따라 달려갔다. 내 옆에 꼼짝도 않고 서 있던 아담도 같은 마음이라는 걸 나는 알았다.

나는 우리를 둘러싸고 있는 아사와 셋과 엘리어드의 아이들에게 고마워해야 한다고 생각했다. 그들은 이 생애의 아이들이다. 내 노년의 아이들. 그러나 카인과 릴라는 내 첫 생애의 아이들이었다.

일 년 후 상인들이 와서 소식을 전했다. 르나나가 언니를 환영했다고. 그러나 그로부터 한 달이 못되어 성벽에서 스스로 몸을 던졌다고. 그들은 그녀의 몸이 안 좋았다고 했는데, 주체할 수 없는 슬픔에 시달리던 나는 뭔가, 어떤 악령이 르나나를 사로잡았던 게 아닌가 생각할 수밖에 없었다. 정상적인 사람이 그런 짓을 할 리가 없으니. 나는 가슴을 치며 울부짖었고 내 아이들을 위해 울었다. 옳지 않다. 부모가 자녀를 먼저 보낸다는 것은 자연스럽지 않은 일이다.

여러 해가 지나갔다. 나는 카인과 함께했던 매순간을 회상했다. 때로는 릴라 생각도 했다. 노년이 된 지금에서야 릴라는 안식을 누리게 되었으리라. 놋 땅에서 안식을.

나는 그들을 다시 보게 될 날을 소망했다. 헛된 생각이었다. 나는 스스로에게 이렇게 말했다. '내년에는 하노크로 여행을 떠날 거야. 출발하기 몇 달 전에 사람들을 미리 보내서 카인이 멀리 가지 않게 해야지.' 그러나 그해는 폭력의 소문들이 무성한 채로 금세 지나갔다.

그러던 어느 날 북쪽에서 한 무리의 사람들이 내려와 카인의 죽음을 전했다. 릴라는 그의 시신이 땅에 묻힐 때까지 슬피 울었다고 말했다. 그다음에 그녀는 도시 밖으로 나가 돌아오지 않았다고 했다. 오빠의 혼령을 찾아 떠난 것이 분명했다. 어쩌면 그를 다시 찾았는지도 모른다.

아니면 한때 내가 그랬던 것처럼 그분과 걷고 있는지도 모른다. 릴라의 몸은 이제 흙과 나무의 직물이 되어 작년의 낙엽과 뒤섞였는지도 모른다.

이 세상을 알아보지 못하겠구나.

나는 다른 정원에서 뽑혀 온 종자.

그곳에서 자라다 낯선 토양에 심겨진 나무.

다른 세상에서 시들어가는

하늘의 가지.

그 후 한동안 평화가 찾아왔다. 거의 십 년 동안 폭력이나 살인 소식이 없었다. 밭에는 수확이 풍성했고 동물들은 새끼를 많이 낳았다.

문득 이런 생각을 했다. '어쩌면 이제 그분이 우리를 회복시켜 주실지도 몰라. 어쩌면 이제 기억하실지도 몰라. 적어도 나는 충분한 씨앗을 뿌렸으니, 그중에서 선택하실 수 있을 거야!'

전에도 우리 말고 다른 존재들이 있다는 생각에 가끔 놀랐는데 실제로 그랬다. 풀과 나무 사이로 부는 바람과 동물들과 벌레들의 소리가 있었다. 그런데 나이가 들면서 거기에 다른 소리들이 섞이기 시작했다. 아이들과 노인들이 분노하거나 뒷담화를 늘어놓고 말다툼을 하는 소리였다. 여인들의 노랫소리, 들판에서 일하는 농부들의 노랫소리, 강가에서 고기 잡는 어부들의 노랫소리가 있었다. 어디를 가나 소리가 있었다.

수많은 후손들로 둘러싸여 살아가면서 우리끼리만 있기란 쉽지 않았다. 아담은 전에 없이 내 곁에 머물렀고, 젊을 때와 달리 내게서 떨어지지 않았다. 그는 내 손을 잡고 자기를 떠나지 말라고 했다. 나는 내 아이들을 돌아볼 때 말고는 그를 떠나지 않았고, 외출했다가도 금방 돌아왔다.

생리가 끊긴 지 이미 오래였기에 나는 안도했다. 소음과 수천 개의 발자국으로 가득한 이 세상이 낯설어 편안한 내 화덕으로 자주 물러났다.

어느 봄, 셋이 회의를 소집해 환상을 보았다고 말했다. 희생제사를 바칠 것인데 제사를 위한 집을 먼저 짓겠다고 했다. 그렇게 되면 거룩한 불이 어떻게 내려올지 알 수 없었지만, 내가 누구라고 감히 그분 뜻에 이의를 제기하겠는가? 내가 전혀 이해할 수 없는 상황이었다. 셋으로 말하면, 예술가의 작품을 거부하고 소박한 옷만 입었으며, 자기 손이 하는 일이 아니라 하나님을 신뢰하겠다고 하는 사람이었다. 고상하고 좋은 말이라고 생각하면서도, 그 고결함을 누가 먹여 살리나, 하는 생각이 들기도 했다. 사람은 먹어야 살지 않는가.

그는 내가 들려준 이야기들을 기록하기로 마음먹었다. 나는 그와 함께 앉아 여러 날에 걸쳐 세상의 처음 나날들과 그 동산에 대해 이야기했다. 셋은 한 사람을 데려와 점토판에다 그 모든 이야기를 기록하게 했는데, 몇 달간 이어진 고된 작업이었다.

"이 이야기에는 네가 모르는 부분이 있다. 내가 말해 줘야 할 부분이지." 어느 날 내가 말했다. 셋은 인상을 찡그렸다.

"저는 모든 이야기를 다 듣고 자랐는데 어떻게 그럴 수가 있죠?"

"모든 이야기를 다 들은 건 아니야. 지금은, 카인이 태어나던 날 밤에 대해 이야기하마……."

그날 밤 나는 나리트에게 아담과 내가 알아서 식사를 챙길 테니 쉬라고 했다. 나는 남편과 둘만 있고 싶었다. 그녀는 곁눈질로 내게 짓궂은 미소를 보내고 물러났다. 그 무렵 하늘에 별들이 나타났다. 별들은 달라지지 않았고 내 왕관의 일부만 지평선 아래로 내려가 있었다. 바람이 불어 나무들이 바스락댔고, 문 덮개가 팽팽해졌다. 다시 밤이었다.

나는 남편 곁에 누워 그를 코로 비벼 댔다. 그의 팔은 가늘었고 오랜 쟁기질로 허리가 굽어 있었다. 내 손이 그의 몸의 온갖 친숙한 부위들을 누비자 잠자던 그가 뭐라고 웅얼거렸다. 마지막 아이를 낳다가 죽을 뻔한 것이 삼백 년도 전의 일이었다. 하지만 생리가 계속되었다면 나는 다시 아이를 낳을 시도를 했을 것이다.

"일어나요, 남편." 내가 속삭였다. 세월의 무게가 실린 쉰 목소리였다. "우리, 생명을 만들어요."

우리는 사랑을 나누는 것으로 만족했다.

몇 날 밤 잇따라 같은 꿈을 꾸었다. 꿈속에서 나는 가젤과 함께 옛 골짜기를 달렸다. 모든 것이 움직이고 있었다. 가젤, 우리 곁에서 흐르는 강물, 풀 위를 누비고 과일나무 사이를 헤치는 바람.

어느 날 아침 아담이 내게 말했다. "꿈을 꾸었어. 우리가 그 동산에 있었어. 바람과 물, 풀, 땅이 너무나 아름다웠어." 그의 눈에서 눈물이 솟아났다. 그는 어느 때보다 쉽게 눈물을 보였다. 나는 그를 위로하고 내게로 끌어당겼다.

그 무렵 우리 몸은 가끔 말을 듣지 않았다. 하나 되려는 우리의 몸부림은 이전처럼 여의치 않았다. 그러나 우리는 동반자로 만족하며 함께 누웠고, 나리트가 차려 주는 아침을 먹고 아이들의 보살핌을 받았다. 우리는 더 이상 일할 필요가 없었고 가끔 회의에만 참석하면 되었지만 그것마저도 셋에게 맡겨 버렸다. 셋은 자녀를 열여덟이나 둔 훌륭한 어른이 되어 있었다.

글쎄, 그것은 그의 문제이자 축복이었다. 나로 말하면, 세상이 시끄러웠다. 예전과 달리 모르는 얼굴도 있었다. 어느 날 강 옆에서 어린 소년이 내 곁을 지나 뛰어갔다. "헤벨?" 나는 소리쳤다. "헤벨?" 비틀거리며 그 뒤를 쫓아갔다. 심장이 방망이질 쳤다. 아이 어머니가 아이를 데리고 내게 와서 나를 "크신 어머니"라고 불렀다. 그녀는 아이의 이름을 말해 주며 내게 축복을 청했다. 나는 아이를 축복하면서도 잃어버린 아들과 너무나 닮은 모습에 여전히 얼떨떨했다.

우리는 알지 못하는 사이 나이가 든다. 나는 겹겹의 나이테를 품은 상수리나무.
바람에 닳아 버린 바위. 떨어질 수 없지만 가지에 붙은 채 죽어 버린 나뭇잎.

나는 나이가 아주 많았고 내 아이들도 그랬다. 다른 정착촌이나 도시에 가서 그곳 사람으로 행세해도 아무도 모를 것 같았다. 아담은 햇볕에 구운 점토처럼 주름이 많았다.

나도 마찬가지였다. 나는 그게 화가 난다고 투덜댔다. 나는 흙이 아니라 아담의 몸으로 만들어졌으니 달라야 할 것 아니냐고 그에게 말했다. 그 얘기를 아주 큰 소리로 해야 했는데, 그는 내 말을 듣더니 한참을 웃었다.

가끔 아담은 불가에 앉아 고개를 끄덕였는데, 들리지 않는 뭔가를 듣는 것처럼 보였다. 한번은 그에게 무엇을 듣느냐고 물었더니 낮잠에서 깨어난 것처럼, 보이지 않는 존재들에게 노래를 불러주다가 고개를 든 아이처럼 나를 쳐다볼 따름이었다.

그러던 어느 날 나는 길을 가다가 한 무리의 아이들 곁을 지나가게 되었다. 큰 아이들이 그보다 어린 아이들을 가르치고 있었는데, 가까이 가보니 그들의 노래에서 아담이 내게 말을 가르쳐줄 때 사용했던 말놀이가 들렸다. 그가 가르쳐 주던 것과 똑같지는 않았지만 패턴과 가락을 들으니 그것임을 알 수 있었다.

'아담에게 말해 줘야지,' 생각하면서도 그 얘기를 들으면 아담이 미소를 지을지 눈물을 보일지 알 수 없었다. 그런데 귀가해 보니 집이 조용했다. 아담이 크게 넘어져 쓰러져 있었다.

이후 그는 서서히 쇠약해졌다. 자리에서 몸을 움직일 때면 고통스러워했다. 얼마 후에는 상태가 더 안 좋아져 자리에서 일어나지도 못했다. 나리트를 통해 셋을 불러왔다. 집 안으로 들어온 셋의 얼굴이 하얗게 질려 있었다. 아버지가 벌써 세상을 떠난 줄 알았던 것이다.

"아버진 살아계시다. 하지만 얼마 안 남은 것 같구나. 가서 사람들을 준비시키고 짐을 꾸려라. 가마도 하나 만들고. 떠나야 하니까."

"떠나다니요? 무슨 말씀이세요?"

"아버진 여기서 돌아가시지 않을 거야. 그건 하나님의 뜻이 아니야. 가라! 내 말대로 하거라. 길을 가면서 네가 알아야 할 사실을 말해 주마."

아담은 죽어 가고 있었다.

셋과 나리트가 떠난 후, 나는 아담에게 몸을 기울이며 말했다. "두려워 말아요, 남편. 당신은 동산을 다시 보게 될 거라고 내가 맹세했잖아요. 다시 보게 될 거예요. 내가 당신을 그리로 데려갈게요." 그의 볼에서 눈물이 흘러내렸다. 내 말은 아담을 위한 것이었지만 그분에 대한 반항도 섞여 있었다.

"이제 쉬어요, 내 사랑. 이쉬. 내일, 낙원으로 가는 여행을 시작할 거예요."

우리가 떠날 준비를 하고 아담이 자리에 힘없이 누워 있던 그 날 밤, 그 뱀이 돌아왔다.

아담

32

섬을 향해 물속을 달린다. 뜨거워진 무릎 뒤쪽에 닿는 물이 차갑다. 물속에 몸을 담그자 푹 익은 열매처럼 끈끈하게 물이 허벅지 안쪽으로 감겨든다. 반대편 강둑에 이르러 풀밭에 발을 올리자 허벅지와 엉덩이 근육이 살짝 떨린다. 나는 강하다. 나보다 더 강한 여자는 없다. 여자는 나뿐이기 때문이다.

뱀은 나무 아래에서 기다린다. 잘 익어 색이 진한 그 열매의 달콤한 냄새가 바람에 실려온다. 그 모습은 너무나 아름답고, 그 내음은 너무 향기롭다!

'하나님과 사람의 딸이여, 너무 아름답군요.' 뱀이 말한다. 그러나 놈의 날개는 뒤로 접힌 채 뼈가 부러지는 것 같은 소리를 낸다. 날개를 다시 펼치는데 내 키보다 더 높다. 뱀의 황금빛 비늘들은 너무 매끈해서 낱낱의 비늘이나 거기 비친 무지갯빛을 찾을 수 없다. 발톱 달린 파충류 다리가 있던 자리에 이젠 호리호리한

다리와 팔이 있다. 나는 놈의 얼굴을 본다. 팽팽하고 부드럽다, 아! 너무나 아름답다! 그러나 나를 바라보는 놈의 눈길에는 감탄이나 따스함이 아니라 경멸이 담겨 있다.

"넌 타고난 권리를 박탈당했어. 네가 다스리기로 되어 있던 영역은 이제 내 것이야."

그의 말을 듣는 동안 깨닫는다. 나는 하나가 아니라 둘이다. 이쉬이자 이샤다. 나는 아담을 남성으로 구별해 줄 여자가 생기기 전의 그이자 그로부터 취한 여자다.

"잠깐뿐이지. 잠깐뿐이야. 사기꾼!" 나는 힘차게 부르짖는다.

"무가치해! 천해!" 고함에 놈이 늘어나 나보다 키가 커진다. 그의 발치에는 뱀 껍질, 허물을 벗듯 쉽게 벗은 고치가 놓여 있다.

"고발자!" 부르짖는 내 몸이 딱딱해지는 것을 느낀다. 온몸이 점토로 덮여 해 아래 말라가는 느낌이다. 나는 더 이상 영이 아니다. 한 인간으로, 후들거리는 다리와 불안정한 발로 서 있다. 그리고 살갗이 쪼그라들기 시작했다. 나는 크게 외쳤다. "아도나이!"

이제 그 나무 아래 있던 관목이 또렷하고 자세히 보인다. 그 옛날 나는 더 큰 나무의 더 아름다운 열매에만 정신이 팔려 단단하고 작은 베리가 달린 그 관목을 무시했었다. 그런데 새로운 깨달음이 왔다. 그 관목의 열매를 먹으면 나와 아담에게 다시 생명이 주어질 것이다. 나는 그 열매를 따려고 빛나는 존재, 뱀이 아닌 뱀의 거대한 다리 밑으로 달리려 한다. 그러나 바로 그 순간, 뒤로 물러서고 만다. 발밑으로 끝이 보이지 않는 틈이 있다. 저기, 건너편에서 살 냄새가 밀려오고, 나는 비명을 지른다. 내 앞에 껍질이 벗겨진 아다의 형체가 있다. 그 끔찍한 상처에서 흘러나온 피가 흙을 적신다. 아담의 고향이자 궁극적으로 나의 고향인 흙.

흙에서 눈을 들어 보니, 앞의 피 묻은 형체는 아다는 아니다. 사람, 새롭게 된 아담이다. 내가 지켜보는 가운데, 그는 그 관목에서 작은 열매를 따 손에 쥔다.

이른 시간에 내가 큰 소리를 지르며 깨어나는 바람에 아담도 잠이 깬다. 나는 그에게 좀더 쉬라고 한 뒤 여행 준비를 한다. '무슨 꿈일까? 사람을 희생제물로 바쳐야 한다는 말은 절대 아니야!' 혹시 그렇게 많은 제사를 드렸으니, 아담이 새롭게 될 준비가 되었다는 걸까? 원래 누렸어야 할 상태로?

난 그분을 이해할 수가 없어! 뱀의 말은 결국 거짓이었구나. 나는 전혀 하나님처럼 되지 못했어.

셋이 튼튼한 가마와 동행할 준비를 갖춘 다섯 사람을 데리고 온다. 그들은 음식과 저장 식량, 천막을 당나귀 세 마리에 나누어 싣고 등에 짊어졌다. 우리가 아담을 가마에 태우자 그는 하노크로 여행을 떠나는 줄 아는지 미소를 짓는다.

"나는 카인을 보러 갈 거야." 그가 말한다. 차마 아니라고 말할 수가 없다.

나는 매일 밤 그 동산 꿈을 꾼다. 꿈의 내용은 다르지만 언제나, 언제나 그 동산이 나온다. 때로는 나무들이 미풍에 바스락댄다. 그분이 오시는 소리에 내 마음이 부푼다. 나는 아담에게 "그분이 오셔요!"라고 말한다. 아담은 미소를 짓지만 그의 얼굴은 소리 나는 쪽이 아니라 내게로 향한다.

나는 안다. 우리 둘 다 그분을 갈망했지만 아담은 늘 나를 갈망하기도 했다는 것을.

여행하는 동안 나는 내 이야기를 새롭게 시작한다. 이번에는 아무것도 숨기지 않는다.

셋에게 뱀 이야기를 한 날, 그의 눈에서 눈물이 솟아난다.

"알고 있었어요. 하나님만 하실 수 있는 방식으로, 모든 것이 좋고 모든 것이 완벽하던 때가 있었을 거라는 거, 알았어요." 셋은 황홀한 표정이었다.

"화났니, 아들? 날 용서할 수 있겠니?"

"용서해요, 어머니." 소녀를 대하듯 내 뒷머리를 쓰다듬는 셋.

일곱째 날, 셋은 우리가 어디로 가느냐고 묻는다.

"약속을 지키러." 그러나 내가 말하는 약속이 무엇인지 모른다. 그분이 우리에게 주신 약속인가, 아니면 아담에게 그 장소를 다시 보여 주겠다고, 그의 곁을 떠나지 않겠다고 했던 내 약속인가.

우리는 희망을 품고 길을 간다. 믿음으로. 밤이면 나는 드러누워 하늘에 간청한다. '만약 시간이 없다면, 저를 데려가시고 제게 남은 날들을 그에게 주소서. 그가 당신의 얼굴을 한 번 더 보고 흙으로 돌아가게 하소서.' 그분은 침묵하셨지만 아담을 거부하실 수는 없을 것이다. 그분은 첫 번째 자녀인 그에게 인간이 더럽히기 전의 이상하고 거룩한 언어를 주신 분이 아닌가. 그런 분이니 그에게 영원히 침묵하실 수는 없을 것이다.

여행을 떠난 지 십사 일째, 아담의 몸에 열이 오른다. 의식이 오락가락한다. 우리는 그의 이마에 물을 뿌리고 한낮의 태양을 피해 천막을 친다. 그리고 밤이 되면 다시 길을 간다.

쉬는 낮에 나는 혼자 있을 수 있는 곳으로 간다. 그분께 부르짖는다. 더 이상 나를 위해서가 아니라 내 오빠, 내 연인, 내 아버지를 위해 부르짖는다.

참으로 절박한 나날이다. 내 마음은 희망과 절망 사이를 바쁘게 오간다. 옛 정착촌을 지나치지만 멈추지 않는다. 시간이 없다. 헤벨의 무덤에 가보고 싶다. 하지만 이제 내게 그것은 한 뼘의 땅일 뿐이다.

"두려우세요, 어머니?" 셋이 묻는다. 나는 거의 천 년에 걸쳐 죽어 왔기 때문에 죽음이 두렵지 않다는 말을 어떻게 해야 할지 모른다. 나는 죽음이 두렵지 않다. 내 아들들이 간 장소로 돌아가는 일이기 때문이다. 그곳에서, 땅속에서 나는 기다릴 것이다. 참으로 그분은 신실하시다. 참으로 그분은 선하시다.

그에게 말하지는 않지만 나는 기다린다. 벌레처럼 천한 것을 삼킨 적이 없는 순결한 목구멍에서 나오는 소리, 천상의 새소리가 들려오기를. 공기 중에 살구와 복숭아 향이 풍기기를. 심연의 물들이 강물에 흘러드는 소리가 들리기를. 나는 미풍만 불어도 화들짝 놀라고 평원의 키 작은 풀 사이로 들리는 속삭임에도 귀를 곤두세운다. 동산에서 그분의 소리를 들은 것이, 갈대를 헤치며 걷고 숲속을 거닐었던 것이 한평생 전이었을 리가 없다.

그러나 들리는 거라곤 휘파람새 소리뿐이고, 숨 막힐 듯한 공기는 파리들의 윙윙거림 외에는 미동도 없다.

우리는 정착촌 너머로 어느 때보다 멀리까지 나간다. 나는 창고 뒤편에서 썩어 가는 바구니를 뒤지듯 기억을 더듬는다. 나는 이 장소를 안다. 우리가 골짜기에서 도망쳐 나온 후 왔던 바로 그곳이다. 이 장소에서 처음에 나는 죽고 싶어 했다.

우리는 강가에서 멈추고 동물들에게 물을 먹인다. 내 눈은 저 앞의 굴곡진 곳을 내려다볼 수 있는 언덕에 고정되어 있다.

"잠시 여기 있어라." 그 말을 하고 나는 서둘러 강에서 멀어진다. 쓰레기의 흔적들이 보인다. 우리 말고 누군가 또 이 길을 지났다는 증거다. 비탈길을 오르면서 내 눈은 모든 형체, 모든 나무를 살핀다.

가장 좁은 길이다. 다른 이의 흔적이 또 보인다. 그리고 거기, 이제 보인다. 동굴 입구다. 심장이 뛴다. 다시 보고 기뻐하게 되리라고 도저히 생각하지 못했던 장소. 그 길을 달려 올라가 바위들을 경쾌하게 넘어가는 내 발은 옛날처럼 날렵하지는 않지만 그시절의 느낌을 잠시 기억해 낸다.

서늘한 동굴로 들어선다. 입구와 더 깊숙이 안쪽에서 공기가 순환하는 소리가 친숙하다. 서쪽에서 지는 해가 보내는 빛이 동굴 뒤쪽으로 밀려든다. 뒤쪽 벽에 비치는 내 그림자를 보면서 생각한다. '그해 어느 날이었을까. 처음 여기 왔을 때, 나는 요리할 줄도 모르고, 고기는 만져 본 적도 없었어. 내가 입고 있는 가죽이 역겨웠지. 저기, 저 돌이 내 베개였어. 저걸 베고 바닥에 누워 죽기를 기다렸지.'

갑작스런 충동에 사로잡혀 그 자리에 드러누워 본다.

죽고 싶어 했던 것도 당연하다. 이런 바닥에서 어떻게 지냈을까? 그러나 나는 아담의 코 고는 소리가 나를 자극하기 전까지 여기서 사흘을 누워 있었다. 웃음이 났지만 그 소리는 목구멍에서 걸려 나오지 못한다. 아이처럼 내게 매달려 죽지 말라고 간청하던 남자는 그때 얼마나 강했던가. 이제 나는 다시 이 자리에 있다. 동산에 들어가게 해주시거나 기적이나 아무 징조라도 보여달라는 내 간청을 하나님이 들어주실 때까지만이라도 그가 살아 있기를 바라면서.

일어나 앉아 보니 이 장소를 사용하면서 남긴 몇 가지 작은 흔적들이 눈에 들어온다. 화덕으로 썼던 돌들 몇 개가 한쪽이 그을린 채로 흩어져 있다. 잔해를 헤치고 작은 부싯돌 조각들을 찾는다. 파편에 불과하지만 그것들이 거기 있다는 게 중요하다. 갑자기 혹시 하는 생각이 밀려들어……

나는 뒤쪽으로 기어가 벽을 더듬고 모든 틈새 아래를 만져 본다. 미친 여자처럼 정신없이 한참을 그렇게 뒤진다.

매끈하게 다듬은 돌멩이 하나가 손에 잡혀 올라온다.

줄은 썩어서 떨어졌지만 분명히 알아볼 수 있다. 여자상 조각이다. 닳았지만 아직도 멀쩡하다.

'이건 징조야. 이 길로 해서 나갔던 것처럼, 이제 길을 되짚어 가는 거야. 자궁으로 다시 들어가는 사람처럼, 왔던 길로 되돌아가는 거야.'

일행에게 돌아가 보니 셋이 나를 찾고 있다. 내 얼굴이 환하게 빛나는 걸 나도 느낀다.

"어머니! 어디 계셨어요? 그건 뭔가요, 저기 동굴이 있나요?"

"가자, 아들. 오늘밤에 네게 놀라운 것을 보여 주마."

그날 밤, 일행 중 한 사람이 간단한 음식을 준비하고 아담을 위해 가죽부대에 죽을 쑨다. 나는 셋을 가까이 끌어당겨 내 손의 물건을 보여 준다.

"넌 이게 무엇인지 알 수 없겠지만, 이건 기적이야." 나는 셋에게 아버지가 내게 그것을 준 날의 이야기를 들려준다. 그는 이야기를 듣고 운다.

"그럼, 그럼 이건 그 장소에서 나온 거네요."

"그래."

"그럼 실제로 있던 곳이군요."

"물론이지. 그곳은 언제나 그랬어."

다음 날, 맹세컨대 나는 우리가 강 옆에서 녹초가 되어 쉬던 곳을 발견했다. 그때 우리는 당나귀와 사슴 떼 사이로 쓰러졌다. 전에는 힘겹게 기억을 더듬어야 했는데, 쌍둥이 중 두 번째가 자궁에서 미끄러져 나오듯 기억이 거침없이 밀려든다.

우리는 북쪽으로 나아간다. 길을 가다 친숙한 지형지물이 나오면 내가 손가락으로 가리킨다. 저기, 저 언덕에서 내가 쓰러져서 그대로 죽을 생각을 했단다. 그리고 여기서 네 아버지가 어린 양을 내려놓았다가 하늘에서 천둥이 자꾸자꾸 내려치자 어깨에 다시 걸고 달려가셨지.

오늘 내 마음은 흥분한 스타카토로 방망이질 친다. "이제 아주 가까워!" 나는 아이처럼 소리친다. "아주, 아주 가까이 왔어. 여기는 강이 나오는 곳, 강 어귀에 해당하지! 저기, 저 언덕을 올라가서 아래를 내려다보자."

그러나 언덕 꼭대기에 올라선 나는 정신이 아찔해진다. 우리 아래, 강 이편으로 작은 정착촌이 보인다.

"누굽니까, 어머니?" 셋이 묻는다.

"모르겠구나."

우리는 내려간다. 정착촌 사람들이 우리를 보고 밖으로 나온다. 그들의 모습에서 경계심이 느껴진다. 셋이 앞서 간다. 나머지 일행이 가마를 메고 천천히 그들이 있는 곳에 이를 무렵, 그들이 와서 가마 메는 일을 도왔다.

"크신 어머니!" 우리를 맞으러 나온 사람이 외쳐 부른다. 그가 머리에 두른 이상한 두건에는 양쪽에 깃털이 날개처럼 달려 있다. 그의 튜닉에는 망치로 두드려 납작하게 편 자그마한 금속 원반이 비늘처럼 잔뜩 달려 있다. "우리는 하노크의 후손입니다. 황야에서 살고 싶어서 도시를 떠나왔습니다. 그러나 지금 여기 우리 모두의 크신 아버지께서 누워 계십니다. 그분의 임종의 시간에 여러분에게 쉴 곳과 위로를 드리겠습니다."

"안 돼!" 나의 목소리는 절박하다. "안 되네. 우린 골짜기로 돌아가려고 왔네."

그는 눈을 가늘게 뜨고 나를 쳐다본다. 그의 피부는 검고 코는 매의 부리를 닮았다. 그 모습이 거의 새처럼 보인다. 내가 기억하는 이랏과 좀 닮은 것도 같다.

"우린 골짜기로 돌아가려고 왔네. 자네 틀림없이 그 이야기를 들어 봤을 거야. 분명히 말하지만, 그 이야기는 사실이야. 나는 그분, 위대한 창조주의 약속에 의지해 아담에게 그곳으로 되돌려 보내 주겠다고 약속했네."

내 눈에 눈물이 고인다. "그 골짜기로 가는 길을 말해 줄 수 있겠나? 거기서 이 강이 흘러나오고 여기처럼 양쪽으로 산들이 있잖나. 여기가 그 골짜기로 이어지는 길인가? 골짜기에는 과일 나무들이 열매가 주렁주렁 달려 있고 포도나무도 있지. 야생 피스타치오도……." 그 말을 하는데 숨이 턱 막힌다. 처음 피스타치오를 먹었을 때가 떠올라서다. 그때 아담은 빙그레 웃으며 내 입에서 껍질을 꺼내 주었다. 정착촌 족장은 고개를 돌려 지팡이로 강 상류를 가리킨다. 그러자 그의 뒤통수에 쓰고 있던 가면이 보인다. 공들여 만든 가면은 눈이 뚫려서인지 공허하고 영혼 없는 존재처럼 보인다. 피부가 서늘해지면서 한기가 느껴진다. 그를 빤히 바라보는데 처음에는 그의 말이 귀에 들어오지 않는다. 셋도 그 가면을 보겠지만, 그와 내가 받는 느낌이 같을 수는 없다. 그는 본 적이 없으나 나는 아주 최근에도 꿈에서 그 모습을 보았으니. 한 얼굴로는 나를 내려다보고 다른 얼굴로는 하나님을 올려다보던 그 모습을.

"이 문 너머에는 또 다른 산길이 있고, 그 산의 모습은 크신 어머니께서 말씀하신 대로입니다. 그리고 산길 양쪽으로 흐르는 물이 있습니다."

"심연에서 나오는 것인가?"

"모르겠습니다, 어머니. 거기에는 천둥과 번개와 때로는 불이 있습니다. 그래서 우리는 못……."

"그래! 그래! 부탁일세. 자네의 크신 어머니이자 그분이 손으로 빚으신 자로서 부탁하네. 우리를 당장 그곳으로 데려가 주게!"

그가 인상을 찌푸린다. "그곳으로 들어가는 적당한 통로가 없습니다, 어머니."

"틀림없이 있네. 있건 없건, 난 꼭 봐야겠어. 내가 찾을 수 있을 거야. 내 눈으로 직접 봐야겠네."

"어머니께서 말씀하시는 장소를 찾기 위해 여러 순례자들이 왔다가 다 실망하고 갔습니다. 위대한 아버지 카인도 그중 하나였습니다. 그들은 불의 환상밖에 보지 못했고, 그나마 그것도 꿈에서 봤다고 했습니다."

숨이 막힌다. 그렇다, 불처럼 보일 수 있을 것이다. 양쪽에서 뜨거운 금속처럼 빛이 나는 존재이니. 게다가 하늘에서 번개가 번 득이고 머리 위로 천둥이 엄청난 소리를 낸다면.

"우릴 데려가 주게."

"먼저 쉬지 않으시겠습니까?"

"그럴 수 없네. 그럴 여유가 없어. 아담이 죽어 가."

우리는 강을 따라 천천히 걸어간다. 내 감각은 늑대처럼 예민해 져서 모든 냄새를 맡고 매의 눈처럼 예리해져서 모든 것을 본다. 이 구부러진 곳을 본 적이 있던가? 두려움에 떨며 여기를 지나갔 던가? 시커멓게 된 하늘을 이고 달아나던 기억에서 두려움을 떨 쳐 낸다면 이곳과 똑같이 보일까? 흑요석 같은 윤곽에 불이 비치 던 그 산이 여기 보이는 이 산과 같은가?

발이 피곤한 줄 모른다. 우리는 오후에도 속도를 늦추지 않고 계속 나아간다. 그들은 내 모습, 내 힘과 확고한 발걸음에 놀라지 만, 사실 내 가슴속에는 묵직함이 있다. 걸음을 멈추는 순간에는 그것이 느껴지지만, 다시 움직이면 마음이 들떠 잊어버린다. 고통 이 느껴지지 않는다. 발바닥의 물집도 느끼지 못한다.

아담이 잠시 눈을 뜬다. 셋이 옆에서 걸어가며 망토를 펼쳐 햇 빛을 가려 준다.

"아! 하늘, 참 파랗다!" 아담이 말한다.

나는 그의 곁에 다가가 말한다. "그래요! 그래요! 내 자기, 내 사랑, 당신 눈처럼요. 당신의 눈을 처음 봤을 때, 그게 하늘인 줄 알았어요. 내가 그 얘기 했던가요?"

그는 내게 미소를 보이며 아무 말도 하지 않는다. 잠시 후 그는 잠든다.

이제 우리는 첫 번째 문을 지났다. 거기서 조금 더 가니 정착촌이 나온다. 작은 정착촌이다. 주민이 백 명 정도밖에 안 될 듯하다. 길을 가면서 나는 지도자에게 묻는다. 그의 이름은 아바자다. "자네가 매고 있는 두건은 무엇인가? 무슨 뜻인가?"

"게루빔입니다. 우리가 섬기는, 사람 비슷한 모양의 날개 달린 생물이지요."

나는 그를 빤히 쳐다본다. "날개 달린 사람들을 안다고? 황금빛 사람들을?" 햇빛이 그의 튜닉에 달린 비늘에 반사되는 것을 보면서 나는 그것이 그 눈부시게 빛나는 피조물을 더없이 조악하게 표현한 것임을 알 수 있다. 그 끔찍한 피조물. 나는 그의 음성을 들은 적이 있고, 그의 본성을 안다.

"아닙니다, 어머니. 하지만 우리가 이곳에 오기 전, 어느 외로운 여행자의 이야기를 들었습니다. 어머니께서 가려고 하시는 바로 그 장소에 불꽃 속에서 빛나는 날개와 얼굴을 가진 위대한 게루빔 둘이 있다는 것이었습니다. 두 게루빔은 사람들이 그곳으로 들어가지 못하게 막았고, 그들을 쳐다본 사람은 두려움에 사로잡혔으며, 일부는 죽기도 했다고 했습니다."

"허튼소리야. 아니면 나는 자네 앞에 서 있을 수 없을 거네."

"이 피조물을 보셨습니까?" 그는 눈이 휘둥그레진 채 숨도 제대로 못 쉬었다.

"내가 누군지, 아담이 누군지 잊지 말게! 우리는 세상의 처음에 거기 있었네. 자네와 자네 아버지와 그 아버지가 존재하기도 전이었지! 나는 그 피조물을 봤네. 무시무시한 존재이지만 그를 섬기는 것은 잘못일세. 그는 위대한 존재이고 신성하긴 하지만 지존자께서 만드신 존재야. 나는 그가 스스로 계신 분 앞에 무릎을 꿇은 모습을 보았거든."

"그렇다면 그도 신이 분명하군요. 그분 앞에 무릎을 꿇는 신 말입니다. 위대하신 그분을 보고 살아남을 육체가 있겠습니까?"

"나는 살아남았네." 아바자는 내 말이 사실인지 따져 보는 듯했다. "그리고 분명히 말하는데, 자네들 잘못하고 있는 거야." 그 후 그는 말이 거의 없다. 그의 두건의 깃털이 바람에 곤두선다. 나는 그가 어찌하건 개의치 않는다. 입구를 찾는 데만 관심이 있다.

마침내. 마침내.

몇 시간을 걸어간다. 우리가 그곳에 다다를 무렵에는 해가 지고 있다. 나는 아주 멀리서도 그곳을 알아본다. 이제 가까이 다가와 보니 저 멀리 하늘에서 우르릉 소리가 난다.

안 돼. 안 돼, 제발.

"저기입니다, 어머니. 저 장소에서 흘러나오는 강이 보이십니까? 하지만 보시다시피 강이 골짜기 전체를 차지하고 있습니다. 다른 것은 없습니다."

나는 소리를 지르며 앞으로 튀어나가 달려간다. 아니야. 아니야. 동산이 있어야 해. 그분이 약속하셨어. 이 모든 세월 동안

난 기다렸어. 이 모든 세월 동안 나는 약속을 안고, 그것을 붙들고 살아왔어.

그러나 비틀거리며 앞으로 간 나는 그의 말이 옳음을 알 수 있다. 폭이 넓은 강물이 빠르게 흐른다. 그 가장자리로 달려가 보니 그 너머에도 물뿐이다. 몇몇 지점에서 물이 갈라져 산 아래로 내려가는 작은 물줄기나 폭포들로 이어진다. 그래, 그래! 똑같아! 그러나 한때 동산이 있던 자리에는 물밖에 없다. 여기 골짜기는 깊다. 산들도 모두 같은데, 꿈에서와 달리 입구 양쪽을 지키는 존재는 없다.

그 섬도 그 위에 있던 나무도 없다. 강물 속에 잠겨 버리거나 모두 쓸려 가버린 게 분명하다. 물 위로 보이는 산비탈이 눈에 익다. 저기, 틈이 있던 자리. 우리가 달아날 때 암석이 무너져 내려 늑대를 으스러뜨리고 묻어 버린 곳.

저 멀리서 우렛소리가 들려온다.

"어머니, 멈춰야 해요. 아버지, 아버지가 얼마 안 남으셨어요."
셋이 말한다.

그는 기력이 빠져 간다. 마침내 도착했건만, 장소도 찾았건만, 이제 그것은 아무것도 아니다. 나는 일행을 두고 달려 나가 목청껏 소리를 지른다. "아도나이! 아도나이!" 거듭거듭 소리를 지르다 마침내 목이 쉬어 버린다. 내가 쓰러지자 셋이 달려와 일으킨다. 나는 슬픔에 못 이겨 흐느낀다. 죽음 때문이 아니다. 죽음이 찾아올 줄은 알고 있었으니까. 약속했던 것을 아담에게 주지 못하는 것이 슬프다.

우리는 추방되었다. 희망은 없다. 우리는 죽는다.
우리는 죽는다.

나는 울부짖으며 가슴을 친다.

셋이 말한다. "어머니, 이제 가시죠. 진정하세요. 아버지가 기력이 쇠하고 있어요. 어머니가 가셔야 해요. 얼마 안 남았어요."

셋의 부축을 받으며 돌아온 나는 두 손으로 얼굴을 훔친다.

"남편, 약속을 지키지 못했어요. 이제 없네요." 그가 내 손을 힘없이 붙든다.

"내 잘못이야." 그의 숨소리가 거칠다.

"어떻게 그런 말씀을 하세요?"

"내가 안 먹었다면, 그분은 당신을 용서하시고 우리를 함께 있게 해주셨을지도 몰라. 내가 막았다면…… 내가…… 더 잘 지켰다면. 내가 당신을 제지했다면. 그럴 수 있었는데……."

"그 잘못이 없었다면, 우리는 구속救贖을 알지 못했을 거예요." 말은 그렇게 했지만 내 마음은 공허하다.

"그럼 잘됐군……." 그의 목소리가 차츰 잦아들고, 그의 호흡은 힘을 되찾는 데 시간이 많이 걸린다. "잘됐어…… 당신이 먹은 거. 하지만 이샤." 그의 눈에서 눈물이 주루룩 흘러나온다. "여기에 당신을 두고 떠나서 슬퍼."

나는 그에게 펜던트를 건넨다. 그것을 보여 주고 그의 가느다란 손가락 안에 쥐어 준다. 그의 눈이 커지고 입에서 작은 소리가 나온다. 그것을 꼭 쥔다.

내가 속삭인다. "당신을 위해 세상이 창조되었어요. 그리고 우리는 함께 그것을 채웠어요. 불완전했고, 결과도 불완전해요. 하지만 우리는 착한 자녀들처럼 최선의 방식으로 창조했어요. 그분이 시키신 대로 한 거예요."

나는 그의 곁에서 한 시간 가까이 머물며 그의 말에 귀를 기울인다. 그의 숨소리가 점점 느리고 얕아진다. 셋이 와서 그의 마지막 축복을 받는다. 무릎을 꿇은 아들의 머리에 아담이 손을 얹는다. 함께 있는 다른 사람들도 그에게 축복을 받는다. 하지만 아담은 그들을 알지도 보지도 못하는 것 같다. 그다음 우리는 말없이 앉아 그의 가슴이 오르내리는 소리를 듣는다. 마지막 순간, 마지막 숨이 몇 번 안 남았을 때, 그의 눈이 휘둥그레지면서 헉 하고 숨을 내쉰다. 너무 얕은 숨소리여서 내가 상상한 것인가 싶기도 하다. 경이로움이 그의 얼굴을 바꿔놓는다.

그 희망을 품고, 그가 죽는다.

33

그가 죽은 시간은 그가 한때 하루 중 제일 좋아하던 시간, 오후가 저물어 가는 서늘한 때이다. 나무들 사이로 바람의 한숨소리가 들려오고, 나는 그를 품에 안은 채 앉아 있다. 그러나 한때 무심함으로 가득했던 그 자리에서 이제 그분의 호흡을 듣는다. 결코 멈추지도 않고 잠잠해지지도 않고 끝없이 계속되는.

나는 이해한다. 이제 그 얼굴의 표정을 안다. 헤벨과 셋의 얼굴에서 그와 똑같은 기쁨, 더없는 환희를 본 적이 있기 때문이다. 내가 오래전에 지어 본 바로 그 표정.

그분에게는 내가 아담을 그 장소로 데려가는 일이 필요치 않았다. 그분은 한번 약속을 하시면 그분의 방식으로 그 약속을 지키신다. 내가 그 일을 대신하겠다고 나설 필요가 없었다.

이제 나는 안다. 이곳엔 깊은 물뿐이지만, 아담이 그의 동산을 다시 발견했음을.

그리고 이제 내가 여기 있다. 나이 든 여인. 땅에서 가장 나이가 많은 사람이다. 사람의 행위가 내가 생각했던 것만큼 그렇게 중요한 것인지 이제는 잘 모르겠다. 사람의 모든 행동, 손 한 번 드는 일, 모든 생각이 눈에는 보이지는 않지만 우주에 잔물결을 일으켜 멀리 떨어진 다른 세상에 높은 파도를 일으킨다고 나는 생각했었다. 먹는 행위 하나가 세상의 운명을 뒤집어 놓는다면, 콧등을 긁는 건 어떨까? 이마에 키스하는 건? 저주를 쏟아 내는 건? 등을 돌리는 건?

내 아들들아, 딸들아, 이 말을 잘 들어라. 하나님은 세상의 법칙에 따라 일하시지 않는다. 그분은 세상을 창조하셨고 새롭게 창조하실 수 있다. 그분은 인간의 논리에 따르거나 뭔가 얻어 낼 목적으로 일하시지 않는다. 내가 평생 동안 품어 왔던 질문의 해답을 이제는 안다. 그 답을 얻기까지 한 평생이 걸렸다. 마침내 나는 그분에게 말씀드릴 수 있다. "저는 압니다. 저는 이해합니다."

"하지만 그 자손은 어떻게 된 겁니까? 그가 뱀의 머리를 친다는 약속은 어떻게 된 겁니까? 어머니는 꿈에서 그를 보셨고 그가 살아 있다고 하셨잖아요." 아담이 눈을 감고 호흡이 잠잠해지자 셋이 말한다.

"난 꿈에서 그를 보았고, 아담이 회복되는 것도 보았지만 그는 네 아버지 아담이 아니었다. 그 약속이 어떻게 이루어질지 나는 모른다." 그러나 한 가지는 분명히 안다. 내 꿈은 언제나 옳았다는 것.

내가 아이를 낳아 기르고 그들이 제 길로 가는 것을 지켜보면서 그들의 상처와 잘못과 마음을 하나하나 느꼈던 것처럼, 그분도 나를 그렇게 대하셨다. 내가 아이들 곁을 떠나지 않고 그들이 가는 길을 늘 지켜보았던 것처럼, 하나님도 나나 아담을 결코 떠난 적이 없으셨다.

나는 아들에게 말한다. "여기 좀 있어라. 산에 들어가 봐야겠다."

"제가 같이 갈게요."

"남편과 둘이서만 있고 싶다." 셋은 이해한다는 뜻으로 고개를 끄덕인다. 그러나 나는 아담을 말하는 것이 아니다.

나는 그 소중한 몇 시간 동안 여기저기 배회하고, 힘들면 쉰다. 아담의 손에 꼭 쥐어 준 펜던트를 생각한다. 내겐 더 이상 그것이 필요 없다. 기념물이 필요하지 않다. 그분과 함께하는 이 시간이 가장 큰 마지막 선물이다. 내가 만들어지기 이전의 나날이 아담의 것이었듯, 이 시간은 나만의 것이다.

아담은 내게 이렇게 말한 적이 있다. "당신은 언제나 세상보다 큰 것들, 미래와 다른 영역에 속한 것들에 관심을 보였어. 나는 흙에서 취한 존재라서 이렇게 천한가 봐." 그러나 그는 결코 천하지 않았다. 그는 하나님이 함께할 자를 얻고자 만드신 존재였다.

그들이 나를 찾고 있다. 셋의 슬픔과 염려, 그리고 신비감이 느껴진다. 그는 언젠가 대단히 신성한 사람이 될 것 같다. 그가 약속의 자손인지도 모른다. 그건 중요하지 않다. 어쨌거나 내 아이들 중 하나일 것이다. 이제 수십만 명에 이르는 그들. 누군지 아는 것은 더 이상 중요하지 않다. 그 약속이 옳다는 것만 알뿐. 그것으로 족하다.

그들이 나를 찾고 있다. 그들은 내가 어느 방향으로 갔는지 보지 못했고, 날이 어두워 염려하고 있을 것이다. 하지만 나는 조금 더 걸을 생각이다.

그들에게 아담을 여기 묻으라고 해야겠다. 에덴에, 그의 흙이 나온 곳과 가장 가까운 장소에. 아담을 떠나오는데 정말 이상했다. 셋이 그의 시신 위에 엎드려 있다. 바로 그 자리에 서 있는 것처럼 그 모습이 눈에 선하다. 하지만 아담은 거기 없다. 그는 나보다 먼저 살아났다. 나보다 먼저 그 다른 장소로 간다. 헤벨이 그곳에서 기다린다. 카인과 아쉬라와 다른 사람들도. 앞서 간 내 모든 아이들, 그리고 앞으로 태어날 아이들.

산을 향해 걸어가는 지금도 곁에 있는 그가 느껴진다. 동이 트면 물이 가득 찬 골짜기를 들여다볼까 보다. 오늘밤은 아주 춥다. 돌아가야겠다. 하지만 추위가 그리 심하게 느껴지진 않는다.

마침내 나는 앉아서 쉰다. 너무 지쳤다. 다리도, 발도, 심장도, 너무 지쳤다. 통증이 느껴진다. 가슴의 통증이다. 모르겠다. 슬픔인가? 그것에 사로잡혀 내 몸이 바닥으로 쓰러진다. 그러나 바닥은 아담의 땅이다. 내 연인의 몸이다.

한때는 죽음을 두려워했지만 이제 이 삶에, 이 몸에 영원히 간히지 않아도 되는 것을 은혜로 여긴다. 주름과 분노와 이 타는 듯한 통증, 노화와 상심을 겪어야 하는 이 몸. 상심, 바로 그것이다. 그것이 마지막 슬픔, 마지막 실패다. 아니. 마지막 기쁨이다. 결국 그 그릇을 부숴 버리는.

나는 땅에 누워 생각한다. '그래, 내가 여기 묻히는 것이 옳아. 여기서 귀뚜라미는 노래를 부르겠지. 헤벨이 죽고, 카인이 죽은 뒤 그랬던 것처럼. 그리고 지금처럼. 다른 노래를 알지 못하는 바람은 나무를 흔들어 바스락 소리를 내며 내 이름을 부르겠지.'

하와. 그 이름은 말하기 전의 호흡, 불타는 날숨.

나는 하나님과 사람의 딸이다. 하나님은 나를 잊지 않으셨다. 스스로 계신 분은 한 번도 틀리지 않으셨다. 나는 너무 생각이 짧아 하나님이 하시는 일을 믿지 못하고 인간의 손으로 붙잡으려 들었다. 이제는 그 모두가 분명히 보인다!

잠. 불과 번개가 없고 강물에 잠기지 않은 푸르른 땅이 보인다. 보이느냐? 물이 물러가 골짜기 바닥을 따라 동쪽으로, 평야로 흘러간다. 내 영이 강을 따라 달린다. 아는 곳이다. 그 섬이 있다. 참으로 아름답다. 가젤들이 강둑을 따라 달린다. 나는 함께 달리는 녀석들의 속도를, 주위의 무리를 느낀다. 내 얼굴에 오르는 온기. 점점 더 빨라진다. 이전에 이렇게 빨리 달린 적이 있던가?

내 다리는 강하고 지치지 않는다. 나는 별들을 걸치고 빛을 입는다. 내가 달리는 것을 보라. 내가 달리는 것을!

웃는 소리가 들린다. 나의 웃음이다. 나의 노래는 하늘까지 올라간다. 오늘밤 내가 아담의 품에 누울 것임을 알기 때문이다.

언제나처럼 그 목소리가 들려온다.

깨어나라!

부록

1. 이 책에 나오는 동산은 평소 상상했던 에덴과 비교할 때 어떻습니까?

2. 하와가 창조되지 않았다면 아담이 그 열매를 따먹었을까요?

3. 다른 사람과 무의식적으로 이어져 있는 순간을 경험한 적이 있습니까?

4. 이야기 속의 하나님은 왜 두 사람에게 불순종할 힘을 주었을까요?

5. 처음에는 옳아 보였지만 나중에 잘못된 결정으로 드러난 사건을 겪어 본 적이 있나요?

6. 자신의 결정이나 행동이 돌이킬 수 없다고 느껴지거나 그런 우려가 든 적이 있습니까? 인생의 어떤 행동과 결정은 정말 돌이킬 수 없을까요?

7. 아담과 하와의 관계는 동산에 있을 때와 동산에서 쫓겨난 이후 어떻게 달라지나요? 하와와 하나님의 관계는? 인간들과 동물들의 관계는?

8. 하와와 아담의 관계에서 많은 기쁨과 좌절을 볼 수 있습니다. 그중 어떤 것이 가장 공감이 되었나요?

9. 하와는 회복의 약속에 대한 믿음을 포기하지 않았습니다. 자신이 저지른 어떤 일의 결과가 결국 해결될 거라고 믿어야 했던 때가 있었나요?

10. 카인은 부모의 기대를 한몸에 받고 최선의 노력을 기울였지만 비극적인 결말에 이르고 말았습니다. 최선의 의도가 역효과를 낳은 적이 있나요?

11. 참으로 '깨어나서' 살아간다는 것은 어떤 것일까요?

12. 이야기 속에서 안개는 미지의 것, 가보지 못한 세계와 두려움을 상징합니다. 당신의 삶에는 어떤 안개가 있나요?

13. 책의 말미에서 하와와 아담은 주위 세상을 대단히 낯설게 느낍니다. 주위의 물리적·정서적 환경을 이방인의 눈으로 바라본 적이 있나요?

14. 하와는 동산에 있던 포도밭의 기억을 평생 붙들고 살아갑니다. 당신은 수년, 수십 년, 혹은 평생 동안 간직해 온 기억의 순간이 있나요?

15. 이 작품에서 전통적인 아담·하와 이야기와 다른 부분이 있다면 무엇일까요?

작가 노트

내가 《하와》를 쓴 이유는 《데몬》과 마찬가지로, 우리 사회의 대중문화와 종교 문화에 너무 깊이 뿌리내린 나머지 상투적인 것이 되어 버린 기독교 신앙의 개념들을 좀더 깊이 검토하고 다시 살펴보고 싶어서였다.

당신은 어떤지 모르겠지만 나는 상투적인 것을 싫어한다.

다음 세 가지 자료가 매우 유용했다. 에이미-질 레빈의 '구약성경 강좌'(The Teaching Company, 2001), 로버트 올터가 편집한 《창세기》(Norton, 1996), 그리고 제임스 L. 쿠겔의 《있는 그대로의 성경 *The Bible as It Was*》(Belknap, 1997).

처음부터 끝까지 내 책상을 떠나지 않았던 자료들이 더 있다. 《유대인들의 스터디바이블 *The Jewish Study Bible*》(타나크 번역본, Oxford University Press, 1999), 고든 웨넘의 《워드성경주석 *Word Biblical Commentary*》(Word, 1987) 1권, 창세기 1-15장, 존 세일해머의 《내러티브 모세오경 *The Pentateuch as Narrative*》(Zondervan, 1992), 빅터 해밀턴의 《구약주해 *The New International Commentary on the Old Testament: The Book of Genesis*, Chapter 1-17》(Eerdmans, 1990).

추가로 흥미로운 참고 자료를 소개하자면 〈아담과 하와의 전기〉(A&E Home Video, 2005), 러닝채널의 '에덴을 찾아서'(2002), A&E 네트워크의 〈성경의 미스터리: 가인과 아벨〉(1996), 데이빗 스노크의 《오랜 지구를 지지하는 성경의 증거A Biblical Case for an Old Earth》(Baker, 2006), 〈모세묵시록〉, 〈희년의 책〉, 〈아담의 책〉 같은 외경과 위경들, 그리고 〈미드라시〉(구약성경에 대한 유태인들의 주석—옮긴이)이다.

나는 여러 질문들로 학자들과 신학자들을 괴롭혔다("타락 이전의 죽지 않는 상태가 동물들에게도 해당되었다면, 아담과 하와가 그 열매를 먹지 않았을 경우 지구가 금세 비좁아지지 않았을까?", "우리가 동산을 찾지 못하는 이유는 그곳이 다른 차원에 속해 있기 때문이 아닐까?"). 번역에 대한 질문들도 있었다(하나님은 하와에게 출산의 고통을 더하신 걸까, 임신 기간을 길게 하신 걸까? 그녀는 아담을 돕는 자였을까, 그의 보존자sustainer였을까?). 홍수 이전의 세계에 비가 왔는지, 고기를 먹었는지 하는 문제들은 어떤 사람들에겐 중요한 신학적 관심사다.

실제로 동산이 존재했고 최초의 두 사람이 있었다 하더라도, 우리가 전혀 알 수 없는 일들이 많다. 동산의 위치, 아담과 하와가 낳은 자녀의 수, 아담이 죽을 당시의 인구, 아담과 하와가 서로에게 충실했는지의 여부, 타락 이전에 그들이 동산에서 얼마나 오래 살았는지, 살해당했을 때 아벨의 나이, 놋의 위치와 의미, 하와는 얼마나 살았는지, 그 금단의 열매는 어떤 과일인지, 그들은 어떤 법을 받아들였는지, 혹은 어떤 자연법에 따라 살았는지, 우리는 모른다.

아담이 하나님과 대화할 때 어떤 언어를 썼는지 확인할 길은 없다.

한 미드라시 자료는 히브리어였다고 가정하지만, 토라는 이스라엘 민족의 방언으로 기록되었다. 나는 내가 만들어 낸 캐릭터들에게 히브리어 이름을 붙였고, 창세기에 언급된 주요 인물들의 이름도 히브리어 원음을 살렸다. 그것은 순전히 정형화된 아담과 하와, 가인과 아벨의 이미지에서 벗어나는 데 도움을 주기 위해서였다. 나는 그들을 새롭게 검토하고 싶었다.

나는 이 책에서 아담을 대부분 사람the adam이라고 표기했다(한국어 번역본에서는 모두 '아담'으로 표기했다—옮긴이). 하와가 이야기 속에서 밝히고 있다시피 아담은 제대로 이름이 붙여진 적이 없기 때문이다. 히브리어 '하-아담'은 '(붉은) 흙에서 나온 사람' 또는 '땅사람'이라는 뜻일 뿐이다. 또 다른 자료는 이샤가 창조된 후에야 아담이 분명한 남성(이쉬)이 되었을 거라고 추측한다. 올터의 《창세기》 각주와 위에서 소개한 기타 자료를 보면 이 같은 멋진 정보를 수십 가지 얻을 수 있다. 창세기의 내용을 살펴보는 데 매우 유용할 것이다.

'에덴' 혹은 '비옥한 평원'은 동산이 위치한 장소였지 동산 자체는 아니었다. 나는 이 책에서 동산의 위치를 한 지역으로 한정하지 않았지만 데이비드 롤이 쓴 《문명의 창세기》(Arrow, 2000, 해냄 역간)와, 미국의 고고학자이자 중동 전문가인 주리스 카린스가 여러 이론들을 조사한 자료는 매력적이었다. 하지만 이런 이론들에 아무리 마음이 기울어도, 에덴을 문자적으로 믿는다면 오늘날 우리는 에덴의 동산을 잘 안다고 할 수 없다. 그보다는 차라리 화성의 지형을 더 많이 안다고 장담할 수 있을 것이다.

내 생각에 우리는 성경의 영어 번역본에 너무 많은 비중을 두어 왔다. 성경의 원리들에 충실하게 살기 원하는 사람들이 히브리어 성경의 좀더 복잡하고 미묘한 내용을 연구하지 않으면 자신에게 해로울 수 있다는 게 내 개인적인 확신이다. 성경의 내용을 영어 역본 이상 깊이 파고들지 않음으로써 복잡한 본문을 풀어 가는 즐거움과 시적 표현, 말놀이도 놓치게 된다.

끝으로, 진심으로 하는 말인데, 우리는 남성과 여성의 본질과 의미, 평등성을 하나님이 설계하시고, 창세기 저자가 그 내용을 기록한 것, 그리고 좋건 나쁘건 세상의 영향을 받은 것으로 알고 검토해야 한다. 그일을 소홀히 한다면 태만하다는 비판을 면할 수 없을 것이다. 이 부분에 대한 어설픈 번역과 적용들이 역사 내내 (그리고 오늘날까지) 여성의 예속과 학대를 부추기는 결과를 낳았다. 나는 좋은 의도로 하나님의 마음을 구하지만 실제로는 심각하게 방향이 빗나갈 수 있고, 그 과정에서 자신과 다른 사람들에게 상처를 줄 수 있다고 본다.

나는 캐서린 부시넬의《여성들에게 주시는 하나님의 말씀 *God's Word to Women*》(Christians for Biblical Equality, 2003)[http://godswordtowom-en.org/gwtw.htm]과 수잔 그라이너의 기고문 "하와의 타락은 자발적인 것일까, 떠밀려서 이루어진 걸까?"(Bible Review, August 1999)[http://fontes.lstc.edu/~rklein/Documents/did_eve_fall_or_was_she_pushed.htm]를 보고 많은 도전과 격려를 받았다. 앞으로도 흥미로운 글이나 웹사이트를 발견하면 내 웹사이트[http://toscalee.com]에 올리겠다.

당신이 하와를 문자적인 인물로 생각하건 상징적인 존재로 여기건,

젊은 지구론을 받아들이건 오랜 지구론을 받아들이건, 달라지지 않는 사실이 있다. 우리 본성 안에는 그분의 형상을 따라 만들어진 여러 측면들, 즉 사랑하고 창조하고 고통과 기쁨을 느끼는 성향이 있다는 점이다.

바로 그 부분에서 우리 모두는 똑같다.

셀라.

❦ 감사의 글 ❧

겸허함과 고마움을 동시에 느끼고 싶다면 책을 한 권 써보십시오.

당신이 쓰는 글이 마음에 든다는 이유만으로 기꺼이 당신을 돕는 낯선 사람들의 친절을 경험하게 될 겁니다. 당신을 좋아하는 사람들이 있을 겁니다. 당신이 다소 안됐다고 느끼는 사람들도 있을 텐데, 그것도 그리 나쁘지 않습니다. 당신은 얼굴 없는 새 친구들, 업계의 베테랑들, 새로운 팬들, 기꺼이 시간과 노력을 들여 당신이 벌인 일과 당신을 도우려는 여러 사람의 관대함에 압도될 것입니다.

한편으로는 많은 비판과 간간이 공격도 받게 될 것입니다. 그렇기 때문에 이들이 더더욱 중요합니다.

에이전트 조이스 하트, 홍보 담당자 레베카 세이츠, 책 전문가 제프 저키, 담당 편집자 레이건 리드에게 감사를 전합니다.(낮잠을 선물할 수 있다면, 이분들이 나 때문에 지새웠던 숱한 불면의 밤을 보충할 낮잠을 한 다스 보내드리고 싶습니다.) 크리스 월런, 크리스 앨지어스, 에릭 헬러스, 달라 하이타워(이들은 이제 성인의 경지에 이르렀습니다), 그리고 네비게이토 출판사의 나머지 직원들. 여러분을 알게 되고 함께 일하게 된 것은 제게 큰 특권이었습니다.

자료 조사를 하는 동안 나는 몇몇 성경구절에 대한 추측들 및 좀더 정교한 추측들에 근거한 여러 질문들로 목회자들을 귀찮게 하고, 학자들에게 좌절감을 심어 주고, 많은 사람들이 머리를 긁적이게 만들었습니다. 다음 분들에게 감사와 사과를 드립니다. 밴더빌트대학교 신학대학의 에이미-질 레빈, 미크라 연구소의 번 스타이너, 링컨의 뉴커버넌트교회의 팀 존슨, 그리고 워렌 위어스비. 원예에 대한 사랑을 나누어 준 루안 핑크에게도 고마움을 전합니다.

메러디스 에프킨, 당신은 내게 특별한 선물입니다. 당신이 베풀어 준 사랑과 우정도 감사하고, 작가로서나 사람으로서 여러모로 더 성장하게 도와주신 것도 고맙습니다. 스티븐 패럴리니, 당신은 기막힌 사람, 축복입니다(재림 때까지는 힘들지 모르지만, 언젠가 스크래블 게임에서 당신을 이기고 말 겁니다).

브랜딜린 콜린스, 앤 라이스, 에릭 윌슨, 오스틴 보이드, 랜디 잉거맨슨, 존 올슨, 마크 민헤어, 미건 디마리아, 클로디아 메어 버니, 로드 모리스. 블로그 노벨 저니Novel Journey의 사랑스러운 여성들, 미첼 서튼, 디넌 밀러, 앤지 브레이든박, 케이시 바닛-그램코, 신디 샐즈먼, 케이미 탱, 스텝 휫슨, 지니 스미스, 여러분에게 특히 감사를 전합니다. 데일 아스노, 댄 에네스, 케빈 루시아, 당신들의 말은 내게 영원한 격려가 될 거예요. 캐런 볼과 2008년 마운트허먼 크리스천작가컨퍼런스 전문작가 트랙 참가자 분들, 여러분 정말 멋져요.

여동생 에이미 리 박사, 부모님 상 리와 조이스 리, 로라 몬크리프와 스티븐 도너, 나를 딸로 삼아 준 유대인 부모님 수잔과 마이클 재콜카

(두분이 내게 '염소'를 뜻하는 이름을 붙여 주긴 했지만). 참을성 있는 친구들 히서 맥먼, 데비 앤스틴, 앤지 브링, 에릭 시글리니, 스캇 볼스, 웨인 볼스, 비키 리, 레바 쉐퍼, 서전트 머피, 토머스 세냐, 토미 오르티스, 존 맥닐, 데이브 제플린, 그리고 존 제너비 3세. 팀 하지스와 갤럽의 친구들, '디먼 데임즈', 구루 팀 회원들인 크리스와 제프, 켈시 베컨바카, 채드 브링, 시드니 브라운.

시간을 내어 글을 써준 모든 리뷰어들과 블로거들, 그리고 독자 여러분에게 감사합니다(내 책을 싫어하는 분들도 포함됩니다. 물론 내 책을 좋아하는 분들을 조금 더 좋아합니다만).

릭 쇼, 우리가 세 가지 일을 한꺼번에 벌였던 작업이 너무 좋았습니다. 내게 별을 보여 주어서 고맙습니다.

무엇보다도, 무엇보다 먼저 또 마지막으로, 스스로 계신 분께 큰 감사를 드립니다. 그분은 내게 매일 "깨어나라!"고 말씀하시고 참된 삶이 무엇인지 보여 주십니다.

아, 정말 위험한 일입니다만, 이름을 밝히고 감사를 표해야 마땅한 분들 백 명 정도는 잊어버렸습니다. 다른 것에 더해 이해심까지 보여 주실 줄 믿고 감사를 전합니다.

1

혹시 역자 후기를 먼저 보시는 점잖은 분들이 계시다면, 그분들에게
한마디 하고 시작하자. 이 책, 의외로 에로틱하다. 미국에서도 이 책에
나오는 아담과 하와의 '진한' 베드신이 논란이 되었던 모양인데, 우리나
라에서는 반응이 어떨지 모르겠다. 나는 그 대목을 보며 영화 〈타이타
닉〉을 떠올렸다. 영화의 여주인공 할머니가 디카프리오와의 사랑을 추
억하는 대목을 떠올려 보라. 지금, 이 책의 화자인 하와는 그보다 나이
가 열배 이상 많은 슈퍼 울트라 할머니가 아닌가. 그런 그녀가 눈치 볼
게 뭐가 있겠나 싶다. 그녀에게 그 장면들은 아름다운 기억일 뿐. 먼저
떠난 아담을 생생하게 떠올려 주는 순간들이 아닌가.

2

하와 이야기의 성공 여부는 결국 타락의 경위와 그로 인한 급격한 변
화를 얼마나 잘 그려내는가, 가인과 아벨의 갈등과 살인 사건을 어떻게
그려 내는가, 이 두 가지에서 판가름날 수밖에 없다.

타락 이전과 이후의 세상 모습과 극적인 변화를 입체적으로 잘 살려

낸 것이 이 책의 매력이다. 하나님과 인간, 인간과 인간, 인간과 자연, 인간과 동물, 동물과 동물의 관계가 달라지는 과정이 생생하게 그려진다. 나는 이 책을 보면서 인간의 죄로 인해 자연이 함께 신음한다는 말의 의미를 실감할 수 있었다.

가인의 모습과 제사 문제에 대해선 논란이 있을 수 있겠다. 성경은 여러 곳에서 가인을 악인이라 적시하고, 창세기 본문은 하나님이 '가인과 그 제물'을 받지 않으셨다고 밝히고 있는데, 이 책이 그리는 가인의 모습은 흔히 생각하는 뻔뻔한 악인의 모습과는 거리가 있다. 오히려 부모의 과도한 기대에 눌려 살았고, 그 기대에 부응하고 자기를 입증하기 위해 애쓰는 딱한 모습이 부각된다. 그는 자신의 뜻을 이루기 위해 하나님을 찾았다. 하나님을 이용하려 했던 것이다. 문제는 하나님이 그렇게 이용당하는 분이 아니라는 것.

과연 부모의 무지와 성급함, 욕심과 그로 인한 가인의 과도한 부담이 가인을 망친 걸까? 어차피 모르는 일이지만 일리가 있다. 저자가 풀어낸 이야기를 통해 본 '인간 가인'은 보통 사람이었다. 누구나 성공하고 자신의 가치를 증명해야 할 '절박한 사연'이 있는 법. 그런 면에서 누구나 '악인 가인'이 될 소지가 있음도 깨닫게 된다. 가인을 입체적인 인물로 살려 낸 저자 덕분이겠다.

3

신약 시대가 구약 시대보다 나은 게 뭔가. 예수님이 오셔서 좋다는 게 뭔가. 성령님이 오셔서 완전히 새로운 세상이 왔다는데, 그게 무슨 소리인가. 그런 생각을 해본 적이 있다. 나는 '그 이전'을 살아 본 적이 없으니, 비교 대상이 없는 상태에서 지금 내가 가진 것이 무엇인지, 누리고 있는 것이 무엇인지 실감하기 어려웠다. 《하와》를 보면서 그런 부분들이 실감나게 다가왔다. 내가 가진 것들이 사뭇 소중하게 다가왔다. 지금 나는 당연하게 여기고 때로는 귀찮아하고 불평하지만 하와에게 없던 것들을 몇 가지 꼽아 보았다.

가르치고 이끌어 줄 어른

본보기로 혹은 반면교사로 삼을 만한 선례

삶의 구체적인 지침과 원리

하나님이 어떤 분이신지 알려 주시는 구체적인 계시

향후 역사에 대한 큰 그림과 예언

용서와 회복에 대한 확실한 약속

부활의 약속

천국에 대한 소망

하나님이 끝까지 함께하신다는 명확한 약속

《하와》를 읽어 가면서 여러분도 나름대로 한번 목록을 적어 보시라. 가슴이 뜨듯해지는 것을 느끼게 될 것이다.

4

장르를 불문하고 번역을 맡고 있지만 기독교 번역가가 소설을 번역할

기회는 그리 많지 않다. 그런데 올해는 《하와》를 포함해 소설을 두 권 번역하는 '특권'을 누렸다. 원작의 유려하고 함축성 있는 문체와 번역문의 거리를 좁혀 보려고 소설을 부지런히 읽었다. 특히 《하와》를 번역하면서, 여류작가가 여주인공의 시선으로 펼쳐 가는 소설의 분위기를 잘 전달해 보려고, 일인칭 여성의 관점으로 펼쳐지는 여류작가의 소설을 골라 읽었다. 덕분에 이름만 들었던 신경숙, 한강 등 여러 소설가의 작품을 꼼꼼히 읽는 기회가 있었다. 내게는 즐겁고 신선한 시간이었는데, 번역에 도움이 되었는지는 여러분께서 판단해 주시리라.

홍종락

옮긴이 **홍종락**

서울대학교 언어학과를 졸업하고, 한국사랑의집짓기운동연합회에서
일했다. 지금은 전문 번역가로 일하고 있으며, 번역하는 과정에서 배
운 내용을 자기 글로 어떻게 풀어넣을지 궁리하며 지낸다. 저서로 《나
니아 나라를 찾아서》(정영훈 공저, 홍성사)가 있고, 《루이스와 잭》, 《영광
의 무게》, 《피고석의 하나님》, 《성령을 아는 지식》, 《소설 마르틴 루
터》, 《꿈꾸는 인생》, 《용서 없이 미래 없다》, 《구멍 난 복음》(이상 홍성
사), 《로빈슨 크루소》(생명의말씀사), 《존재하는 신》(청림출판) 등 여러 책
을 번역했다. '2009 CTK(크리스채너티 투데이 한국판) 번역가 대상'을 수상
했다.

하와: 상실의 로맨스

지은이 **토스카 리**
옮긴이 **홍종락**
펴낸이 **정애주**

출판제작국
편집팀 송승호 이현주 한미영 김기민 김준표 오은숙
디자인팀 김진성 송하현 최혜영
제작팀 윤태웅 유진실 임승철
사업총괄본부
마케팅팀 오민택 차길환 국효숙 박상신 송민영
경영지원팀 마명진 윤진숙

펴낸날 2012. 4. 26. 초판 1쇄 인쇄
2012. 5. 3. 초판 1쇄 발행

펴낸곳 주식회사 홍성사
1977. 8. 1. 등록 / 제 1-499호
121-897 서울시 마포구 합정동 369-43
TEL. 02) 333-5161 FAX. 02) 333-5165
http://www.hsbooks.com E-mail: hsbooks@hsbooks.com

ISBN 978-89-365-0919-4
값 12,000원 ※잘못된 책은 바꿔 드립니다.